中青年学者经济学研究成果论丛
东北大学“985工程”建设专项经费资助

本书同时获得以下项目资助

国家自然科学基金面上项目:基于偏好内生的破坏性创新行为及其影响研究，项目号：71272163

荷兰皇家人文、艺术与科学院与中国教育部国际合作项目：Chinese Investment in the European Information and Communication Technology (ICT) industry，项目号：530-5CDC01

高等学校博士学科点专项科研基金：金字塔收入结构市场中破坏性技术创业行为激励研究——基于消费者偏好内生视角，项目号：20130042110029

教育部人文社会科学规划项目：破坏性创新威胁下在位企业应对策略研究，项目号：12YJA630180

颠覆性创新与产业组织演化机理

基于消费者偏好内生视角

郁培丽　石俊国◎著

Disruptivc Innovation and
Evolution Mechanism of Industrial Organization:
Based on Endogenous Preference of Consumer

中国经济出版社
CHINA ECONOMIC PUBLISHING HOUSE
北 京

图书在版编目（CIP）数据

颠覆性创新与产业组织演化机理——基于消费者偏好内生视角／郁培丽，石俊国 著．
—北京：中国经济出版社，2019.2

ISBN 978-7-5136-5260-5

Ⅰ.①颠… Ⅱ.①郁… ②石… Ⅲ.①企业创新—研究 ②企业管理—组织管理学—研究
Ⅳ.①F273.1 ②F272.9

中国版本图书馆 CIP 数据核字（2018）第 145280 号

责任编辑　赵静宜
责任印制　巢新强
封面设计　久品轩

出版发行　中国经济出版社
印 刷 者　北京九州迅驰传媒文化有限公司
经 销 者　各地新华书店
开　　本　710mm×1000mm　1/16
印　　张　14.25
字　　数　222 千字
版　　次　2019 年 2 月第 1 版
印　　次　2019 年 2 月第 1 次
定　　价　58.00 元
广告经营许可证　京西工商广字第 8179 号

中国经济出版社 **网址** www.economyph.com **社址** 北京市西城区百万庄北街 3 号 **邮编** 100037

本版图书如存在印装质量问题，请与本社发行中心联系调换（联系电话：010-68330607）

CONTENTS 前言

这本书的写作源于我们对颠覆性创新的长期关注。在这一问题的关注上，我们是一个后发的“追赶者”。哈佛大学 Christensen 教授著名的《创新者的窘境》1997 年发表之后的八年，我们成立了研讨小组，针对颠覆性创新的产生机制及其对产业组织演化影响展开了系统的学习与讨论。这本书的写作是对前期部分工作的一个总结。

在对颠覆性创新的跟踪研究中，我们得到了一些研究项目的资助。这些项目也是推动我们不断对颠覆性创新的微观机理进行探索的重要动力。2011 年，我们承担了教育部人文社会科学规划基金项目：破坏性创新威胁下在位企业应对策略研究（12YJA630180），这一项目重点是从颠覆性创新企业和维持性创新企业之间的动态博弈关系，考察在位企业面临颠覆性创新威胁时的应对策略问题。在这一项目的推动下，研究团队进一步深入探索颠覆性创新带来的经济影响，我们认识到颠覆性创新带来的影响是一种动态的持续性影响，在这一动态过程中，消费者偏好起到了重要的内生促进作用，基于这一基本认识，我们承担了国家自然科学基金面上项目：基于偏好内生的破坏性创新行为及其影响研究（71272163）。这一项目的申请也得益于东北大学产业经济系各位老师在消费者偏好内生方面做出的前期努力。同时，2013 年我们承担了高等学校博士学科点专项科研基金：金字塔收入结构市场中破坏性技术创业行为激励研究——基于消费者偏好内生视角（20130042110029）。本书的大部分内容是在国家自然基金和高等学校博士学科点专项科研基金的研究基础上展开的。在项目的推动下，我们又感受到在学术成果的国际化交流、前沿研究工具的使用、理论基础与研究前沿结合等方面的急切需求，2015 年，我们承担了荷兰皇家艺术与科学院与中国教育部国际合作项目（KNAW-MOE）：Chinese investment in the European Information and Communication Technology（ICT）industry（530-5CDC01）。在这个项目的支撑下，我们在专利主路径分析、历史友好模型仿真等前沿方法和前沿理论方面取得了重要的进展，也构成了本书的主要内容。

消费者偏好内生视角的引入，使得我们能够更加清晰地看到颠覆性创新对产业组织演化的持续影响。本书将颠覆性创新行为与消费者偏好内生互动作为颠覆性创新驱动产业组织演化的重要微观基础，并通过对颠覆性创新驱动产业组织演化的动力机制、市场选择机制和适应性机制进行考察，深入揭示了消费者偏好内生视角下颠覆性创新与产业组织演化机理。在本书中，我们从知识整合能力和知识搜索速度两个方面揭示产业组织演化动力机制，从消费者产品更换频率、消费者偏好分布特征和消费者学能力等需求因素考察产业组织演化市场选择机制，从颠覆性创新企业分别在初创期和成长期基于消费者偏好所采取的偏好培育、产品改进和业务单元建立等创新行为及其绩效关系考察产业组织演化适应性机制。计算机仿真技术的引入进一步深化了我们对颠覆性创新与产业组织演化机理的认识。在此基础上，本书基于我国手机制造业由 2G 向 3G 技术范式转换的过程的历史友好模型，通过引入不同技术体制与需求结构，考察这两个外生因素在颠覆性创新与产业组织演化中的作用，为区别认识发达国家、新兴市场经济转型国家技术体制与需求结构的异质性在颠覆性创新与产业组织演化的差异性作用提供理论依据；另外，本书选取电子交换机行业的专利引用数据，借助主路径分析方法，考察了连续性颠覆性创新条件下，企业技术搜索特征与产业组织演化关系。

在本书的撰写和相应成果的发表过程中，我们研究团队的一些学术成果也获得了重要的学术奖励，这些奖励在推动本书的撰写过程中无疑产生了重要的激励作用。其中，论文《重大技术装备技术特征、用户特征与技术创新》获辽宁省自然科学学术成果一等奖；《金字塔收入结构下破坏性技术创业行为激励研究——基于偏好内生视角》同时被评为“东北大学优秀硕士论文”与“辽宁省优秀硕士论文”。

本书的撰写得益于各位同事的积极讨论，在这些讨论中，我们不断完善本书的写作。他们分别有：东北大学产业经济系李凯教授、綦勇教授以及郑云虹、田海峰、向涛、黄祎、高菲；国际贸易系安岗、刘烨；辽宁大学经济学院孙广生教授；埃因霍温理工大学创新科学学院 Floortje Alkemade 教授、Rudi Bekkers 教授、Carolina Castaldi 教授与 Önder Nomaler 教授。其中，辽宁大学经济学院孙广生教授和埃因霍温理工大学创新科学学院的 Önder Nomaler 教授还承担了本书作者之一石俊国的博士研究指导工作，他们的辛勤付出促成了本书的撰写。

可以说，本书是国内外两个重要创新研究团队强强联合的结果。我们特别的感谢荷兰蒂尔堡大学经济管理学院 Geert Duysters 教授。在他的推荐下，东北大学产业经济学系和埃因霍温创新研究中心（ECIS）建立了合作关系，并承担了中荷国际合作课题。

牛顿曾经说过：如果说我看的比别人更远一些，那是因为我站在巨人的肩膀上。这句话深刻提醒着我们做学术研究不能闭门造车，而要“站在巨人肩上”探索未知。除了以上各位专家教授的指导之外，本书的写作也得益于前人的学术成果和一些学术工具的开发。在此需要特别感谢的是意大利拉奎拉大学 Marco Valente 博士。Marco Valente 在丹麦奥尔堡大学攻读博士期间，对需求导致的产业动态进行了研究，并在其研究基础上开发了一个新的计算机仿真软件（LSD）。他的研究工作对于本书的完成起到了关键性作用，其中，本书的模型构建都是在 Marco Valente 模型基础上进行的新探索。Marco Valente 博士在 20 年前就富有洞见性的指出计算机编程的困难使得大多数社会科学者在探索未知中难以前行，并开发了相对容易的 LSD 软件。对于计算机编程的初学者，Marco Valente 建议要么在现有模型基础上进行新的经济变量的识别与分析，要么在现有模型基础上进行方程的改编。本书主要采纳了 Marco Valente 的第一条建议，在其模型的基础上进行新的经济变量的识别。然而，Marco Valente 模型具有很强的“生命力”，我们在未来的研究中会结合第二条建议对该模型进行更多的探索。在 LSD 软件的使用中，也得到了 Marco Valente 的同事，SPRU 的 Tommaso Ciarli 教授热情指导，在此表示感谢。另外，本书的撰写也得到了韩国首尔国立大学 Keun Lee 教授的指导。Keun Lee 教授是后发国家技术赶超领域的权威学者，从广义上来讲，本书的研究课题实际上是技术赶超问题的探索，本书的很多结论与 Keun Lee 教授的研究进行了对话，也期待得到 Keun Lee 教授更多指导。

本书顺利完成，与同行、学术伙伴、亲人朋友的鼓励分不开的。在此，仅罗列部分朋友的名字，他们有中国科学院顾淑林研究员、北京航空航天大学陈向东教授、浙江大学吴晓波教授、黄灿教授、金珺教授、武汉理工大学彭华涛教授、福建师范大学陈莹教授、江苏大学李丫丫教授、浙江大学郭艳婷博士、中国科学院科技政策与管理科学研究所崔兵博士、天津财经大学王楠博士、哈雷-维腾贝格马丁路德大学 Kou Kou 博士、西班牙瓦伦西亚理工大学李思晗博士……。

我们还要感谢中国经济出版社的工作人员，特别是责任编辑赵静宜老师。他们付出的宝贵工作保证了本书的质量、促进了本书的出版发行。

CONTENTS 目录

1 绪 论

1.1 研究背景

1.1.1 现实背景

颠覆性创新在响应市场需求、满足消费者偏好方面极具特点，并往往对市场竞争格局构成颠覆。伴随着颠覆性创新的发生与发展，市场规模、市场竞争结构、企业的市场竞争地位等发生重大变化。因此，颠覆性创新与产业组织共生演化成为广泛关注的重大现实问题与理论问题。以相机产业为例，伴随着胶片相机被数码相机技术颠覆，数码相机全球出货量从 1999 年的 500 万台急剧上升到 2003 年的 2000 万台，市场规模不断扩大，市场竞争结构从寡头垄断逐渐演变为垄断竞争市场结构。原有市场领导企业如柯达公司、富士公司、乐凯公司的领导地位不复存在，新的市场领导企业如尼康公司、佳能公司取而代之，产业竞争格局也发生了深刻变化。颠覆性创新相较于维持性创新更好地满足了目标市场消费者需求偏好，甚至创造了新的市场需求，颠覆性创新行为不断改变、影响消费者偏好，消费者偏好的变动也反作用于企业行为。例如，在胶片相机时代，消费者偏好更加强调像素、冲洗质量与价格等因素，而在数码相机时代，消费者偏好则变为更加强调像素、传输与保存等因素。消费者偏好的变动与颠覆性创新行为形成互动。消费者需求偏好与颠覆性创新行为的互动关系影响到颠覆性创新企业在群体竞争中的适应能力，并进而在市场选择机制作用下，引发产业规模和企业市场份额的改变、产业竞争格局的演化。可见，颠覆性创新行为与消费者偏好互动关系驱动产业组织演化。

随着信息和通信技术，尤其是物联网技术在各行各业的广泛应用和发展，新一轮的颠覆性创新都是在努力拉近消费者需求与创新者之间的关系，促使创新企业基于消费者需求偏好展开知识搜索和知识创造活动。企业为消费者带来更加便利、廉价、及时的颠覆性创新产品或服务的同时，消费者个性化需求也伴随着企业定制化服务的推广而得到满足，消费者参与企业产品设计和生产更加显著。表 1.1 展示了物联网技术在各个产业产生的颠覆性技术和主要应用。可见，在物联网等颠覆性技术影响下，每个产业的创业生态发生了重大改变，尤其是一些传统行业，如农业、能源。传统企业需要进行新的产品改造以适应新兴的产业竞争方式，新进入企业迅速占领反应迟钝的在位企业的市场份额甚至将其驱逐出市场。在此背景下，本书分析颠覆性创新行为与消费者偏好互动关系，揭示颠覆性创新与产业组织演化机理。

表 1.1　物联网颠覆性创新技术对消费者的影响

产业	颠覆性技术	工作方式举例	消费者偏好改进方向
出租车	Uber，滴滴	平台计算、匹配司机和用户	廉价、省时、便捷
能源和水供应	智能电表	随时关注能源消费	及时、精确、节约
智慧城市	智能交通 旅游管理	交通信息实时监控 个人事项定制化管理	准确、省时、高效 安全、节约、高质量
交通	紧急呼叫 机动车数据传输	紧急呼叫或故障呼叫 机动车之间的数据和信号交流	安全、精确
制造业	工业互联网	生产线维护，远程资产管理，在安全生产、效率提高和工作条件改善方面使用智能应用	高效、定制化、安全 节约成本
医疗健康	无线诊断 活动记录器	老年人监护、家庭诊断、长期病患者检测、个人护理	定制化、准确、及时
智能家居	灯光控制系统 智能应用	自动灯光调节 烤箱预热、洗衣机状态监控等	节约、定制化、健康 便捷、安全、节约
农业	精准农业 土质检测	使用传感器测量、监控土质、收成或者牲口数量；用定位系统进行自动喂养和记录收成数据	准确、节约、安全 高效

1.1.2 理论背景

产业组织理论研究主要从传统产业组织理论、新产业组织理论和基于演化经济学的产业组织理论三个方面展开。传统产业组织理论围绕结构—行为—绩效（SCP）分析范式展开研究，开始关注到市场行为的互动对市场结构的影响，以及市场需求在产业组织演化中的作用。新产业组织理论基于策略性行为分析思路深化企业行为对市场结构影响的研究，尤其是强调了技术创新行为对产业组织的影响，同时，消费者异质性的考虑，也极大地加深了对创新行为和产业组织关系的认识（Martin，2001）。基于演化经济学的产业组织理论对产业组织演化的研究建立在异质性是驱动产业组织演化的前提基础上，指出创新是异质性形成的重要因素，企业在知识搜索中，不断提高适应性，也改变了市场竞争环境，在市场选择机制作用下，产业组织发生演化（Nelson and Winter，1982）。

Dosi 等（1995）指出在技术创新驱动产业组织演化的市场选择过程中，企业的知识学习起到了重要的作用。由于技术体制和产业知识基础的差异，企业的学习、能力和行为也存在一定的差异性。Malerba 和 Orsenigo（1995，1997）根据知识的可获得性、机会性和累积性特征界定了两种不同的技术体制：熊彼特Ⅰ型和熊彼特Ⅱ型。其中，由于熊彼特Ⅰ型产业技术体制特点为技术生命周期短、知识学习累积性低、技术机会相对较多、企业进入壁垒低、新企业进入市场和新技术引入更加频繁、产业发展更具“破坏性”等，学者们对熊彼特Ⅰ型产业进行了较多的关注（如 Park and Lee，2005；Kim and Lee，2011；Rho et al.，2015；Shin，2017；Landini et al.，2017）。新一轮信息技术革命，使得这类产业中企业进入退出更加频繁、产业颠覆现象明显，产业组织演化更加复杂（如 Dosi et al.，2007；Sharma，2014；Murthy and Kumar，2015），因此，对颠覆性创新及其导致的产业组织演化进行研究既有现实需求也是理论前沿。在此背景下，本书研究颠覆性创新与产业组织演化机理。

Adner（2002）根据消费者对不同产品属性的偏好差异界定了“偏好重叠”和“偏好对称”的概念，并以此考察了颠覆性创新发生的条件。Lee 等（2016，2017）指出需求因素是颠覆性创新与产业组织演化的重要市场选择机制。Malerba 等（2007）指出试验用户和新兴市场消费者在影响创新、技术竞争和市场结构演化方面起到了关键作用，在一个产业中成功引入一项全新的技术，取决于一组试验用户，这些消费者愿意参与试验并购买具备新技术的新产品，这进一步使得具有新技术的新企业可以长久生存。当在位企业没有服务潜在市场时，具有不同偏好的潜在消费者的购买行为发生变化，并促进了新技术的有效发展，这对产业组织演化具有重要的、长期的影响。实际上，颠覆性创新行为对目标市场的选择是一种创业机会的识别，是通过挖掘目标市场的消费者偏好来实现的（Yu and Hang，2011；Spinardi，2012；郁培丽等，2013；Hang et al.，2015；Kang and Song，2017）。另外，颠覆性创新是一个动态的创业过程，在不同创业期，企业的战略目标不同，面临的核心消费者不同，采取的创新行为也会随之改变（王家宝和陈继祥，2010），面对不同的市场选择环境，颠覆性创新企业需要不同的知识搜索、创造和积累能力，以满足不同需求市场消费者需求偏好，进而提高其市场适应性。颠覆性创新与产业组织演化的研究开始从外生的需求异质性逐渐转变为对消费者偏好内生的关注。

基于消费者偏好内生视角对产业组织演化进行研究，可以更加清晰地揭示颠覆性创新企业围绕消费者偏好不断进行知识搜索和知识创造的动态过程，加深颠覆性创新与产业组织演化过程中的动力、市场选择和适应性等机制的理论认识。基于以上理论背景，本书通过考察颠覆性创新企业围绕着消费者偏好不断进行知识搜索和知识创造活动，揭示消费者偏好内生视角下颠覆性创新与产业组织演化机理。

1.2 问题提出

产业组织演化研究旨在揭示导致产业组织动态演化的规律（Nelson and Winter，1982）。学者们逐渐形成了技术创新是驱动产业组织演化的主要动力的理论共识。近期，具有颠覆性特征的颠覆性创新及其导致的产业组织演化问题受到了学术界的广泛关注（如 Yu and Hang，2011；Lee，2013；Nagy et al.，2016）。学者们围绕着颠覆性创新导致的组织刚性、市场结构动态、产业竞争格局等方面展开了理论探索，并结合具体的行业进行了应用研究。应当说这些研究成果使得颠覆性创新与产业组织演化理论研究日益系统化。Adner

和 Zemsky（2005）假定消费者偏好存在水平差异和纵向差异，构建了不同细分市场的企业竞争博弈模型，通过市场均衡求解和比较静态分析，发现新进入企业对在位企业进行颠覆的条件取决于不同细分市场消费者对产品的质量感知、技术轨迹、技术进步速率以及技术的成熟程度等因素。Huang 和 Sošic（2007）构建了能力—产量博弈模型，分别在完全信息静态博弈和非完全信息随机博弈两种情况下，分析产业均衡条件，研究发现是：市场规模、生产成本、市场不确定性等因素都会不同程度地影响产业均衡（双寡头、半双寡头到多样化竞争等形式的产业均衡结果）。Lee（2013）指出，当技术或产品更新换代的频率变高时，后发企业进入市场并对在位企业进行颠覆的可能性更高。但综观现有研究，消费者偏好这一重要因素均被进行了外生化处理，导致颠覆性创新行为引致的消费者偏好改变对产业竞争动态演化过程的影响被忽视了，从而对现实中一些重要的颠覆性创新现象无法给出合理的解释。

消费者偏好在现有研究中的外生化处理，实质是缺乏对消费者偏好与企业行为互动关系的关注，是对消费者偏好改变的市场效应的忽视，由此得出的颠覆性创新理论研究结论，不能对颠覆性创新侵入路径、竞争策略选择、市场颠覆中的一些问题给予充分的解释。对于像塔塔汽车公司那样颠覆性创新市场侵入的成功经验，难以从理论上进行正确认识；对于柯达等在位企业应对颠覆性创新失利的惨痛教训，也难以给出深刻的理论总结。因此，消费者偏好的外生化处理已经成为制约颠覆性创新与产业组织演化理论发展的“瓶颈”，这一问题不加以突破，颠覆性创新理论研究将严重滞后于产业实践的内在需求。关注消费者偏好对于企业行为的反应，将消费者偏好内生化于颠覆性创新市场侵入过程与竞争过程，是颠覆性创新理论研究的重要努力方向。将消费者偏好内生化能大大增强颠覆性创新与产业组织演化理论的现实解释力。

考虑到消费者偏好对企业行为的反应，竞争博弈逻辑将变化为进入者、在位者博弈关系中引入消费者，分别考虑进入者与消费者关系，在位者与消费者关系，从而将颠覆性创新市场行为及其影响置于动态市场环境下加以认识，可以说这是目前国内外颠覆性创新理论研究的新趋势。由于可见的研究成果较少，研究结论也仅为初步，深化消费者偏好与企业行为互动关系的理论认识，将消费者偏好内生化于颠覆性创新市场侵入及其竞争过程，是当前有待解决的科学问题。

本书将消费者偏好内生视为颠覆性创新企业围绕着消费者偏好不断地进行知识整合、知识搜索和知识应用的过程，分析颠覆性创新行为与消费者偏好互动关系，建立起颠覆性创新、消费者偏好、市场绩效三者之间互动关系，构建基于消费者偏好内生视角的颠覆性创新与产业组织演化理论框架，系统阐述基于消费者偏好内生视角下颠覆性创新与产业组织演化的动力机制、市场选择机制和适应性机制，揭示基于消费者偏好内生视角的颠覆性创新与产业组织演化机理。

1.3 研究目的与意义

产业组织演化研究旨在揭示产业动态发展规律，对企业根据产业组织演化规律制定决策以及政府制定产业发展政策具有重要的指导意义。本书研究创新与产业组织演化的关系，重点关注颠覆性创新这一具有颠覆性特征的创新类型与产业组织演化机理。目前，有关颠覆性创新的现有研究，多将消费者偏好进行外生化处理。实际上，在当前充满变动、竞争和挑战的市场环境下，企业行为对消费者需求偏好特点的影响日益凸显。尤其是在物联网技术不断与传统产业进行融合的时代，便捷、廉价、个性化定制的颠覆性创新产品和服务与消费者偏好之间的互动更加普遍。本书的研究目的在于从消费者偏好内生视角，系统考察消费者偏好与颠覆性创新行为之间互动关系，结合颠覆性创新与产业组织演化的动力机制、市场选择机制和适应性机制，揭示消费者偏好在产业组织演化中的内生促进作用，加深颠覆性创新与产业组织演化机理的认识，为企业根据需求因素以及颠覆性创新导致的产业组织演化机理合理配置资源提供理论依据，为政府对颠覆性创新导致的市场力量的界定与相关政策的制定（反垄断、创新驱动、保护幼稚产业等政策）提供决策参考。因此，本书的研究意义如下：

（1）理论意义。本书从消费者偏好与颠覆性创新行为的互动关系出发，通过对动力机制、市场选择机制与适应性机制等颠覆性创新与产业组织演化中的三大机制分析，对颠覆性创新与产业组织的共生演化过程，以及颠覆性创新对产业组织演化的影响进行分析。与既有研究相比，消费者偏好内生视角的引入可以更好地揭示颠覆性创新行为与消费者偏好互动关系，以及这种互动关系在产业组织动态演化中的动力作用和市场选择作用。本书为分析颠覆性创新与产业组织演化机理提供新的研究视角，为揭示颠覆性创新与产业组织动态演化机理提供理论分析框架，从理论上阐释颠覆性创新导致产业组织演化的内在规律；为观察颠覆性创新行为提供理论分析框架，为从理论上建立起颠覆性创新与产业组织演化联系提供新的视角；为从市场需求方面深化颠覆性创新理论研究提供参考；本书构建同时考虑技术推动与市场需求两方面协同关系的颠覆性创新对产业组织演化长期影响的理论模型，为颠覆性创新与产业组织演化理论分析提供基本分析框架。

（2）实践意义。本书从消费者偏好内生视角，揭示颠覆性创新影响产业组织演化的作用机理，为企业认知颠覆性创新对产业竞争长期影响提供理论依据，为企业根据消费者内生偏好不断地调整知识搜索策略提供理论依据，为企业应对新一轮产业革命及其挑战而制定创新战略提供参考。另外，从消费者偏好内生视角对颠覆性创新与产业组织演化进行研究，可以加深对颠覆性创新带来的市场动态影响的认识，为政府从技术创新与需求互动关系出发制定动态的创新驱动政策提供决策参考，为政府根据不同技术体制和需求结构条件下产业组织演化规律制定相关产业竞争规制政策提供决策参考。

1.4 研究内容与思路

本书从消费者偏好内生视角对颠覆性创新与产业组织演化机理进行揭示。首先，关注创新行为异质性，特别是基于消费需求知识搜索的创新行为异质性。关注消费者偏好异质性，特别是消费者偏好被创新者满足程度的异质性。在此基础上，阐明颠覆性创新行为与消费者偏好之间的互动关系，为从消费者偏好内生视角研究颠覆性创新与产业组织演化奠定理论基础。其次，分别从知识整合、知识搜索和知识应用三个方面对基于消费者偏好内生的颠覆性创新行为进行分析，从知识整合能力和知识搜索速度两个方面揭示产业组织演化动力机制，从消费者产品更换频率、消费者偏好分布特征和消费者学习能力等需求因素考察产业组织演化市场选择机制，从颠覆性创新企业分别在初创期和成长期基于消费者偏好所采取的偏好培育、产品改进和业务单元建立等创新行为及其绩效关系考察产业组织演化适应性机制，提出基于消费者偏好内生的颠覆性创新与产业组织演化机理理论框架，并通过构建计算机仿真模型分别对颠覆性创新与产业组织演化偏好内生、动力机制、市场选择机制和适应性机制进行仿真，形成基于消费者偏好内生视角的颠覆性创新与产业组织演化机理认识。在此基础上，开展扩展研究。其中，扩展研究之一，通过引入不同技术体制与需求结构，考察这两个外生因素在颠覆性创新与产业组演化中的作用，为区别认识发达国家、新兴市场经济转型国家技术体制与需求结构的异质性在颠覆性创新与产业组织演化的差异性作用提供理论依据；扩展研究之二，考察连续性颠覆性创新条件下，企业技术搜索特征与产业组织演化关系。研究思路见图 1.1。基于上述研究思路本书具体研究内容如下：

首先，分别从传统产业组织理论研究、新产业组织理论发展和基于演化经济学的产业组织演化研究三个方面综述产业组织及产业组织演化相关研究，厘清产业组织演化研究脉络，确立技术创新作为产业组织演化主要驱动力的理论认识，并从知识和需求两个方面对技术创新驱动产业组织演化相关研究进行综述，指出最新研究前沿；综述颠覆性创新与产业组织演化和基于消费者偏好内生视角的颠覆性创新与产业组织演化，明确从消费者偏好内生视角进行产业组织演化研究的现实需求与理论前沿。通过以上理论综述，奠定基于消费者偏好内生视角下对颠覆性创新与产业组织演化机理进行研究的理论基础。

其次，提出基于消费者偏好内生视角的颠覆性创新与产业组织演化机理理论研究框架。分析颠覆性创新行为以及消费者偏好的异质性，研究颠覆性创新行为与消费者偏好的内生互动关系；从知识整合、知识搜索和知识应用三个方面分析基于消费者偏好内生的颠覆性创新行为特征，将消费者偏好内生化。假设消费者偏好内生是颠覆性创新企业围绕着消费者偏好进行不断的知识搜索、知识创造和知识应用的过程，在这一过程中，适应消费者偏好的企业存活下来并不断壮大，构建基于消费者偏好内生的颠覆性创新与产业组织演化理论模型，建立起颠覆性创新行为与消费者偏好、颠覆性创新行为与市场绩效、市场绩效与消费者偏好之间的关系，从消费者偏好内生视角揭示颠覆性创新与产业组织演化中的动力机制、市场选择机制和适应性机制，揭示消费者偏好内生视角下颠覆性创新与产业组织演化机理，构建基于消费者偏好内生视角的颠覆性创新与产业组织演化理论框架。本书进一步对动力机制、市场选择机制、适应性机制三大机制进行研究，基于消费者偏好内生视角，系统揭示颠覆性创新与产业组织演化机理。

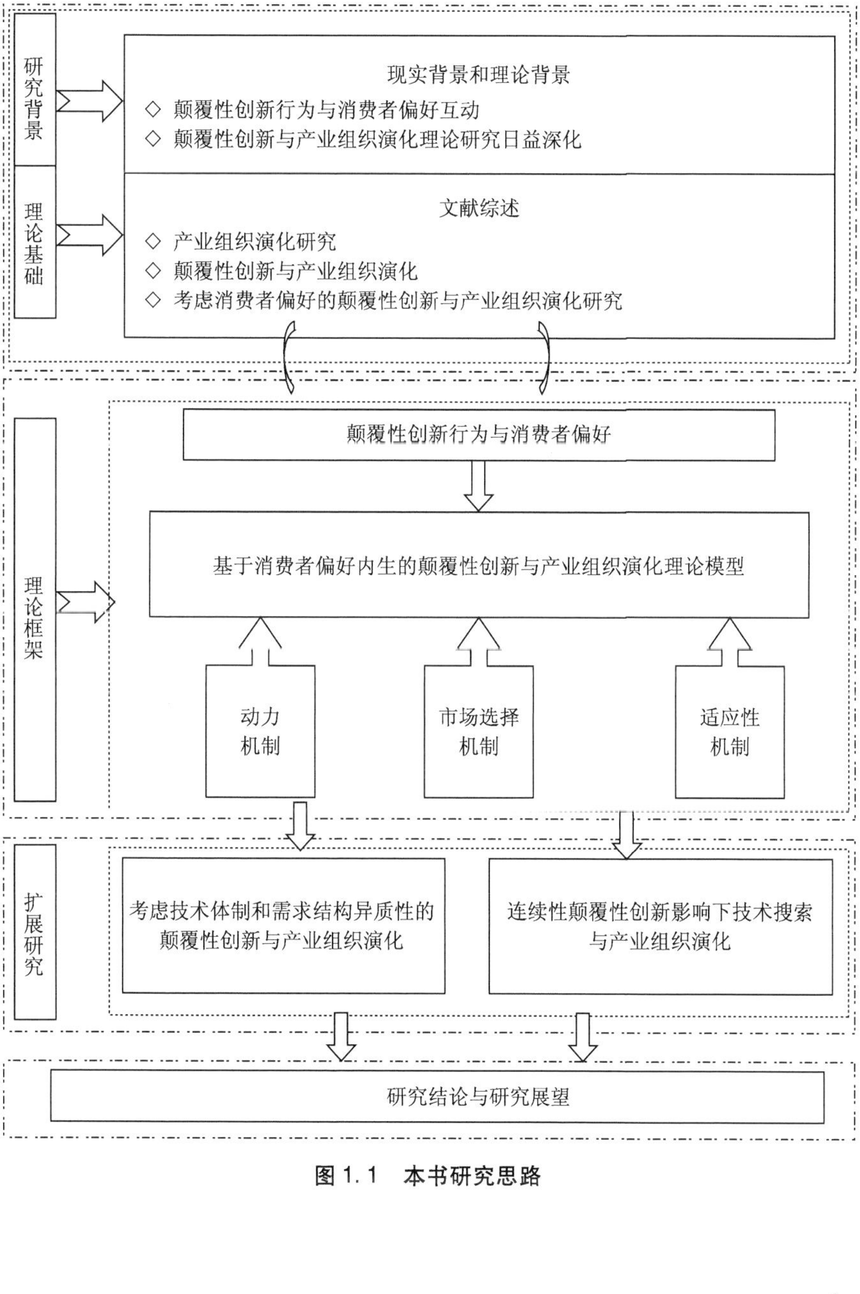

图 1.1 本书研究思路

最后，在以上理论研究的基础上，进行两个扩展研究。扩展研究之一，考察技术体制与需求结构异质性在颠覆性创新与产业组织演化中的作用。考虑到颠覆性创新行为与消费者偏好内生受到技术体制与需求结构的影响，在不同的技术体制与需求结构条件下，颠覆性创新企业围绕着消费者偏好进行知识搜索的能力和动力存在差异，产业组织演化结果也会出现较大差异。本书以中国手机市场产业组织演化为例，识别中国手机市场产业组织演化过程中的主要特征事实，对技术体制与需求结构异质性条件下的相关作用机制进行理论分析，构建技术体制和需求结构影响下基于消费者偏好内生的颠覆性创新与手机产业组织演化历史友好模型，结合历史友好仿真分析与历史差异化仿真分析，考察由 2G 向 3G 技术范式转换的过程中，技术体制与需求结构在产业组织演化中的共生作用。扩展研究之二，考察连续性颠覆性创新影响下，企业技术搜索对产业组织演化的影响。企业围绕着消费者偏好进行不断的知识搜索，不同的知识搜索策略影响了企业在产业组织演化中的适应性水平。本书分别对探索式技术搜索和利用式技术搜索两种搜索策略导致的产业组织演化结果进行理论分析，选取颠覆性创新发生频繁的电子交换机行业的专利数据，实证检验企业技术搜索与企业创新持续性和技术影响力的关系。通过扩展研究，加深对不同技术体制和需求结构背景下（例如，中国、印度等新兴经济体与发达国家的差异），消费者偏好在颠覆性创新与产业组织演化中的内生作用的认识，加深在连续性颠覆性创新影响下，企业围绕着消费者偏好进行不断的知识搜索的偏好内生的理论认识。

1.5 研究方法

1. 文献研究方法

本书重点分析颠覆性创新与产业组织演化研究文献，梳理技术创新与产业组织演化关系，研究颠覆性创新与产业组织演化关系，指出消费者偏好内生视角下分析颠覆性创新与产业组织演化机理的研究前沿，为分析颠覆性创新行为与消费者偏好互动关系、构建基于偏好内生视角的颠覆性创新与产业组织演化机理理论模型奠定理论基础。

2. 逻辑推理研究方法

逻辑推理研究方法是根据现实材料和理论并按照逻辑思维的规律、规则形成概念、做出判断和进行推理的方法。本书基于知识管理、动态演化理论，将颠覆性创新行为与消费者偏好互动视为从知识创造、知识搜索、知识转移、知识积累与复制的过程加以分析，在现有关于颠覆性创新行为和消费者偏好的研究基础上，进一步推理消费者偏好的异质性以及消费者偏好的内生变动，形成消费者偏好内生的理论认识，从知识整合、知识搜索和知识应用三个角度进一步对基于消费者偏好内生的颠覆性创新行为进行阐述，对知识整合能力和知识搜索速度影响产业组织演化的动力机制，消费者产品更换频率、消费者偏好分布结构、消费者认知能力影响产业组织演化的市场选择机制，颠覆性创新企业在不同创业期进行偏好培育、产品改进、战略业务单元建立等创新行为在产业组织演化中的适应性机制等三大机制进行理论推理，建立基于消费者偏好内生视角的颠覆性创新与产业组织演化理论模型，揭示颠覆性创新与产业组织演化的动力机制、市场选择机制和适应性机制。扩展研究进一步对不同技术体制和需求结构下颠覆性创新与产业组织演化关系的内在逻辑进行推理，对探索式技术搜索和利用式技术搜索影响企业创新持续性和技术影响力进行理论分析和逻辑推理。逻辑推理可以更加全面地认识经济因子之间的逻辑关系，为相应的模型构建奠定基础。

3. 计算机仿真方法

颠覆性创新与产业组织演化是一个复杂的动态过程，基于多主体的计算机仿真模型是描述这种复杂动态过程的重要分析工具和研究方法。本书在消费者偏好内生的颠覆性创新与产业组织演化理论模型的基础上，分别构建基于消费者偏好内生视角的颠覆性创新与产业组织演化仿真模型、颠覆性创新与产业组织演化动力机制仿真模型、颠覆性创新与产业组织演化市场选择机制仿真模型和颠覆性创新与产业组织演化适应性行为仿真模型，分别揭示了消费者偏好内生作用机理、颠覆性创新企业知识整合能力和知识搜索速度在产业组织演化中的动力机制、消费者需求结构与消费者更换产品频率等需求因素在市场选择中的作用以及初创期和成长期适应性行为选择机理。

4. 历史友好模型分析方法

历史友好模型分析是目前演化经济学领域比较前沿的计算机仿真模型分析方法。本书基于中国手机产业组织演化历史，构建历史友好模型，引入技术体制与需求结构等外生因素，通过历史友好分析和历史差异化分析，考察技术专有性条件和技术机会等技术体制在产业组织演化中的作用，以及需求结构的调节作用。通过不同技术体制和需求结构条件下，产业组织演化结果的差异，进一步揭示颠覆性创新行为与消费者偏好互动关系在不同技术体制和需求结构环境下影响产业组织演化的作用效果，加深技术体制与需求结构在影响消费者偏好内生程度乃至产业组织演化中的理论认识。

5. 专利分析方法

基于消费者偏好内生的颠覆性创新与产业组织演化的微观基础在于颠覆性创新企业围绕着消费者偏好不断地进行知识搜索和知识创造以提高企业的适应性水平。专利研究方法可以将企业的知识搜索特征和适应性水平进行很好的刻画。本书选取颠覆性创新代表性产业——全球电子交换机产业的专利引用数据，借助计算机编程，通过产业技术发展主路径分析方法，探索产业发展过程中的不同技术轨迹，考察在不同技术发展时期的技术轨迹变动情况，进而对该产业发展中的颠覆性创新进行识别，并通过构建相关的指标，进一步考察颠覆性创新与产业组织演化过程中，技术搜索属性与企业保持创新持续性和技术影响力的关系。一方面，在构建专利引用网络中，本书将不属于电子交换机行业领域的专利但又在电子交换机行业专利引用中起到连接作用的专利考虑进来，实现对探索式技术搜索的衡量；另一方面，相对于以往单纯使用专利数目加总的方法，通过主路径进行核心专利识别可以更好地展示技术发展过程中的核心专利，消除一些“垃圾”专利带来的噪声影响。

1.6 主要创新点

（1）颠覆性创新与产业组织动态演化研究理论框架的提出。基于动态演化理论和知识管理理论，分析颠覆性创新行为和消费者偏好的互动关系，将颠覆性创新行为与消费者偏好视为知识创造、知识搜索、知识转移、知识积累与复制的动态演化过程，分别从知识整合、知识搜索和知识应用三个方面对基于消费者偏好内生视角的颠覆性创新行为进行分析，从知识整合能力和知识搜索速度两个方面揭示产业组织演化动力机制，从消费者产品更换频率、消费者偏好分布特征和消费者学习能力等需求因素考察产业组织演化市场选择机制，从颠覆性创新企业分别在初创期和成长期基于消费者偏好所采取的偏好培育、产品改进和业务单元建立等创新行为及其绩效关系考察产业组织演化适应性机制，提出基于消费者偏好内生视角的颠覆性创新与产业组织演化机理理论框架。

（2）消费者偏好内生视角的引入。现有研究大多基于消费者偏好外生给定的情况下展开研究，忽略了企业行为与消费者偏好之间的互动关系。企业创新行为、创新战略日趋满足、迎合消费者偏好，甚至创造新的市场需求，消费者偏好内生于企业创新行为，即消费者偏好随着企业创新行为而改变，企业行为与消费者偏好的互动已经成为驱动产业组织演化的动力源。与原有消费者偏好外生给定的静态分析相比，消费者偏好内生视角的引入可以系统揭示颠覆性创新导致的产业组织动态演化规律，尤其是产业组织演化作用机制，使颠覆性创新与产业组织演化研究更具理论解释力。

（3）“历史友好”的演化经济学分析方法。“历史友好”的演化经济学分析方法是由 Malerba 等（1999）提出的，用于研究影响产业发展、技术进步与制度变革的因素和机制，其特点是将产业发展中的历史事件作为揭示经济系统和经济因子间相互作用的变化与发展的基础。本书以中国手机产业组织演化的历史为例，构建“历史友好模型”，通过历史友好分析和历史差异化分析，揭示技术体制和需求结构的异质性在颠覆性创新与产业组织演化中的作用机制，为考察以中国为代表的新兴市场转型国家与发达国家技术体制异质性对产业组织演化影响提供参考。

2 文献综述

2.1 产业组织演化研究

2.1.1 产业组织理论研究

Marshall 和 Marshall（1879）最早提出产业组织概念，并将其定义为产业内部结构。之后，Marshall（1890）将组织作为主要的生产要素与劳动、资本和土地并列，并将组织分为企业内部组织、同一产业中各企业间的组织、不同产业间的组织形态以及政府组织。按照 Schmalensee 和 Willing（1989），产业组织理论研究主要围绕企业行为、市场结构和市场演变，以及与其相关的公共政策展开研究。产业组织理论研究主要从传统产业组织理论、新产业组织理论和基于演化经济学的产业组织理论三个方面展开。

1. 传统产业组织理论研究

传统产业组织理论主要包含哈佛学派和芝加哥学派两大具有影响力的研究团体。其中，哈佛学派以梅森、贝恩为代表，他们在明确定义了产业组织理论一系列基本概念的基础上，完整地提出了构成传统产业组织理论核心内容的结构—行为—绩效（SCP）分析范式，简称为 SCP 分析范式（Bain，1959）。按照这一分析范式，产业集中度高的企业总是倾向于提高价格、设置障碍，以便谋取垄断利润，阻碍技术进步，造成资源的非效率配置；要想获得理想的市场绩效，最重要的是要通过公共政策来调整和改善不合理的市场结构，限制垄断力量的发展，保持适度竞争。Scherer 和 Ross（1970）对结构—行为—绩效分析范式进行了扩展。首先，从供给和需求两个方面系统阐释并强调了产业基本条件（Basic Conditions）对市场结构和市场行为的影响。其中，在供给方面，这些基本条件包括主要原材料供应企业的所有权与分布区域、可利用技术的特点、产品的耐用性、产品价值衡量方面的特征、商业习惯、工会制度及其规章等；在需求方面，这些基本条件则至少包括不同价格区间需求的价格弹性、需求量的增长率、替代产品的可替代程度、消费者的购买方式、产品在销售方面的特征以及产品生产和销售的周期性和季节性特点等。其次，进一步揭示了市场行为对市场结构和产业基本条件以及市场结构对产业基本条件的反馈效应。从 Scherer 和 Ross（1970）的扩展来看，哈佛学派开始关注了市场需求在产业组织理论中的作用，也强调了市场行为对市场结构的影响。尽管如此，哈佛学派更多地强调结构对行为进而对绩效的影响，对市场行为反馈作用的考察相对较少。结构—行为—绩效范式对于认识产业组织关系，分析市场结构、企业行为与市场绩效关系方面提供了重要的分析范式。然而，20 世纪 60—70 年代开始，芝加哥学派对 SCP 展开了对话与讨论。Stigler（1964，1968）指出一些企业在激烈的市场竞争中能取得较高的生产效率，才能获得高额利润，并进而促进企业规模的扩大和市场集中度的提高，形成以大企业和高度集中为特征的市场结构。Stigler（1971）还指出，除政府的规制外，真正地进入壁垒是不存在的，因此，市场上的企业都面临进入者的威胁。Baumol 等（1982）在 Stigler 基础上，提出“可竞争市场理论”，该理论以完全可竞争市场和沉没成本等概念为中心，推导可持续的、有效率的产业组织的基本态势及其内生的形成过程。该理论指出不能使用集中度的高低和规模的大小来作为判断是否为垄断的标准，而是根据企业绩效的好坏作为评价标准。Demsetz（1973，1988）指出较高的利润是组织规模经济的报酬，任何成本最低的企业的规模在迅速扩大，强调企业行为在绩效和结构之间形成一条反向通道。芝加哥学派在理论上继承了奈特以来芝加哥大学传统的经济自由主义思想和社会达尔文主义，信奉自由市场经济中竞争机制的作用，相信市场力量的自我调节能力，认为市场竞争过程是市场力量自由发挥作用的过程，是一个适者生存、劣者淘汰的所谓“生存检验”的过程（Martin，2001）。尽管如此，该学派的研究重点在对 SCP 范式的批判上，从演化经济学视角对产业组织演化进行系统分析的著述较少，但这也为本书探索产业组织演化提供了思路。

传统产业组织理论围绕 SCP 范式展开了研究，对于理解产业组织以及产业组织演化奠定了基础。这些研究开始关注到了市场行为对市场结构的影响，以及市场需求在产业组织演化中的作用，这为进一步分析产业组织演化奠定了基础。

2. 新产业组织理论的发展

20 世纪 70 年代以后，以企业策略性行为为研究内容的新产业组织理论促进了对产业组织理论研究的发展（Davis and Lyons，1988；Pepall et al.，1999）。在策略性行为研究启发下，对市场行为及其对未来市场结构的影响研究不断深入，认识到企业之间的策略性行为互动是很多市场现象的基础，如价格战、专利竞赛、兼并、转售价格控制以及广告等。

在对行为与结构互动关系的研究中，新产业组织理论对技术进步和市场结构动态演变给予了更多的关注。Gilbert 和 Newbery（2001）指出拥有垄断力量的在位企业具有获得先占专利以保持垄断力量的动机。在位企业获取先占专利的动机来自专利所带来的垄断利润与允许竞争者进入时候获得利润之间的差额大小，差额越大，垄断者取得先占专利的动机越强。如果潜在竞争者理性预期到专利竞赛将导致产业利润的消失，那么潜在竞争者将不进入该产业，垄断者能够维持其垄断地位，市场结构不发生变化；如果潜在竞争者预期通过技术创新和专利竞赛能够获得产业利润，那么潜在竞争者将通过加大技术创新力度，进入该产业，垄断者难以维持其垄断地位，市场结构将发生变化。由此可知，潜在进入企业能否通过创新获得潜在利润决定了企业是否进入市场，并对产业组织演化造成影响。Reinganum（1982）考察了技术不确定条件下市场结构与技术创新关系，指出在潜在进入者不会成功发明新产品概率给定的情况下，存在“阿罗替代效应”（Arrow，1962）：由于垄断企业进行创新是一种自我替代，即同一企业创新前后产品之间具有竞争性，是一种自我竞争关系；而竞争性企业通过技术创新有可能成为垄断者，因此，垄断企业从事研究与开发的动力低于竞争企业。Dixit 和 Stigliz（1977）指出外部效应、规模经济和分配制度是导致不完全竞争市场结构的主要原因。在存在规模经济的条件下，通过减少产品种类、增加每种产品的产出数量，能够降低企业成本、节省社会经济资源。产品种类的减少将使得消费者产品消费种类减少，进而降低社会福利水平。另外，考虑到消费者异质性的存在，企业需要对产品进行差异化设计，新产业组织理论大多在 Hotelling 模型基础上对产品差异化问题进行研究。在此基础上，Mussa 和 Rosen（1978）提出了纵向差异化模型［简单表述为 u=fs-p（s），其中，u 代表消费者效用，s 为产品质量，f 为消费者对产品质量的评价，产品价格 p 是产品质量 s 的函数］，对比了垄断和完全竞争条件下的质量选择。Donnenfeld 和 White（1988）以及 Strinagesh 和 Bradburd（1989）的研究表明，Mussa 和 Rosen（1978）的模型中关于质量下降的结论依赖于质量变化以相同形式影响总效用和边际效用的假设，如果放松这一假设，垄断企业的质量变化是不确定的。Shaked 和 Sutton（1982）基于消费者收入分布影响市场需求的假设建立了质量内生的纵向差异化模型，指出企业通过创新提供高质量产品可以为消费者带来更多满足，也会使企业获得更高利润。Adner 和 Zemsky（2005）在模型中同时考虑了纵向产品差异化和水平差异化，考察了消费者偏好异质性及消费者偏好的变动对产业竞争格局的影响。Adner 等（2014）进一步放松该模型中关于消费者偏好服从均匀分布的假设，考察了消费者偏好等因素在企业产品设计方面的影响机制。Adner 及其同事的贡献在于考虑到了一个产品拥有多个产品属性，消费者在产品购买时会在多个产品属性中进行选择。Bar-Isaac 等（2012）将产品设计概念引入到搜索模型中，构建了分析产品设计如何随搜索成本下降而改变以及如何影响均衡的市场结构、价格和消费者剩余。他们发现，搜索成本的下降和内生化的产品设计影响市场结构，低搜索成本可以为消费者提供更多可选择的产品。消费者可供选择产品种类的增多，导致市场出现“明星产品”，市场结构趋于集中；他们进一步指出企业市场地位决定了企业如何进行定价和产品设计。拥有市场优势的企业会选择针对主流市场消费者进行产品设计，制定低价格，而弱势企业倾向于针对较小的利基市场进行创业，制定高价格。Yang（2013）基于消费者异质性假设，在模型中引入搜索靶向性的概念。该模型可以分析搜寻如何影响产品种类的数量和细分产品市场份额的变化，还可以分析消费者效用、企业定价和利润以及市场结构。研究发现，搜索引擎技术提高了消费者搜索的靶向性，增加了消费者能够搜索到所需物品的概率。这种概率的增加也得益于生产细分产品企业数量的增加。如果不考虑搜索靶向性，长尾市场消费者将被排除在市场之外；主流市场消费者相较于长尾市场消费者可以获得更高的效用。

综上，新产业组织理论深化了企业行为对市场结构影响的研究，尤其是强调了技术创新行为对产业组织演化的影响。消费者异质性的考虑，也极大地加深了对创新行为和产业组织关系的认识。这一类研究的不足之处在于对技术创新异质性的考察不足：一般情况下，使用产品质量（或生产成本）作为企业技术创新的代理变量，这种研究假设大大弱化了技术创新异质性；另外，在市场结构给定的条件下分析消费者异质性问题，缺乏对企业与消费者两者互动的分析。在现实中，消费者偏好在技术创新的影响下会发生改变，尤其是在当前技术更新速率增加的背景下，消费者偏好不会是一成不变的，消费者偏好的变化势必对企业创新行为以及市场结构造成影响，因此，有必要进一步深化对技术创新异质性以及企业行为与消费者偏好之间的互动关系。

3. 基于演化经济学的产业组织理论对产业组织演化的研究

Nelson 和 Winter（1982）使用自然选择理论中变异、遗传、选择的类比来分析产业组织变迁。他们指出生产规划、价格设定、研发资金的分配等都是组织的惯例，这些惯例具有基因特征，企业的决策和行为都是这些惯例的外在体现。那些成功地促进企业增长的组织惯例在日益成长的企业组织内部得以延续存在。因此，通过组织扩张，相应群体中惯例基因的相对频率就会增加，同时，这样的组织惯例也会被同行业内其他企业模仿，进而增加这些惯例基因的相对频率。当企业绩效低下、甚至面临生存威胁时，企业会积极的尝试发明摆脱困境的新方法（Fransman，1999），通过这种变异机制来替换或改进那些有缺陷的惯例。Arthur（2009）指出新技术产生于已有技术的组合，现有技术也会带来未来技术。因此，当前的新技术将成为更新技术的可能构件。以这样的方式，最初很简单的技术发展出越来越多的技术形式，而很复杂的技术往往用很简单的技术作为其构件，这种技术创新演化称为组合演化。通过组合演化，技术创新差异化更加明显。演化经济学在产业组织演化研究中，重点阐述了动力机制、市场选择机制和适应性机制三大主要演化机制。

产业组织演化动力机制建立在市场主体及主体行为异质性是驱动产业组

织演化动力的基础上。创新或变异机制是异质性的主要来源，通过创新产生异质性，为市场选择机制提供对象。其中，异质性体现的是群体中各种存在的行为状态，包括惯例、组织结构和运营模式等（Nelson and Winter，1982）。变异产生新的组织形式，新组织往往是那些更适合在环境利基中生存的组织，存活下来的组织将继续维持该选择，直到下一个变异产生为止。总之，变异是一个不断循环、积累、随机的连续过程。按照变异发生的时间和特点，市场主体多样性包括获得性差异、行为模式差异和关联性差异。Dopfer（2005）指出创新或变异机制的作用程度强弱与异质性的大小成正比，在一个稳定的行业内，创新的幅度一般较小，往往是对原有知识的补充、修正和扩展；而具有革命性的创新将会对行业发展产生重要的作用，带来已有行业的消亡或迅速扩张。因此，多样性的产生速度与变迁方向选择共同驱动产业组织演化。企业在科学领域的知识搜索的方向和深度影响了变异的发生。Dosi 等（2010）指出企业之间在资源、惯例等方面的异质性驱动了整体的产业组织变革。Nelson（1995，2016）提出“科学是不同的，知识差异最关键”的观点，进一步强调多样性在产业发展中的重要性。Whitley（2016）在对这一观点进行反馈时指出产业组织内部结构的复杂性和知识差异性使得创新与产业组织演化存在内生的因果关系。企业的组织模式不仅要与自身的惯例相匹配，还要与企业所在种群的外部惯例所协调。其中外部惯例很大程度上取决于企业所处的产业环境。惯例可能或可能不与组织形式相适应。在可行的惯例集合里，一些惯例可能与现存的组织形式相结合可以运转良好，而其他的惯例与这个组织形式相结合则运转很差。反之亦然。某种惯例与一个组织形式相结合可能是有赢利能力的，而与另一个组织形式相结合则可能是亏损的。即任一特征、惯例和组织形式对赢利能力的影响都是环境依赖的。Lopez 等（2015）指出寻找外部知识对企业创新的重要性。他们提出两个知识搜索维度：搜索空间（本地或远程）、搜索启发方式（经验或认知），并结合这两个维度，区分了四种不同的搜索路径。Higón（2016）也指出外部基础研究（外包或与大学合作）可以鼓励企业将新产品推出市场，并获得领先竞争对手的优势。Authur（2009）指出创新过程基于企业在不断的知识搜索中实现产品组件的内部替换和结构深化。其中，在市场竞争或者消费者需求等因素的促使下，企业会在现有产品基础上增加新的功能或改进现有产品的功能水平，即内部替换。为了赢得竞争或获得更多的市场，企业会寻找更好的组件、更优化的结构，不断进行组件间的调整和平衡。如果竞争非常激烈，甚至技术的边边角角都会被要求完成的尽善尽美。尽管如此，在技术发展中，某些部件会受到限制。例如，集成线圈发展到一定程度之后，难以进一步排列更加紧密的器件，这限制了半导体技术的进一步发展。技术限制是不可避免的。在面临这种限制性障碍时，研发人员可以通过更换形成阻碍的零部件来克服局限。一般采取的方式包括采取更好的设计和更全面的解决方案、借用竞争对手的思路、使用不同的材料等。一部分部件的改进需要其他部件进行适应性调整。这个过程需要对整个技术再次进行平衡，甚至需要重新考虑技术的整体结构。在内部替换组件的过程，由于组件与组件（或模块）之间的链接机制或者接口也需要进一步匹配，因此，企业还需要通过增加次级系统或次级模块形式进行结构深化，实现以下目的：①加强基本功能；②对改变或异常进行监视并作出反应；③去适应更广泛的任务范围；④增强安全性和兼容性。通过结构深化，提高产品性能，提高产品适应更广泛的任务范围，增强产品可靠性。这个过程伴随着新问题的出现与解决反复进行，促进技术不断从简单走向复杂。结构深化需要识别新的集成模块或组件，以及组件与模块之间的链接界面，还需要对新的发明进行不断的试验、评价和优化，因此，通过结构深化进行技术创新的过程速度较慢。市场竞争会影响内部替换和结构深化的速度。如果市场竞争激烈，速度会相应加快。如果缺乏竞争，技术创新速度会下降。在缺乏市场竞争的环境中，即便研发人员发现明显的技术进步，也不一定会予以采用。

在产业组织中，变异或新奇产生之后，市场选择机制发生作用（Abatecola，2014）。Alchian（1950）指出，市场选择机制的核心是市场竞争，只有能够获得更多资源的行为主体才能存活下来。Nelson 和 Winter（1982）指出选择机制不能忽视主体能动性因素，主体满意、惯例刚性等因素对选择具有决定性作用。弗罗门（2003）则主张在“外在市场选择”和“主体自己的选择”上做出区分，认为适应性学习和市场选择是并列共存的选择机制。Taylor 和 Jonker（1978）在 Fisher（1930）提出模仿者方程基础上，提出复制者动态模型，指出个体的适应度高于群体平均适应度时，个体规模会扩增。Nelson（1982）认为创新是一个学习、搜寻和社会选择过程，当作为企业知识和经验载体的惯例运行无法达到满意效果时，产生对现有惯例调整的搜寻活动（如研发），经过市场的选择过程，新惯例或惯例的组合得以保留。David（1985）用技术的相关性、投资不可逆性、正的外部性或规模报酬递增解释了技术创新的路径依赖现象。Arthur（1989）认为技术创新导致收益递增的内在机制使得技术在产业组织演化中起着关键的作用。在技术与产业组织演化中，多元化的行为主体之间通过市场竞争得以协调，伴随着选择机制，有的技术被淘汰，有的技术生存下来并成为主导技术，形成技术创新的路径依赖。Pavitt（1984）提出创新模式的产业依赖理论，实证表明不同产业之间的创新实践存在广泛差别，特定产业环境影响和制约着创新行为，而创新行为对产业环境也具有塑造和反馈作用。Dopfer（2005）指出市场选择机制可以使特定的知识和惯例得以扩散。他进一步指出，选择环境是市场环境，包括产品市场和要素市场。在相同的产品市场上竞争的两个经营单位同属于一个种群。如果他们的投入来自不同的两个要素市场，则称整个种群分为两个相互作用的子种群。对经营单位的选择是在多种产品和要素选择环境中完成的。经营单位为了获取消费者而竞争，也为了获得投入品而竞争，竞争的结果是其活动规模相对于其竞争者的变化。其竞争力来自经营目标、组织和技术特征以及生产方法。这些特征为经营单位寻找到多样性和提高竞争力提供了有力保障。Nelson 和 Winter（1982）指出市场选择环境需要考虑四个因素：①采取或者不采取某种创新行为的成本—收益特点；②消费者偏好以及偏好的调整对企业获利的影响；③利润以及组织间扩展和收缩的关系；④制度环境的特点。在经济演化中，环境对企业组织个体知识创新的选择，适应环境的创新行为留在企业当中。市场选择机制的存在是保证选择过程有规律发展的标准之一。由于企业的生存与发展离不开与市场的交互，如果信息传递渠道通畅，企业的价值必然能通过市场的价值信号得到反映。在演化经济理论中，市场仍然是选择机制发挥作用的主要媒介，个体行为通过市场交易的协调得出不同的结果。Lee 和 Malerba（2017）指出除了机构和公共政策的变化之外，知识和技术的变化，以及市场需求的变化也会带来市场环境的变化。

Lee 等（2017）指出市场需求因素是产业组织演化重要的市场选择机制。可见，最新研究强调市场环境的改变给企业竞争带来的影响，尤其强调了市场需求的作用。

产业组织演化的适应性机制建立在种群分析基础上。种群可理解为在特定的时间内，占据一定空间的同种个体群。类似于生物学领域的种群概念，面对同一顾客群，并存在相互竞争关系的企业所提供的产品集合之间具有相互替代、交叉衍生的互动关系，这些关系直接决定着企业间竞争的结果（Darden and Cain，1989）。演化经济学解释的是种群结构如何随时间的推移而变化，从相互作用和相互依赖中产生新结构等问题。因此，不可避免地涉及不同的扩张速率和种群中相互竞争、相互作用的成员相对频率的变化。在激烈的市场竞争中，企业的产品数量和产品功能在不断优化，以更加适应顾客需求，更大程度上赢得市场竞争。根据 Lotka-Volterra 竞争方程（如 Marasco et al.，2016），在短期内，竞争一方产品种群获取顾客资源整体能力的提高可能会对另一方产品种群规模造成不同的影响，如果一方认为企业核心竞争力来自产品种群的规模，就会通过扩大产品种群规模对抗市场竞争；但如果该方认为企业核心竞争力来自单个产品获利能力，便会通过优化产品结构对抗竞争，产品种群的规模可能变小。但是，随着一方获取顾客资源的能力不断增强，另一方的客户资源不断流失，必然会影响其产品种群的规模，原产品种群中那些未能满足客户需求的产品将被市场淘汰，产品种群规模变小。从长期看，获取顾客资源能力的增强会对另一方产品种群规模产生不利影响。因此，产品种群之间是一种竞争演化关系，这两个种群面对同一类顾客群，双方都有各自不同的目标市场，并存在一定程度的交叉；两个存在相互替代关系的产品种群在环境、技术和顾客等因素的驱动下，不断衍生出变革产品和创新产品，同时旧产品不断退出市场；双方产品种群获得顾客资源的能力随之变化，目标细分市场顾客数量也随之变化。Taylor 和 Jonker（1979）基于 Fisher 原则（Fisher，1930）提出复制者动态理论，该理论描述的是异质性经济主体在市场选择作用下，因其适应性不同而引起的市场份额差异化变化：适应性高的经济主体的基因（行为、技术、产品、惯例等）被复制，市场份额增加，适应性低的基因逐渐减少甚至被淘汰，市场份额不断减少。在有关适应性的研究中，常常使用利润率、生产率、单位生产成本和产品价格等来分析经济主体的适应性（Nelson and Winter，1982；Metcalfe，1994；Bottazzi et al.，2008）。在市场选择的主导作用下，经济主体表现出不同的适应性（Saviotti，1995）。任何一个实体的适应性不仅是自身特征和行为的函数，而且是种群中所有其他竞争者特征和行为的函数（Sober，2013）。适应性包含两个方面，一是指过程，即企业适应性学习，使自身能适合于市场选择标准的过程；二是指结果，群体中个体之间相互作用的结果，如个体元素（平均成本、生产率等）的转型与变迁。由于市场选择标准作为外生性因素，并不是恒定不变的，因此，企业的适应性学习是贯穿一个企业整个生命周期的动态调整机制。不确定性是经济发展的一个普遍现象，因此，企业应该不断地学习，以增加对迅速变化的外界环境的适应性（Nelson，1961）。适应性学习可以尽量增加其行为的理性（Simon，1966；Dolan，2012）。适应性学习机制可以不断提高企业的创新能力和模仿能力，公司通过内部积累不断地加强与现有技术的差距（Sober，2013）。另外，产业组织演化伴随着企业惯例的不断改进和修正，因此，不断的进行组织学习可以获得知识、经验和技能等，促进企业优秀惯例被复制。Dosi 等（2015）进一步发现，企业之间的学习机制可以促进企业生产率的提高。Malerba 和 Nelson（2011）通过对比不同国家的六个产业组织演化过程，指出后发企业的技术赶超是一个学习的过程，在这个过程中，各种要素互相影响企业生存环境，在互相学习中不断获得生存能力，最终实现技术赶超。Sober（2013）指出市场环境的变化通常会导致种群间适应性的重新分布，适应性机制是在给定的市场环境下经营单位之间相互作用的过程中，适应环境的惯例或个体被选择下来，不适应环境的则被淘汰。任何一个实体的适应性不仅是自身特征和行为的函数，而且是种群中所有其他竞争者特征和行为的函数。企业的适应性学习机制主要表现为：基于惯例的利用式学习机制和基于外部搜寻的探索式学习机制。通过不同的学习机制，可以提高经营单位在整个产业中的适应性。适应性学习机制可以不断提高企业的创新能力和模仿能力，公司通过内部积累不断地缩小与现有技术的差距（Sober，2013）。Zhang 和 White（2015）基于中国太阳能光伏产业的发展过程，考察了企业适应环境变化的问题，指出企业通过建立资源和全球市场的合法性，并通过企业行为与制度结构的共同演变，提高环境适应性。Shin（2017）以动态存储器行业为例，进一步说明了技术在世界范围内的扩散使得市场环境发生改变，后发企业借助这种市场环境变化带来的机会窗口实现赶超。Giachetti 和 Marchi（2017）使用手机产业组织演化历史友好模型，发现不连续性技术在导致产业竞争环境与竞争格局变化中的作用，后发企业在市场环境改变中不断提高适应性，可以获得新的增长机会。

综上所述，学术界对产业组织研究经历了从传统产业组织理论、新产业组织理论到基于演化经济学的产业组织理论研究的演变过程。传统产业组织理论围绕 SCP 范式展开讨论，开始关注到市场行为对市场结构的影响，认识到市场需求在产业组织演化中的作用，这为进一步分析产业组织演化奠定了基础；新产业组织理论以策略性行为为研究内容，对技术进步对产业组织影响给予了较多关注，同时，对消费者异质性与技术创新关系进行了详细的分析，但仍然是在消费者偏好既定不变的前提下展开研究，很少探讨技术创新与消费者偏好互动关系。基于演化经济学的产业组织理论对产业组织演化的研究建立在异质性是驱动产业组织演化的前提基础上，指出创新是异质性形成的重要因素，企业在不断的知识搜索中，不断提高适应性，也改变了市场竞争环境，在市场选择机制作用下，产业组织发生演化。演化经济学对产业组织演化动力机制、市场选择机制和适应性机制的阐述为分析产业组织演化奠定了理论基础。因此，基于演化经济学对产业组织演化进行分析，是当前学术研究的前沿，现有研究为本研究的开展奠定了基础。

2.1.2 技术创新驱动产业组织演化

有关技术创新驱动产业组织演化的研究分别从知识和需求两个方面对技术创新驱动产业组织演化机制进行了分析。

1. 从知识方面探讨产业组织演化

从知识方面探讨技术创新驱动产业组织演化的研究中，Dosi 等（1995）指出在技术创新驱动产业组织演化的市场选择过程中，企业的知识学习起到了重要的作用。不同产业知识库基础不同，其学习方式也存在较大差异：一些产业的知识基础是科学知识，而另一些产业中干中学和技术积累则是技术进步的主要驱动力（Dosi，1998；Rosenberg and Nelson，1994）。

知识在产业内的转移和流动过程，影响着企业技术能力和适应能力，进而影响到企业市场份额的重新分布。由于技术体制和产业知识基础的差异，企业的学习、能力和行为也存在一定的差异性。知识存在不同程度的可获得性、机会性和累积性特征（Nelson and Winter，1982）。Malerba 和 Orsenigo（1995，1997）将以上知识特征定义为技术体制，并指出不同的技术体制产生两种不同的产业创新模式：熊彼特Ⅰ型和熊彼特Ⅱ型。其中，熊彼特Ⅰ型产业具有颠覆性创新特征，企业容易进入，企业家和新企业在创新活动中发挥着关键作用；熊彼特Ⅱ型产业具有累积性特征，少数大企业是引领产业创新的核心，新的创新企业面临较大的进入壁垒。因此，知识和学习影响着产业内创新活动的发生方式，进而影响着产业组织的动态演化（Marsili and Verspagen，2002）。Castellacci（2007）指出产业层面的效率进步的异质性源于专有性条件、技术机会、教育与技能水平、外商竞争的开放程度和市场规模等技术体制与产业特征。Castellacci 和 Zheng（2010）进一步考察了技术体制与企业生产率之间的关系，研究发现，技术体制对企业生产率起着关键的决定作用，然而，在影响效率变革和技术进步两个方面存在差异：在熊彼特 Mark Ⅱ产业，技术进步更加动态性；而在熊彼特 Mark Ⅰ产业中，效率变革更加重要。Kim 和 Lee（2003）基于韩国动态随机存储器的历史友好模型，发现较低的技术累积性和创新对生产率增长作用很大的技术体制特点使得该产业由小型专业化公司转变为大型多样化公司。他们进一步发现，创新对生产率提升的作用非常大的情况下，在位企业之间的生产率差异会被拉大，大型多样化企业的技术追赶也会加速。Kim 和 Lee（2011）使用韩国制造业企业数据，指出技术体制与企业的先动优势以及先动优势的持续存在一定的联系。Winter（1984）通过不同技术体制下熊彼特竞争差异的对比，指出技术体制对于新进入企业和在位企业的创新来源起着重要作用。在 Winter（1984）的基础上，Wersching（2010）进一步将技术溢出引入到技术体制和市场结构演化的分析中，其仿真结果显示，在熊彼特Ⅱ型的技术体制中，产品创新和工艺创新表现较好，但是技术的发展与价格提高和利润提高同时发生。在两种技术体制下，产业集中度随着时间会不断提高，体现了成功企业和落后企业的不断分化，在熊彼特Ⅰ体制下，企业更加专业化。Kemp 等（2007）指出技术体制在维持性创新企业开辟新的细分市场方面的重要性。Revilla 和 Fernández（2010）指出企业规模和研发效率的关系受到了技术体制的影响。Frenz 和 Prevezer（2012）进一步使用社区创新调查（CIS）数据对技术体制和创新持续性进行了考察。他们指出，技术机会和专有性条件影响着技术创新持续性。但没有发现技术累积性与创新持续性之间的确切关系。Lee 和 Lim（2001）使用技术累积性、技术轨迹变动程度（可预测性）和知识库基础描述技术体制，并提出了技术体制与产业技术追赶模型，并使用韩国多个产业的数据进行了实证分析，指出技术体制在不同产业的技术赶超中起到了关键性作用。随着技术赶超研究的深入，学者们不断揭示不同技术体制与技术赶超机会窗口之间的关系，为进一步分析产业组织演化提供了理论基础（Lee and Malerba，2017）。

由于技术生命周期短、知识学习累积性低、技术机会相对较多、企业进入壁垒低，新企业进入市场和新技术引入更加频繁，使得产业发展更具“破坏性”等技术体制特点，最新的研究对熊彼特Ⅰ型产业进行了较多的关注。Park 和 Lee（2006）进一步使用美国专利数据，对技术体制与技术赶超关系进行了考察。该研究发现，更容易发生技术赶超的产业技术体制特点为：技术生命周期比较短、最初知识存量较多。另外，技术专有性程度和知识可获得性影响了不同产业技术赶超的差异性。Rho 等（2015）基于产业创新系统理论，对中国半导体产业在市场份额和技术方面的赶超进行了分析。他们指出，在半导体行业中，创新频繁发生，使得后进入企业处于一个劣势位置；另外，标准的集成线圈芯片市场没有较多的细分市场，这意味着没有更多的低端市场空间为新进入企业提供消费者资源；而在 ASIC 芯片市场，技术生命周期相对长、不同细分市场的特定要求差异性较大等特点，使得中国本土企业不断的取得较高市场份额。Shin（2017）提出动态追赶策略的理论对存储器产业两次领导地位的转换进行了解释：20 世纪 80 年代从美国到日本，90 年代从日本到韩国，分析了这一策略与日本和韩国企业抓住机会窗口之间的关系，并进一步分析了动态追赶策略变得更加难以成功执行的原因。Landini 等（2017）基于手机与半导体行业历史演化模型的对比研究，探索了技术赶超周期中出现的技术条件对于后发企业进行技术赶超的作用，研究发现不同技术追赶周期的出现取决于技术破坏性程度、企业锁定效应的大小、在位企业能力以及特定产业发展历史。Landini 等（2017）指出，新技术的破坏性越高以及在位企业的能力越低，在位企业和后进入企业之间的市场份额变动越大；技术驱动的产业领导地位变革更可能发生于技术投资收益递增的行业。另外，伴随着新一轮信息技术革命，尤其是物联网技术在各行各业的广泛应用，使得这类产业中企业进入退出更加频繁、产业颠覆现象明显，产业组织演化更加复杂。信息技术发展对产业组织演化带来的影响主要体现在四个方面：①产业结构模块化。其中，模块化降低了系统调整与运行的成本，提高了系统的效益和生产效率，分散了产业创新风险，促进了产业创新。②产业融合现象明显。在信息技术革命以前的历次技术革命和产业革命中，每次产业革命的典型产业组织演化特点都是产业分立。正是由于产业分立，才形成了规模日趋庞大、门类日趋繁多的现代产业体系。然而，信息技术革命的出现使得产业出现融合现象，最典型的是电信、广播电视和出版三个行业。在信息化进程中，非专用性的互联网替代了各种专用性网络，信息传递智能化水平不断提高，产业流程和产业价值链实现了数字化融合（周振华，2003）。③产业组织呈现柔性化趋势。随着网络经济时代的带来，定制化生产逐渐替代以前的规模化生产。④产业创新能力成为企业持续竞争优势的主要源泉。Dosi 等（2007）指出信息通信技术不仅可以产生新的产业，还会深刻地改变在位企业的组织模式以及赢利来源。Brusoni 和 Sgalari（2006）使用轮胎行业的产业组织演化案例，说明了机器人等自动化技术的引入，使得该产业制造模式更加灵活化、定制化、自动化和模块化，产品系列开始增加，核心轮胎制造商开始对核心汽车制造商提供“个性化设计”的制造。Moreau（2013）以音乐唱片产业为例，详细阐述了数字化技术的破坏性本质，指出面对数字化技术的普及，CD 唱片公司很难接受重新构思商业模式。Lim 等（2017）指出新技术的出现和采用为日本企业在造船业中赶超英国企业提供了机会窗口。而随着 3D 打印技术的出现和对大型航母的需求，新的技术赶超机会出现，韩国企业积极响应，并实现了新的技术赶超。Murthy 和 Kumar（2015）指出在物联网技术影响下，数据运算速度加快，用户和机器数据传输更加便捷，数据传输和分析成本降低，基于消费者—生产者互动的技术创新行为更加普遍。Lui 等（2016）指出射频识别技术（RFID）的引入可以大大降低权益资本的投入，对企业利用新兴破坏性技术提供了巨大的激励。另外，信息技术融入传统产业之后，传统产业将纷纷出现分化、解体和重组，不断催生新兴产业，如光学电子产业、医疗器械电子产业、航空电子产业、信息服务业等（Hacklin，2005；Schulze et al.，2015）。Sharma（2014）指出云计算、纳米计算等新兴颠覆性创新技术将对印度 IT 外包行业带来颠覆性的打击。

综上所述，现有研究对技术创新驱动产业组织演化的知识特征进行了深入研究，并根据知识获得性、机会性和累积性等特征界定了不同的技术体制，分析了不同技术体制下企业知识学习与产业组织演化关系。由现有研究可知，最新的研究对熊彼特 I 型产业进行了较多的关注。一方面，这类产业知识学习累积性较低，技术机会相对较多，企业进入壁垒低，新企业进入市场和新技术引入更加频繁，进入市场之后对在在位企业的颠覆（赶超）现象明显，使得产业发展更具“破坏性”；另一方面，新一轮信息技术革命，尤其是物联网技术在各行各业的广泛应用，使得这类产业中企业进入退出更加频繁、产业颠覆现象明显、产业组织演化更加复杂（e. g，Hacklin，2005，Schulze et al.，2015；Murthy and Kumar，2015；Lee and Lee，2015）。以上研究从技术知识特征角度加深了对技术创新驱动产业组织演化的理论认识，并指出了从颠覆性创新角度考察产业组织演化的现实需求。然而，以上研究对消费者需求的关注较少，缺乏对技术与需求互动的分析。实际上，企业进行知识学习和技术创新的过程，是围绕着消费者偏好不断进行知识搜索、知识创造、知识整合的过程。尤其是在新一轮的信息技术革命影响下，消费者的个性化需求改变了企业原有的生产方式和学习过程，在企业与消费者的互动过程中，不同的消费者需求得到满足，消费者剩余大大提高，市场规模也不断扩大。因此，有必要进一步从技术创新与需求互动，尤其是颠覆性创新与需求互动角度对技术创新驱动产业组织演化的研究进行深入考察。

2. 从需求方面探讨产业组织演化

从需求方面探讨产业组织的演化的研究最先强调了需求异质性的重要性。Christensen（Christensen and Rosenbloom，1995；Christensen and Bower，1996；

Christensen，1997）通过对硬盘驱动器行业的研究，发现较小的驱动器最先应用于新的细分市场，这些细分市场的消费者更看重驱动器的大小和重量，尽管小的驱动器在传统性能方面不如旧技术，并且现有的消费者不会关注小的驱动器。而小的驱动器最先被新兴市场消费者所看重，并通过性能的不断改进，最终进入主流市场，并对原有在位企业造成颠覆威胁。Klepper 和 Thompson（2002）对激光产业的研究表明，不同细分市场的存在影响了产业内企业的成长与规模分布。Antonelli（2003）指出，市场需求是技术创新的动因，导致原有产业体系的分化，即旧产业的衰退和新产业的出现，产业组织演化得以不断持续。Ander 和 Levinthal（2001）也对需求异质性的作用进行了描述，并指出消费者异质性可以解释企业在产品生命周期内进行产品创新和工艺创新的投资水平的差异，即在产品创新的早期，性能不断提高，但是之后被工艺创新所替代。随后，一个新的阶段开始，由于对新性能的需求，企业再次注重性能的提高和产品创新。Adner（2002）用“偏好重叠”和“对称偏好”概念描述不同细分市场消费者的偏好特点，从需求角度分析了技术发生颠覆的条件，即当偏好不对称时，颠覆性创新企业才可以在主流市场保持其竞争优势，并取代竞争对手。Adner 和 Zemsky（2005）假定消费者偏好存在水平差异和纵向差异，构建了不同细分市场的企业竞争博弈模型，通过市场均衡求解和比较静态分析，发现新进入企业对在位企业进行颠覆的条件取决于不同细分市场消费者对产品的质量感知、技术轨迹、技术进步速率以及技术的成熟程度等因素。该研究考虑到了消费者偏好与不同企业的异质性，但仍然是在完全信息的条件下，分析市场的均衡条件，并通过比较静态分析的研究方法，对相关因素与市场竞争的关系进行揭示。他们指出，从分离均衡向破坏均衡转变中，维持性创新和颠覆性创新产品的价格下降，新进入企业的产出增加，社会福利提高，所有的消费者状况变好；企业市场份额随着相对成本和市场规模的变化而变化，新技术企业的市场份额随着其价值创造的增加而下降，因为其成本优势在不断下降。竞争者数量的增长增加了企业创新的激励，同时，产出的增长也增加了创新的激励。Adams 等（2013）发现创新型用户企业在创业活动中更加活跃，比其他一些衍生企业或新创企业的生存时间更长。Adams 等（2016）进一步指出下游用户产业分拆有利于消费者资源的重新分配，促进基于用户的创新，有利于企业进入特定的细分市场，并存活下来。Sadowski（2017）通过考察宽带产业前沿客户（Advanced consumer）在企业开发新产品和新服务中的重要作用，指出这一部分消费者在高速宽带使用、新兴的ICT技术扩散等方面起着重要的作用。另外，有关金字塔收入市场结构的创新创业研究学者指出金字塔底层的消费者具有与金字塔中高层消费者截然不同的需求偏好，同时，金字塔底层市场的基础设施、销售渠道存在不健全的特点，需求偏好的异质性决定了企业在不同细分市场进行创新创业行为的差异（Hart and Christensen，2002；Hart，2005；仝允桓等，2010，2011；Prahalad，2012）。

从知识方面考察技术创新驱动产业组织演化的近期研究也开始关注技术体制与需求结构的共同作用，强调需求异质性在驱动产业组织演化中起着决定性作用。Garavaglia等（2012）以医药产业为例，考察了技术体制与需求结构的作用，指出尽管技术体制对创新模式起着决定性的作用，但是需求结构通过一个发现新的次级市场（submarkets）的内生过程，阻止集中度的提高中起到了关键性的作用。然而，不仅简单的市场细分导致的这一结果，而且市场规模大小对创新者市场进入的"奖励"也起着重要的作用。另外，模型显示新兴市场的领导者往往是在大的次级市场的早期进入者。Almudi等（2013）提出了一个产业动态演化模型，分析了在不同的技术体制与需求结构条件下，市场集中度的演化情况。该模型考虑了消费者对产品价格—性能的不同敏感程度，特定产业技术创新的来源和影响产业变迁的相关因素。研究发现，当消费者对价格—性能的偏好指数为中间值时，技术体制与产业变迁的关系是依然成立的。但是，当消费者需求结构表现为对性能更加敏感时，市场趋于集中；相反，当消费者需求结构表现为对价格更加敏感时，市场更加集中或分裂为不同的细分市场（atomized）。Mu和Lee（2005）以中国通信产业为例，考察了技术扩散和市场细分在后发企业实现技术赶超中的作用。一方面，可预测的技术轨迹和较低的累积性等技术体制特点使得中国本土企业可以实现阶段跳跃型追赶，即跳跃模拟交换机发展阶段，直接转向电子交换机发展阶段；另一方面，多样化的市场需求为后发企业的成长奠定了基础。Capone等（2013）发现，当需求同质时，一定程度地转换成本对于先动优势的生成具有较强的影响作用，当需求结构异质性较大时候，这种作用被弱化。当需求同质的时候，技术体制不起作用；相反，技术体制是先进入企业先动优势存在的关键决定因素。

综上，现有研究揭示了不同细分市场需求的规模、增长、结构和组成等方面的异质性在产业组织演化中的重要作用，近期研究开始从知识和需求两个方面同时考察技术创新对产业组织演化的影响，这对于认识不同技术创新类型的企业找到合适的利基市场提供了参考。然而，现有研究大多假设消费者偏好是外生给定的，强调了技术创新对不同消费者需求偏好的满足特点，而较少考察对两者之间的互动关系以及互动关系对产业组织演化的驱动作用。学者们开始关注到领导用户和实验消费者在影响产业组织演化中的作用，但是，对这些消费者作用于企业行为以及产业组织演化的机理尚未深入揭示。另外，颠覆性创新这类具有市场颠覆特征的创新类型越来越受到产业组织演化理论研究的关注，在此基础上，需要进一步揭示颠覆性创新行为与消费者偏好的互动关系，探究产业组织演化中消费者偏好内生机理。

2.2 颠覆性创新与产业组织演化

Christensen 和 Bower（1996）从技术发展轨迹方面定义了颠覆性创新与维持性创新，指出维持性创新是指在原有技术性能轨迹上进行提高的创新，而颠覆性创新打破了或重新定义了新的技术轨迹（Dosi，1982；熊鸿儒等，2014）。Christensen（1997）指出已有产品在传统性能属性方面增长速度快于市场需求，并最终导致性能供给过剩。因此，传统产品被迫在高端市场进行销售，并变得更加复杂、高端。这为颠覆性技术从传统市场低端开始侵入主流市场创造了条件，伴随着新技术的增长，新技术产品市场份额不断扩大，最终使得维持性创新产品市场份额萎缩或不再获利；另外，Christensen 认为在位企业投资破坏性技术是不理性的，因为如果投资颠覆性技术的话，在位企业获利较少，并且颠覆性技术一般首先在新兴市场或很小的利基市场被引入，在位企业的传统客户不希望也不可能会使用颠覆性技术产品。Yu 和 Hang（2011）指出进行颠覆性创新的四大策略：①小型化：大多数颠覆性创新产品的特点是规模更小、重量更轻（Kostoff et al.，2004），小型化策略旨在提供便于携带、更加便利的颠覆性创新产品；②简单化：由于现有产品在功能上更加复杂，并且出现性能供给过剩（Adner，2002），简单化策略可以使得主流市场之外，以前缺乏相应技能的消费者成为这类产品的使用者；③功能扩大化：通过在现有产品的基础上增加颠覆性创新的产品属性，不仅可以满足现有消费者的需求，还可以带来新的消费需求；④对新应用的利用式搜索：通过文本勘探和专利地图等方式，搜索新的技术，应用于现有产品和技术上，开发现有产品的新应用。或者，开放式创新的扩散也会为企业创造颠覆性创新技术提供利用式搜索源泉（Chesbrough，2003）。Thomond 和 Lettice（2002）则从技术角度对颠覆性创新的特征进行了归纳，他们指出颠覆性创新的三大特点为：激进式的功能模块，不连续的技术标准和创新的所有权。在此基础上，Nagy 等（2016）对颠覆性创新界定为通过提供激进式的功能模块、不连续的技术标准和新型的创新所有权（New form of ownership），改变性能组合（Metrics）或消费者预期的创新类型。

Adner 和 Zemsky（2005）假定消费者偏好存在水平差异和纵向差异，构建了不同细分市场的企业竞争博弈模型，通过市场均衡求解和比较静态分析，发现新进入企业对在位企业进行颠覆的条件取决于不同细分市场消费者对产品的质量感知、技术轨迹、技术进步速率以及技术的成熟程度等因素。该研究考虑到了消费者偏好与不同企业的异质性，但仍然是在完全信息的条件下，分析市场的均衡条件，并通过比较静态分析的研究方法，对相关因素与市场竞争的关系进行揭示。他们指出，从分离均衡向破坏均衡转变中，维持性创新和颠覆性创新产品的价格下降，新进入企业的产出增加，社会福利提高，所有的消费者状况变好；企业市场份额随着相对成本和市场规模的变化而变化，新技术企业的市场份额随着其价值创造的增加而下降，因为其成本优势在不断下降。竞争者数量的增长增加了企业创新的激励，同时，产出的增长也增加了创新的激励。Huang 和 Sošic（2007）构建了能力—产量博弈模型，分别在完全信息静态博弈和非完全信息随机博弈两种情况下，分析产业均衡条件，主要研究发现是：市场规模、生产成本、市场不确定性等因素都会不同程度地影响产业均衡（双寡头、半双寡头到多样化竞争等形式的产业均衡结果）。尽管现有研究已经开始假定企业是异质的，认识到了这些异质性是驱动产业组织演化的重要因素，但尚未充分揭示企业行为之间的异质性。例如，并不是所有的不连续性技术都能导致颠覆性创新的发生，Foster（1986）最早提出S曲线理论试图解释产业颠覆现象，他认为技术的演进表现为连续的S型曲线，如果在位企业没能转向一个超越其自身现有技术水平的新技术，那么，该企业就会失败。Tushman和Anderson（1986）通过区分能力提高和能力摧毁的技术变革进一步扩展Foster（1986）的理论，认为只有当新技术摧毁在位企业的专门技术或知识时，在位企业的失败才会发生。Levinthal（1998）指出当起源于一个领域的新技术转向另一个更高潜在需求和附加资源的新领域时，颠覆现象发生。由于资源依赖的存在，企业领导人锁定在其长期投入或者熟悉的技术领域，关注现有客户的需求偏好，而难以发现新的创新需求（Christensen，2006）。由于规模经济和可预知的竞争优势的存在，企业往往倾向于对现有技术进行大量投资（Yu and Hang，2010）。当企业面临新的技术竞争时，经常会通过新一步加大投资提高现有技术水平的方式进行应对，进而忽略颠覆性创新的机会（Christensen and Bower，1996）。Bergek等（2013）通过对燃气轮机和混合动力火车两个产业的考察，指出在位企业通过发展现有技术，并引入和整合新技术，可以实现创造性积累的结果，进而不会被新进入企业颠覆。Roy（2014）指出，在产业机器人产业，大型在位企业最早引入了大型机器人，原因是这些企业可以更好地利用其积累的资源优势。Kyoseva等（2014）分析了颠覆性创新技术作为主要动力驱动了无线通信基础设施的变革，外部环境的变化需要企业进行新的知识搜索和积累。Tongur和Engwall（2014）指出，面对技术变迁带来的商业模式困境，企业需要在技术知识和服务创新两个方面的能力以创造一个新的灵活商业模式，才能更好的管理技术变迁。Sanderson和Simons（2014）通过对固态照明（SSL）产业组织演化的考察，指出LED灯具的细分市场的不断出现为SSL技术的发展提供了机会，为相应企业的发展提供了利润和进一步研发的激励。尽管大型在位企业最先引入该技术并且在SSL技术领域积累了大量的研发，但未来该产业的领导地位尚不明晰。Roy和Sarkar（2016）指出，在颠覆性创新影响下，企业能够掌握或者接触到与新技术相关的知识和使用者，相比于不能掌握或接触这些市场主体的企业，更容易制造出接近性能前沿的新产品。Zhang等（2016）进一步指出，在面临颠覆性创新技术时，企业需要具有新的知识和能力以了解新技术的演化和带来的挑战。Ansari 等（2016）以 Tivo 企业引入数字录像机为例，考察了颠覆性创新企业如何克服“创新者窘境”的演化过程。他们指出，新技术的引入会带来整个创新生态的变化，颠覆性创新企业通过与创新生态系统内的其他企业合作，调整创新策略，建立技术平台，并与相应的产业创新系统匹配，才能克服“创新者窘境”，促进新技术的扩散。Sandstrom（2016）通过对助听器产业在 1989—2008 年的产业组织演化进行考察，指出 3D 技术的引入，使得市场出现了一些不确定性，需要企业学习新的技术和技能。Wagner（2016）在软件产业的考察中，发现在位企业通过企业兼并可以获得新的知识，成为与颠覆性创新进行抵抗的重要工具。可见，企业不断的进行知识搜索的过程，驱动了产业组织演化。企业行为异质性源于企业围绕着目标消费者需求偏好进行知识搜索、知识创造的差异（Sandström et al.，2014）。有必要进一步揭示颠覆性创新企业知识搜索特征，考察其在导致市场主体行为异质性进而驱动产业组织演化的动力机制。

Lee（2013）指出，当技术或产品更新换代的频率变高时，后发企业进入市场并对在位企业进行颠覆的可能性更高。这是因为在周期比较短的行业中后发企业不必极大地依赖由在位企业主导的维持性创新技术，同时，在位企业的主导优势往往更容易被打乱。对现有技术依赖性低的特点可以使后发企业更快地建立其知识创造机制。这一特点也意味着更低的进入门槛、与在位企业更少的技术碰撞、专利使用费低，甚至可以具有先发/快发优势，实现产品差异化，具有较高的盈利能力等特点。因此，知识的寿命影响着产业组织演化的进程。知识的一个重要属性在于其随着时间的推移会逐渐变得过时。有些类型的知识很快过时，而有的则长久使用。长周期的技术更强调已有知识的重要性，这意味着新进入企业需要花费更长的时间进行已有知识学习，而在位企业具有较高知识积累的优势。然而，短周期技术意味着知识更新速度较快，新进入企业不必花费大量的时间掌握旧的技术和知识，因此其劣势相对减少。Amsden 和 Chu（2003）也认为一个企业实现技术赶超的竞争力取决于其迅速进入新市场的能力、生产具有很高工艺标准的产品的能力，以及通过最好的综合设计来首先进入市场的能力。尽管在短周期的产业中，后发企业容易追赶上领导企业，但并不代表后发企业难以在长周期产业中不能生存或赶超。Lee 等（2016）在对中国企业产业的技术赶超分析中，指出稳定的技术轨迹和较慢的创新频率有利于中国国内企业进入低端消费市场，并采用路径追随的策略对外资企业进行赶超。同样，在技术更新换代频率较快的存储卡芯片市场，由于技术更新换代频率较快，外资企业的技术封锁，以及该市场没有明显的低端细分市场，中国的内资企业难以进入市场并与在位企业展开竞争（Lee et al.，2016；Rho et al.，2015）。因此，技术生命周期是考察颠覆性创新与产业组织演化时重要的变量，除此之外，还需要综合考虑其他相关因素，如需求偏好、技术机会、技术能力等。例如，Kim 和 Lee（2003）基于韩国动态随机存储器的历史友好模型，发现较低的技术累积性和创新对生产率增长作用很大的技术体制特点使得该产业由小型专业化公司转变为大型多样化公司。他们进一步发现，创新对生产率提升的作用非常大的情况下，在位企业之间的生产率差异会被拉大，大型多样化企业的技术追赶也会加速。Rho 等（2015）基于产业创新系统视角对中国半导体产业市场份额和技术领导地位的演化进行了分析。他们指出半导体行业是技术更新换代速度较快但技术累积性较强的产业，这给后发企业带来了技术上的劣势。并且，集成线圈芯片市场是高度整合的，不存在细分市场，因此，这个产业没有给后发企业留有更多的低端市场空间，因此，后进入企业难以颠覆原有在位企业。Rho 等进一步发现 ASIC 芯片行业技术周期相对较慢，并且该行业的市场细分更加明显，一些国内企业如中芯国际、华虹半导体不断地侵蚀主流市场在位企业的市场份额。可见，在颠覆性创新与产业组织演化中，不仅技术生命周期起到了关键作用，消费者分布结构的作用也是至关重要的。Lee 等（2016a）在考察中国市场中后发企业技术赶超的研究中指出多样化的细分市场为后发企业成长及其对在位企业市场份额的侵蚀奠定了基础。Lee 等（2016b）进一步指出需求是产业组织演化的重要市场选择机制。他们指出，市场需求扩张对在位企业是有利的，而市场需求波动对新进入企业有利。新进入企业的进入策略中，路径创造策略一般情况下是最佳选择，而路径追随策略是最差的选择。但是，如果需求多样化程度较高且波动较大时，不同的市场进入策略导致的技术赶超绩效的差距会缩小。当需求按照一个固定的增长速率扩张时，不同进入策略导致的技术赶超绩效的差距会不断增长。在技术更新换代速度加快的情况下，企业可能会在不同的技术轨迹或知识领域进行搜索，Momeni 和 Rost（2016）基于光伏产业专利数据发现薄膜技术可以颠覆传统技术（晶体硅）的主导地位。

综上所述，颠覆性创新导致了产业内企业市场份额的重新分布，市场结构发生明显变化，甚至导致了产业组织生态的颠覆。学者们开始关注了消费者需求偏好是颠覆性创新与产业组织演化的关键变量，指出需求因素是颠覆性创新与产业组织演化的重要市场选择机制。但是现有研究对需求的市场选择作用的考察尚处于初步探索阶段，相关结论还存在一些矛盾或者尚有一些问题没有得到解决（例如技术生命周期与后发企业成长关系是否受到消费者分布特征的影响），因此，从技术体制和需求结合的角度可以更加深入地揭示颠覆性创新与产业组织演化机理。由于消费者偏好在颠覆性创新与产业组织演化中存在重要的内生作用，因此，有必要深入揭示需求因素的市场选择机制。另外，新进入企业在市场进入时会通过模仿或其他途径获得一定的研发能力和研发资源，这些企业从在位企业那里得到的技术溢出难易程度也决定了其市场进入策略的选择，进而也影响了其对在位企业市场份额的变动乃至整个产业组织的动态演化。而这种溢出机制和企业不断的知识搜索机制影响了企业在学习、能力、知识和研发方面的异质性，进而决定了产业组织演化的动力机制。因此，有必要从知识管理角度，进一步深入揭示颠覆性创新企业围绕消费者需求偏好而进行的知识搜索、知识创造过程，揭示颠覆性创新与产业组织演化的动力机制、市场选择机制和适应性机制。

2.3 考虑消费者偏好的颠覆性创新与产业组织演化研究

颠覆性创新行为对目标市场的选择是一种创业机会的识别，是通过挖掘目标市场的消费者偏好来实现的（Yu and Hang，2011；Spinardi，2012；郁培丽等，2013；Hang et al.，2015；Kang and Song，2017）。颠覆性创新企业首先侵入与主流市场消费者偏好明显异质的细分市场，并进一步向主流市场渗透与蚕食（Christensen and Rosenbloom，1995；Christensen and Bower，1996；Christensen，1997；Adner and Levinthal，2001，2005；Adner，2002，2006；Bohlmann et al.，2013）。Hart 和 Christensen（2002）指出，技术简单、便宜的颠覆性创新产品，具有最初仅仅被低端细分市场重视的特点，这说明低收入消费者具有与主流市场消费者不同的偏好特点。Adner（2002）用“偏好重叠”和“对称偏好”概念描述不同细分市场消费者的偏好特点，从需求角度分析了技术发生颠覆的条件，即当偏好不对称时，颠覆性创新企业才可以在主流市场保持其竞争优势，并取代竞争对手。吴佩等（2014）运用模型分析和计算机仿真方法，分析了消费者剩余、价格、网络外部性等对低端市场消费者消费转移的影响，研究结果表明，颠覆性创新产品需要给消费者带来比维持性创新企业提供的产品更高的消费者剩余才能吸引主流市场消费者，企业进行颠覆性创新需要在正确识别主流市场机会的基础上，还要有低成本生产能力，这样才能带给消费者更多的消费者剩余并扩大颠覆性创新产品的市场。Ray 和 Ray（2010）以印度 Tata 汽车为例，指出颠覆性创新企业为迎合金字塔底层消费者的偏好，通过减少不必要的装饰，提供简单、便宜的商品，以满足金字塔底层大众的独特需求偏好。Lucas 和 Goh（2009）指出产品改进可以为企业赢得成本优势以及新的消费者，例如，数码相机最初比较昂贵，但是，通过企业的产品改进过程，成本不断降低并导致价格不断下降，除摄影师之外的大批普通消费者也成为数码相机的拥有者。在关于电脑产业组织演化的历史友好模型研究也指出市场规模的大小影响了新技术的扩散、产业竞争程度的变化以及产业纵向关系的演化（Malerba et al.，2001，2008）。Novotny 和 Laestadius（2014）指出随着消费者环保意识的增强和环境日益恶化，一些企业开始解除以前的技术锁定，利用其前期获得的资源，转向新兴环保技术的研发。Rho 等（2015）指出集成线圈芯片市场是高度整合的，不存在细分市场，因此，这个产业没有给后发企业留有更多的低端市场空间，因此，后进入企业难以颠覆原有在位企业。Rho 等进一步发现 ASIC 芯片市场细分更加明显，一些国内企业如中芯国际、华虹半导体不断地侵蚀主流市场在位企业的市场份额。Lee 等（2016a）在考察中国市场中后发企业技术赶超的研究中指出多样化的细分市场为后发企业成长及其对在位企业市场份额的侵蚀奠定了基础。可见，特定细分市场的消费者偏好是颠覆性创新企业能够成功进入市场的关键因素。

另外，颠覆性创新是一个动态的创业过程，在不同创业期，企业的战略目标不同，面临的核心消费者不同，采取的创新行为也会随之改变（王家宝和陈继祥，2010）。Spinardi（2012）通过对英国砷化镓技术发展的历史的考察，指出如果没有预测到砷化镓未来在手机、卫星电视、CD、DVD等电子产品上的需求，早期对该技术的技术技术路线图预测是缺乏指导性的，即技术路线图的制定需要考虑该技术在更广泛的可能的领域的应用与发展前景。Zhang等（2016）指出，新技术的开发存在很大的不确定性，面临很大的技术复杂性，尤其是具有突破性特点的新技术往往与以前的技术关联性较低，难以通过以前的技术发展趋势进行分析和预测，企业需要新的策略和技能进行新技术规划。企业为保持竞争优势需要具有持续性适应环境的动态能力（Teece et al.，1994）。面对不同的市场选择环境，颠覆性创新企业需要不同的知识搜索、创造和积累能力，以满足不同需求市场消费者需求偏好，进而提高其市场适应性。例如，在颠覆性创新的初创期，其战略重点在于开发新市场，培养新兴市场消费者的需求偏好，将其潜在需求转化为现实需求，因此，在初创期，颠覆性创新企业主要采取一些偏好培育行为和产品改进行为（Bell and Eisingerich，2007；黄海洋和陈继祥，2011；Prahalad，2002，2012）；而在成长期，颠覆性创新企业产品性能已经突破主流市场的进入门槛，进入主流市场与维持性创新企业进行产品竞争，颠覆性创新企业在这一阶段面临着主流市场消费者对产品性能的苛刻要求以及如何降低产品开发成本的现实，根据现有研究，产品改进行为和战略业务单元建立行为有助于颠覆性创新企业实现在成长期的战略目标（Hansen，1999；Govindarajan et al.，2011；Chandy and Tellis，1998；Anthony，2009）。其中，在初创期，偏好培育行为主要分为渠道创新和顾客教育：①渠道创新。渠道创新可以降低企业成本，大大提高消费者对产品的获得性，进而影响消费者需求偏好（Prahalad，2002，2012）。②顾客教育。顾客教育是消费者感受到的企业提供产品知识和技能的教育的程度，是企业让渡顾客价值、提升顾客信任的重要创新行为（Bell and Eisingerich，2007）。顾客教育可以降低顾客的感知风险，提高消费者的服务质量感知、顾客的互惠倾向和信任（Bell and Eisingerich，2007），提高消费者与企业之间沟通的质量与效率，从而有利于消费者满意度和忠诚度的形成，提高创新有效性（Bos and Economidou，2013，朱凌等，2013）。以上偏好培育行为均大大提高了颠覆性创新企业与消费者之间的关系嵌入度，增加消费者与企业之间信息共享的意愿，增加信息交换频率和密度，增强复杂知识的转化，也有利于消费者与企业一起努力解决产品开发中面临的难题；另外，偏好培育行为可以大大降低企业的创业成本，提高消费者的产品价值感知，提高创业成功率，形成成本优势和差异化优势。另外，颠覆性创新产品改进的主要目的是通过引进新产品、新服务或进入新市场，利用公司现有创新生产能力，投资于潜在的、未被发现的市场机会，形成差异化的竞争优势。在初创期，根据消费者需求偏好特点，产品改进行为更加侧重于产品附属性能的增加，以影响消费者对产品复杂性与实用性的偏好程度。在成长期，颠覆性创新行为主要有产品改进行为和战略业务单元建立行为。其中，①颠覆性创新企业通过对产品性能的持续性改进，尤其是主流市场消费者看重的产品属性的性能，与主流市场维持性创新企业进行竞争。因此，产品改进行为对于颠覆性创新企业成长具有决定性的战略意义。另外，产品改进行为也可以降低企业的生产成本。在将新产品或新服务引入新市场的同时，公司也会利用产品生命周期进行技术管理，剔除原有的产品和服务，努力提高整体竞争能力。颠覆性创新的产品改进过程实际上也是一个自我替代的过程（Hansen，1999；Anthony，2009）。②颠覆性创新企业战略业务单元的建立是企业成长阶段重要的管理创新行为，不仅可以促进新产品商业化的速度和质量，还可以降低成本，从而降低产品价格，给消费者带来更大效用。为了促进颠覆性创新的采用和扩散，Christensen 和 Bower（2003）建议企业建立新的附属机构来收集颠覆性创新思想以及将颠覆性创新付诸实现，一般称这样的附属机构为战略业务单元。另外，战略业务单元的建立可以提高创新的有效性，大大降低生产成本分散创新负担，降低创业风险。在成长期，随着颠覆性创新企业的不断壮大，尤其是在进入主流市场与维持性创新企业进行竞争时，庞大的机构将导致企业效率的下降，不利于新产品开发。战略业务单元的建立可以大大提高企业的组织效率（Govindarajan et al.，2011；Chandy and Tellis，1998）。另外，学者们也指出企业规模与颠覆性创新的成功采纳呈负相关（Christensen and Raynor，2003；Tushman and O'Reilly，2002；Kassicieh et al.，2002），这意味着大企业想要采取颠覆性创新需要建立更加灵活的子公司或者战略业务单元。战略业务单元的建立也有利于颠覆性创新的采纳，因为开发颠覆性创新需要新的工艺、新的组织惯例，战略业务单元的建立将帮助企业打破现有的发展路径（Benner and Tushman，2003）。另外，战略业务单元的建立对开展颠覆性创新具有重大作用，Govindarajan 等（2011）研究发现战略业务单元的规模与颠覆性创新呈负相关关系，而战略业务单元的自治能力与颠覆性创新呈正相关关系，其他学者也有类似结论（如 Chandy and Tellis，1998）。战略业务单元的建立是颠覆性创新企业在成长过程中重要的管理创新行为，不仅可以促进新产品商业化的速度和质量，还可以降低成本，从而降低产品价格，给消费者带来更大效用。Kishna 等（2017）通过对产业生命末期，在位企业采取颠覆性创新策略的研究，发现现有机构是企业采取颠覆性创新的最大阻碍，这为在位企业进行战略业务单元建立提供了佐证。

可见，颠覆性创新企业通过偏好培育、产品改进、战略业务单元建立等行为进行创新创业并取得了良好的绩效，但是，现有研究大多忽略了消费者偏好在颠覆性创新行为影响下的内生促进作用（Paap and Katz，2004）。将消费者偏好内生于颠覆性创新行为，可以更加清楚地揭示颠覆性创新企业围绕目标消费者需求偏好而进行知识搜索、知识创造的动态演化过程，加深对颠覆性创新与产业组织演化适应性机制的认识。

Malerba 等（2007）指出试验用户和新兴市场消费者在影响创新、技术竞争和市场结构演化方面起到了关键作用，在一个主导设计和聚集主导企业的产业中，成功引入一项全新的技术，取决于一组试验用户，这些消费者愿意参与试验并购买具备新技术的新产品，这进一步使得具有新技术的新企业可以长久生存。当在位企业没有服务潜在市场时，具有不同偏好的潜在消费者出现了变化，并促进了新技术的有效发展，这对产业组织演化具有重要的、长期的影响。在历史友好模型中，消费者偏好和技术创新的耦合变化是产业组织演化分析的前沿，在这个框架下，企业与消费者之间的互动改变了他们的能力与偏好，同时促进了技术、知识、市场结构和创新的协同演化（Malerba，2006）。Roy 和 Cohen（2015）指出机床企业通过消费者试用（in-house user）和提前使用颠覆性创新组件（pre-disruption component experience）的策略，可以成功适应颠覆性创新技术导致的新的竞争环境。Marengo 和

Valente（2010）指出现有的产业组织演化模型大都建立在 Nelson－Winter（1982）模型基础上，使用生产率的改变作为企业创新的衡量，这大大忽略了现实中企业主要进行产品创新的事实，同时，大多数工艺创新都是伴随着产品创新进行的。对产品创新的忽略也进一步导致其对消费者偏好乃至市场需求作用的忽略。他们构建了新的模型，假定产品是由多种组件构成的复杂产品，消费者对不同的产品特征具有不同的偏好水平。企业通过技术创新提高不同产品特征的技术性能水平，进而也影响消费者偏好的重新分布，即实现消费者偏好内生。他们研究发现，产品空间的复杂程度、模块化搜索策略、模仿与竞争等因素都会影响企业进行创新的动力和技术创新的扩散，进而导致市场结构的动态演化。Bohlmann 等（2013）指出颠覆性创新产品更倾向于对消费者产生不确定的益处，这需要消费者通过学习来获得。消费者偏好因此随着产品经验和学习能力的提高而发生变化，基于动态观点识别消费者与产品创新之间的互动关系可以帮助企业集中创新资源。Fan 和 Suh（2014）使用技术转换模型对韩国 IT 产业消费者从旧技术转向新技术进行了考察，他们发现消费者是否采用新技术的倾向取决于其对新旧技术的预期，新旧技术的转换成本没有起到重要的影响作用。Reinhart 和 Gurtner（2015）通过对颠覆性创新产品和维持性创新产品的早期采用者进行了考察，他们发现，颠覆性创新产品的早期使用者具有新产品领域更多的知识，而购买维持性创新产品的消费者则锁定于维持性创新产品技术领域。Ho 和 Lee（2014）考察了在相机产业由化学技术范式转向数字化技术范式的过程中，市场需求的多样化在产业组织演化中的作用。Çevikarslan（2017）通过构建多主体仿真模型对企业研发策略与消费者偏好之间的互动关系及其产业影响进行了考察，指出企业技术水平、知识积累、消费者偏好等是共同演化的。伴随着信息化和工业化的高层次的深度融合，颠覆性创新发生更加频繁，颠覆性创新企业与消费者之间的互动更加紧密，消费者个性化需求不断得到满足，新技术的应用甚至创造了新的市场需求（Hacklin，2005）。颠覆性创新企业和消费者偏好互动也在对整个产业组织演化造成影响。

随着信息技术革命的到来，颠覆性创新行为与消费者偏好互动更加显著，两者互动驱动产业组织演化备受关注。Bresnahan 和 Greenstein（2001）指出在IT行业，消费者与企业之间的联合开发改进了原始技术、新的组织变化和新的制度变化，这反过来又产生了消费者与供应商之间新的联合开发，例如，对万维网需求的上升大大促进了联合开发，促进了新的应用开发、新的商业模式和新制度，反过来又扩大了需求并通过多种方式改变需求。Antonelli（2003）指出信息通信技术（ICT）是新一轮技术革命的通用技术。该技术的引用，将大大降低生产成本、提高生产效率。Brusoni 和 Sgalari（2006）使用轮胎行业的产业组织演化案例，说明了机器人等自动化技术的引入，使得该产业制造模式更加灵活化、定制化、自动化和模块化，产品系列开始增加，核心轮胎制造商开始对核心汽车制造商提供“个性化设计”的制造。Murthy 和 Kumar（2015）指出在物联网技术影响下，数据运算速度加快，用户和机器数据传输更加便捷，数据传输和分析成本降低，基于消费者—生产者互动的技术创新行为更加普遍。Lee 和 Cho（2015）指出信息通信技术与传统产业的融合，使得传统产品增加了更多的产品功能。产品功能的重新组合使得消费者需要对产品进行重新评价并做出新的购买决策。他们根据传统产品和信息通信技术功能组合的程度，将新产品界定为三种类型，并指出在消费者偏好的选择作用下，能够将传统产品和信息通信技术功能进行充分融合的情况下，企业将获得更多的市场份额。Lee 等（2009）指出手机产品不断引入新的功能，在消费者偏好的作用下，影响了 MP3、数码相机等市场的产业组织演化动态。Dijk 等（2016）指出消费者对环保技术的关注在电动汽车取代燃料汽车的进程中起到了重要的内生作用。Lim 等（2017）指出新技术的出现和采用为日本企业在造船业中赶超英国企业提供了机会窗口，同时，3D 打印技术的出现和对大型航母的需求，新的技术赶超机会出现，韩国企业积极响应，并实现了新的技术赶超。Sadowski（2017）通过考察宽带产业前沿客户在企业开发新产品和新服务中的重要作用，指出这一部分消费者在高速宽带使用、新兴的 ICT 技术扩散等方面起着重要的作用。由于信息产品具有网络效应、路径依赖、技术锁定和消费者转移成本等特点，很容易出现“赢者通吃”的市场垄断结果（Shapiro and Varian，1999）。尤其是在平台竞争的行业，由于平台企业需要与消费者（用户）之间进行频繁的互动和数据传输，掌握大数据资源和算法优势的企业规模或利润会不断提高，在消费者锁定效应和网络效应的影响下，市场趋于垄断。

可见，从消费者偏好视角考虑颠覆性创新与产业组织演化的研究开始从外生的需求异质性逐渐转变为对消费者偏好内生的关注。随着信息技术革命的到来，消费者偏好内生日益凸显。基于消费者偏好内生视角对颠覆性创新与产业组织演化机理进行揭示成为理论界和产业实践关注的焦点。另外，颠覆性创新企业在不同的创业阶段面对的创业环境和目标消费者群体不同，需求偏好也存在很大差异。颠覆性创新企业需要通过偏好培育、产品改进、战略业务单元建立等行为不断地满足、适应和塑造消费者需求偏好，以提高其市场适应性。因此，需要进一步考察颠覆性创新企业在不同创业阶段其创新行为与消费者偏好的互动关系，将消费者偏好内生于颠覆性创新行为，揭示颠覆性创新企业围绕目标消费者需求偏好而进行知识搜索、知识创造的动态演化过程，加深对颠覆性创新与产业组织演化适应性机制的认识。

综上所述，产业组织演化涉及产业内企业市场份额、市场竞争程度的不断变化，甚至产业颠覆现象的发生。技术创新促进了市场主体异质性，进而促进了产业组织演化的进程。近期，具有颠覆性特征的颠覆性创新及其与产业组织演化引起了学者们的广泛关注。从消费者偏好内生视角，分析颠覆性创新行为与消费者偏好互动关系，可以深入揭示颠覆性创新与产业组织演化的作用机理，进一步增强颠覆性创新理论的现实解释力，深化对产业组织演化机理的理论认识。颠覆性创新与消费者偏好互动关系是企业不断进行知识搜索、知识创造、知识获取和知识积累的过程，从知识和需求结合可以更加深入认识颠覆性创新与产业组织的动态演化机理。本书根据知识管理和动态演化理论，对颠覆性创新行为与消费者互动关系进行揭示，构建基于消费者偏好内生的颠覆性创新与产业组织演化机理模型，深入揭示颠覆性创新与产业组织演化中的动力机制、选择性机制和适应性机制，从消费者偏好内生视角揭示颠覆性创新与产业组织演化机理。

2.4 本章小结

本章从传统产业组织理论研究、新产业组织理论发展和基于演化经济学的产业组织演化研究三个方面综述产业组织及产业组织演化相关研究，厘清产业组织演化研究脉络，确立技术创新作为产业组织演化主要驱动力的理论认识，并从知识和需求两个方面对技术创新驱动产业组织演化相关研究进行综述，指出最新研究前沿；综述颠覆性创新与产业组织演化和基于消费者偏好内生视角的颠覆性创新与产业组织演化，明确从消费者偏好内生视角进行产业组织演化研究的现实需求与理论前沿。通过对现有文献综述，基于演化经济学的产业组织理论对产业组织演化的研究建立在异质性是驱动产业组织演化的前提基础上，指出创新是异质性形成的重要因素，企业在不断的知识搜索中，不断提高适应性，也改变了市场竞争环境，在市场选择机制作用下，产业组织发生演化。演化经济学对产业组织演化动力机制、市场选择机制和适应性机制的阐述为分析产业组织演化奠定了理论基础；近期研究开始从知识和需求两个方面同时考察技术创新对产业组织演化的影响，具有颠覆性特征的颠覆性创新及其与产业组织演化引起了学者们的广泛关注，在此基础上，需要进一步揭示颠覆性创新行为与消费者偏好的互动关系，探究产业组织演化中消费者偏好内生机理。从消费者偏好视角考虑颠覆性创新与产业组织演化的研究开始从外生的需求异质性逐渐转变为对消费者偏好内生的关注。随着信息技术革命的到来，消费者偏好内生日益凸显。基于消费者偏好内生视角对颠覆性创新与产业组织演化机理进行揭示成为理论界和产业实践关注的焦点。通过以上理论综述，奠定基于消费者偏好内生视角下对颠覆性创新与产业组织演化机理进行研究的理论基础。

3 颠覆性创新行为与消费者偏好

3.1 颠覆性创新行为及其异质性

3.1.1 技术创新行为及其分类

熊彼特在《经济发展理论》中指出，创新是把一种从来没有的生产要素的“新组合”引入到生产体系。这种新组合包括引进新产品、引用新技术、开辟新市场、控制原材料新的来源、实现一种新的工业生产组织（Schumpeter，1934）。Winter（1984）指出在《经济发展理论》（也称熊彼特I）中，熊彼特认为新企业是最常见的创新主体（Schumpeter，1934），而在《资本主义、社会主义和民主》（也称熊彼特Ⅱ）中，熊彼特认为承担技术进步的责任却是现有（规模大的）企业（Schumepter，1943）。后来，Baldwin和Scott（1987）、Tirole（1988）、Cohen和Levin（1989）等均提到熊彼特关于创新的观点，实际上都属于熊彼特Ⅱ（Martin，2002）。Arthur（2009）在熊彼特关于创新定义的基础上，进一步指出技术创新行为是企业对现有技术或技术组合的一种新的组合方式，因此，现有技术的储备在一定程度上为未来的新的技术组合出现奠定了基础。Arthur（2009）进一步指出经济系统是通过智慧的组织技术来满足人们的需求，也会随技术的演化而演化，因此，对技术创新行为演化的认识将有助于对产业组织演化的认识。

萨塞克斯大学科学政策研究中心根据创新重要性程度对技术创新行为分为四类，分别是：①增量创新。这一类创新是工程师和其他直接参与生产活动人员的发明和提出改进意见的结果，或者用户首创或建议的结果（“从干中学”和“从用中学”）。这一类创新行为对企业生产要素使用时的效率改进是非常重要的，常常伴随工厂规模的增大以及产品和服务质量的改进而产生。②基本创新。这一类创新通常是大学、企业以及政府实验室的研究与开发结果，具有不连续性的特征。例如，尼龙不可能通过人造纤维厂或毛纺业改进生产工艺而生产出来，也不可能通过对烧煤或者烧油的火力发电站进行增量改进而形成核电站。这类创新行为往往伴随着一系列产品、工艺和组织创新的组合。基本创新确实带来了市场结构的变革，然而就他们的综合经济影响而言，则是相对较小或者较为局部的。当出现新产业和新服务时，一整套基本创新连接在一起，对市场结构的变革影响会比较显著。③新技术体系变革。这类创新行为是指对若干经济领域产生影响，同时导致全新部门出现的技术进步。这一类创新行为往往是增量创新和基本创新的组合。④技术经济模式的变革。这类创新一般是指比较大的技术体系变革，这样的变革不仅导致了若干技术体系的改变，也会在整个经济中具有渗透效应：导致产品、服务、系统和产业产生新的应用范围，直接或间接地影响经济的每个领域。

根据 Arthur（2009），新技术产生于已有技术的组合，现有技术也会带来未来技术。因此，当前的新技术将成为更新技术的可能构件。以这样的方式，最初很简单的技术发展出越来越多的技术形式，而很复杂的技术往往用很简单的技术作为其构件，这种技术创新演化称为组合演化。另外，第一个技术或技术构件源于对自然现象的捕捉和征服。例如，雷达或者核磁共振成像不是从弓钻或制陶技术演化而来，而是从人们对电磁波和核磁共振技术的掌握之上。

结合萨塞克斯大学科学政策研究中心对技术创新行为的分类和创新组合演化观点，技术创新行为的重要性程度取决于企业对现有技术进行组合的方式和效果。Andriani 和 Cattani（2016）指出现有技术创新的组合方式包括适应性组合（Adaption）和扩展适应性组合（Exaptation）。其中，适应性组合是指在现有技术基础上的渐进性改进过程，是对现有客户需求的满足，而扩展适应组合则会引入新的创新组合，开辟新的利基市场（Andriani and Cattani, 2016; Garud et al., 2016）。扩展适应组合可能会带来技术结构、技术体系甚至整个经济系统的变革。目标客户市场需求的满足是企业选取不同组合方式的关键。Christensen 和 Raynor（2003）从需求角度将创新行为进一步分为维持性创新行为和颠覆性创新行为。

Christensen 和 Raynor（2003）以性能、时间、非消费情况为坐标轴，提出分析颠覆性创新行为的三维模型。其中，纵轴代表的是产品的性能，横轴描述的是时间，第三个轴代表新的顾客和新的消费环境。根据 Christensen 和 Raynor（2003），时间和性能两个维度定义了特定的应用市场。他们结合这两个维度，使用“价值网络”的概念描述企业的生存环境，即企业建立属于自己的成本结构和运营流程，并且和供应商及合作伙伴进行合作，服务于某一类客户并从中赢利。在价值网络中，企业的竞争战略以及成本结构和客户定位决定企业创新行为的选择，也决定企业选择创新行为时面临的机遇和挑战。第三个轴代表了新的市场竞争和新的消费环境，即新价值网络。这里既包含目前缺乏资金和使用能力的新客户，也包含能够应用这一产品的其他市场环境。在每一个新的价值网络中，纵轴可代表在新环境中的产品性能，与原有价值网络形成鲜明对比。Christensen 和 Raynor（2003）指出，颠覆性创新分为颠覆性技术创新和颠覆性商业模式创新两种类型，在本书中，颠覆性创新主要是指颠覆性技术创新，具体是指在刚刚进入市场时技术不太成熟、传统属性性能水平相对较低、不被主流市场消费者所关注的技术创新，随着时间不断提高主流属性性能水平，并进入主流市场与原有在位企业展开竞争，在竞争中对原有在位企业带来潜在颠覆效应的创新类型。

伴随着信息技术模式的扩散，颠覆性创新发生频率加快，市场需求因素重要性愈加凸显（e. g，Sadowski et al.，2016，2017）。与维持性创新行为相比，颠覆性创新行为可以更好地满足、适应甚至创造消费者需求，在短时间内对技术结构、技术体系甚至整个经济系统造成剧烈的影响。因此，这类创新行为备受广泛关注。

3.1.2 基于消费者—生产者互动的技术创新行为

企业技术创新的最终目的是满足目标客户的需求，基于消费者—生产者互动的技术创新行为可以更加高效的促进适应和满足消费者需求的产品产生。消费者通过“用中学”而得到的知识在生产者和消费者互动中可以转移进新产品（Lundvall，1988）。在消费者方面发现的“瓶颈”现象和技术关联性，对生产者来讲代表潜在的市场。消费者的学习能力、吸收能力影响了创新的采用（Von Hippel，1988）。另外，消费者知识和智力结构对于企业创新多样化和标准化具有一定的影响。

随着信息技术在不同产业的广泛应用，消费者与生产者进行联合创新成为当前经济行为的热点。软件包装、半定制的IT解决方案、全包解决方案等信息技术应用方面，消费者的联合开发通过多种方式拉动了技术创新（Bresnahan and Greenstein，2001；Antonelli，2003）；再如一些开源代码的软件，实践团队是技术创新的主要来源，也是创新的推动者。Harhoff等（2003）指出，公开企业的内部信息可以让消费者更多地了解技术原理，激发消费者的改进行为，促进企业进一步的创新。Brusoni和Sgalari（2006）使用轮胎行业的产业组织演化案例，说明了机器人等自动化技术的引入，使得该产业制造模式更加灵活化、定制化、自动化和模块化，产品系列开始增加，核心轮胎制造商开始对核心汽车制造商提供“个性化设计”的制造。Adams等（2013）发现创新型用户企业在创业活动中更加活跃，比其他一些衍生企业或新创企业的生存时间更长。Adams等（2016）进一步指出下游用户产业分拆有利于消费者资源的重新分配，促进基于用户的创新，有利于企业进入特定的细分市场，并存活下来。在物联网技术影响下，数据运算速度加快，用户和机器数据传输更加便捷，数据传输和分析成本降低，基于消费者—生产者互动的技术创新行为更加普遍（Lee and Lee，2015；Murthy and Kumar，2015）。这种新的商业模式使得消费者的需求偏好能够更好地满足，个性化、定制化生产模式逐渐衍生出来，信息技术与其他产业部门的技术融合进一步促进了消费者—生产者互动的创新行为。

3.1.3 颠覆性创新行为

根据Christensen和Raynor（2003）提出的三维模型，颠覆性创新行为包括新市场颠覆行为和低端市场颠覆行为。新市场颠覆行为是指当现有产品的特性限制了潜在消费者的数量，或者现有产品或服务导致消费者发生不便利的背景下，企业开辟新市场的行为。新市场颠覆行为实际上通过提供便捷、廉价的产品或服务，创造了新的消费市场。个人电脑公司和索尼公司合作生产的第一代便捷式晶体管收音机就是新市场颠覆性创新产品，他们的客户全都是新客户，即从未购买或使用过之前的产品和服务。佳能公司的桌面复印机也是如此。人们能够使用这种复印机很便利的在办公室进行自行复印，不需要跑到高速复印社让专业人士进行复印。当佳能公司使复印变得如此简单之后，人们复印的东西也增加了。当新市场颠覆性创新产品的性能提高之后，会吸引原有价值网络的消费者。低端市场颠覆行为是指通过满足原有价值网络中的低端消费者而采取的颠覆性创新行为。低端市场颠覆行为没有创造出新的市场，但通过降低成本业务模式，满足原有市场的低端消费者。例如，在零售业，大型百货公司的业务模式需要保证公司库存每年周转 3 次，其成本结构要求毛利率必须高达 40%。在 20 世纪 60 年代，折扣零售商如沃尔玛和凯马特等开始攻击的低端市场——从民族品牌的耐用品开始，如颜料、玩具、运动器材、硬件等。因为这些消费品是大家耳熟能详的产品，所以不需要专业的销售人员。另外，他们的仓储和运营流程可以使其库存年周转率达到五次之多，最终库存资本投资回报与大型百货公司相差无几。

颠覆性创新行为对应着颠覆性创新企业技术研发的策略，Yu 和 Hang（2011）结合颠覆性创新典型案例，对颠覆性创新企业研发策略进行了归类，主要包括：①小型化。小型化策略是设计和生产比例更小的产品，提高产品的便携性和廉价水平。实现小型化存在两种路径：第一，经过大量的时间和资源投资，设计小型化产品，但是产品性能没有退化；第二，通过提供体积较小但功能足够好的廉价产品，并通过不断地改进提高产品性能，晶体管收音机、硬盘驱动器等典型案例属于这一路径。②简单化。简单化策略是基于目前产品过于复杂，功能繁多的基础上，通过精简产品结构或组件，提供更简单的产品。简单化策略不仅减少了冗余的功能特征和某些功能的性能程度，而且更着眼于新的价值主张，满足消费者需求偏好。汽油站的简化测量仪和自动体外除颤器属于这类产品策略。Christensen 和 Raynor（2003）主张使用 80/20 的方法精简高端持续性技术，提供更加便宜、便利的产品。③功能增加化。该策略是指增加现有产品的颠覆性功能。即主流消费者对传统主要性能的估计仍然在令人满意的基础上之后，再把研发重点放在增加新的产品功能上。

3.2 消费者偏好及其异质性

3.2.1 消费者偏好

根据 Lancaster（1971，1966），产品是由一系列属性或者特征按照一定的比例组成的。消费者对不同的产品属性拥有不同的偏好，因此，多样化的组合方式满足了市场上不同消费者的差异化需求。例如，消费者购买计算机时，关注的是微处理器的速度、内存容量、硬盘容量、显示器尺寸等，即消费者感兴趣的不是产品本身，而是产品拥有的特征。消费者在其收入水平等预算约束下，会根据其对各产品属性的评价以及产品含有该属性的数量的加权进行产品选择与购买。以下通过（简化）假定一个产品存在两种属性（传统属性和附属属性），对消费者偏好的内涵做进一步阐述。

假设市场上存在两种产品，维持性创新产品（$k=1$）和颠覆性创新产品（$k=2$），以 $x=(x_1,\ x_2)$ 表示一个商品束。假设每种产品都有 r 种特征，为不失一般性，根据颠覆性创新市场进入特征，假设每种商品含有两种属性，即传统属性与附属属性，表示产品的特征，并令 $r=1,\ 2$，分别代表传统属性与附属属性，则每种商品可以视为这两种属性的组合：$s=(s^1,\ s^2)$，$(i=1,\ 2)$。每种产品的价格分别为 p_1，p_2。如果一单位商品 k 的特征含量为 $a^k=(a_k^1,\ a_k^2)$，则消费商品束 i 所获得的特征 i 的量为

$$s^i=a_1^i x_1+a_2^i x_2,\ i=1,\ 2 \tag{3.1}$$

假设消费者在特征空间上存在一个连续、严格单调和严格凸的偏好，从而存在一个定义在特征空间上的效用函数 $u(s)=u(s^1,\ s^2)$。给定产品价格，在一定的收入 m 下，消费者要解决

$$\max_{s,x} \mathrm{u}(s) \tag{3.2}$$

$$\text{s.t.}\ px \leqslant m$$

$$s^i=a^i x$$

如果消费者将其收入 m 全部购买商品 1，则他消费 $\frac{m}{p_1}$ 单位商品 1，由此

获得特征 1 和特征 2 的量分别为 $s_1^1=\left(\frac{m}{p_1}\right)a_1^1$ 和 $s_1^2=\left(\frac{m}{p_1}\right)a_1^2$。如图 3.1 所示，横轴 s^1 代表传统属性的量，纵轴 s^2 表示附属属性的量，当消费者收入全部用于购买商品 1 时，消费者处于 OG_1 上的 A_1 点；同理，消费者收入 m 全部用于购买产品 2，可以获得 $s_2^1=(m/p_2)a_2^1$ 单位特征 1 和 $s_2^2=(m/p_1)a_2^2$ 单位特征 2，此时，消费者处于射线 OG_2 上的 A_2 点。注意图 3.1 隐含的假设是两种商品的特征比不一样，即颠覆性创新产品的传统属性低于维持性创新产品的传统属性，而附属属性高于维持性创新产品附属属性。

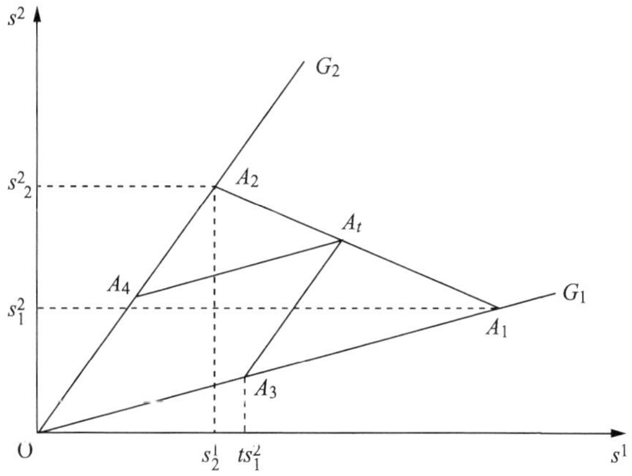

图 3.1　特征空间内的预算约束

显然，在三角形 OA_1A_2 内的所有点都是消费者能够支付的。假设他花光全部收入，购买一定量的商品 1 和 2，可以获得线段 A_1A_2 上任一点的特征组合（A_1A_2 也称有效消费边界）。例如，考虑到 A_t 点，根据向量运算，$A_t=tA_1+(1-t)A_2$，$0\leqslant t\leqslant 1$，自 A_t 点各引一条平行于射线 OG_2 和 OG_1 的直线，分别交 OG_1，OG_2 于 A_3 和 A_4。由向量的加法的几何意义，A_3 与 A_4 之和正好是 A_t；另外，A_3 是货币收入 tm 购买商品 1 获得的特征组合，A_4 则是以货币收入 $(1-t)m$ 购买商品 2 获得的特征组合。所以这样的消费方式正好使消费者达到 A_t。

A_1A_2 的斜率表示消费者在产品的附属属性和传统属性之间替代的比例。那么，如果原来消费者处于这条线段上的某一点，若多消费一单位商品 1，在收入不变的情况下，必然牺牲 p_1/p_2 单位产品 2 的消费。这种产品间相对消费量的变化引致的产品特征消费量变化为

$$s^1 = a_1^1 - (p_1/p_2)a_2^1 \tag{3.3}$$

$$s^2 = a_1^2 - (p_1/p_2)a_2^2 \tag{3.4}$$

从而

$$\frac{s^2}{s^1} = \frac{a_1^2 - (p_1/p_2)a_2^2}{a_1^1 - (p_1/p_2)a_2^1} = \frac{a_1^2/p_1 - a_2^2/p_2}{a_1^1/p_1 - a_2^1/p_2} \tag{3.5}$$

可以证明，式（3.5）等于 A_1A_2 的斜率。

在单调偏好假设下，消费者不可能在不花光其收入的情况下达到最大效用，所以，将式（3.1）的约束条件详细写为

$$p_1x_1 + p_2x_2 = m \tag{3.6}$$

$$a_1^1x_1 + a_2^1x_2 = s^1 \tag{3.7}$$

$$a_1^2x_1 + a_2^2x_2 = s^2 \tag{3.8}$$

利用 Cramer 法则，由式（3.7）和式（3.8）求出 x_i

$$x_1 = \frac{a_2^2s^1 - a_2^2s^2}{a_1^1a_2^2 - a_1^2a_2^1},\ x_2 = \frac{a_1^1s^2 - a_1^2s^1}{a_1^1a_2^2 - a_1^2a_2^1} \tag{3.9}$$

将式（3.9）带入式（3.6），整理得

$$p^1a^1 + p^2a^2 = m \tag{3.10}$$

其中，a^1 代表传统属性（$i=1$）的量，a^2 代表附属属性（$i=2$）的量。

$$\pi^1 = \frac{a_2^2p_1 - a_1^2p_2}{a_1^1a_2^2 - a_1^2a_2^1},\ \pi^2 = \frac{a_1^1p_2 - a_2^1p_1}{a_1^1a_2^2 - a_1^2a_2^1} \tag{3.11}$$

根据式（3.11）可以定义 p^i 为特征 i 的隐性价格，因为可以得出

$$p^1a_1^1 + p^2a_2^2 = p_1,\ p^1a_2^1 + p^2a_2^2 = p_2 \tag{3.12}$$

在定义了特征 i 的隐形价格 p^i 之后，式（3.12）等号左端是单位商品 k 的价值，而右端恰好是该商品的价格。

根据消费者在特征空间上的效用函数 $u(s)$，可以得到其无差异曲线。消费者效用最大化问题［式（3.2）］就相当于在有效消费边界上找一个能达到最高无差异曲线的点。由于消费者偏好，即效用函数的不确定性，无差异曲线特征是不确定的，分三种情况进行讨论（见图 3.2）。

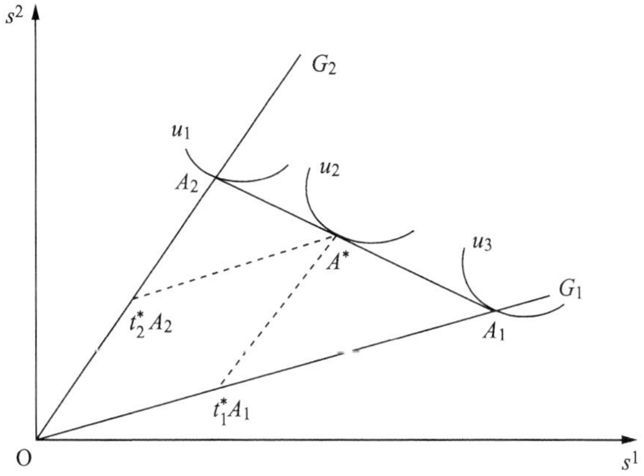

图 3.2 最优消费组合选择

（1）当无差异曲线与有效边界相切于 A^* 点，则有效边界与无差异曲线的斜率必然相等。由式（3.4）和式（3.9）可得有效边界的斜率正好等于两种特征隐性价格之比，则内点解的一阶必要条件是

$$\frac{\partial u/\partial s^1}{\partial u/\partial s^2}=\frac{\pi^1}{\pi^2} \tag{3.13}$$

等号的左端也可以理解为消费者在特征空间内的边际替代率的绝对值。

自 A^* 点各引一条平行于射线 OG_2 和 OG_1 的直线，分别交 OG_1，OG_2 于 $t_1^*A_1$ 和 $t_2^*A_2$，这里 $t_1+t_2=1$。在这一点，消费者用于消费商品 1 和 2 的收入分别为 t_1^*m 和 t_2^*m。此时，颠覆性创新市场进入成功，且与维持性创新企业共存于市场，市场份额根据消费者对产品属性的偏好决定。

（2）当无差异曲线相切（交）于 A_1 点，则 A_1 点为最优消费者特征组合点，此时，消费者全部收入用于购买维持性创新商品，即颠覆性创新企业进入市场失败。

出现这种情况的原因有：颠覆性创新产品由于厂商的技术性能处于低级阶段，或者在市场进入的初始阶段，得不到消费者认可。或者是消费者从传统市场产品的消费向颠覆性创新产品消费转换的过程中存在较高的转换成本。Rho 等（2015）在对中国存储芯片产业的考察中指出，由于该产业存在技术累积性强的特点，跨国公司技术封锁严重，后发企业产品性能较低，而这个产业消费者偏好同质化，没有低端的细分市场，因此，后发企业难以进入市场。

（3）当无差异曲线相切（交）于 A_2 点，则 A_2 点为最优消费特征组合点，此时，消费者全部收入用于购买颠覆性创新产品，即颠覆性创新企业进入市场成功，并颠覆维持性创新企业。

维持性创新企业过度关注传统属性的提高，从而导致“性能供给过剩”现象，而颠覆性创新产品在满足消费者传统属性基本性能门槛的前提下，不仅增强了附属性能，还降低了相应的价格，更受到消费者欢迎。

3.2.2 消费者偏好异质性

不同细分市场的消费者，对同一类产品的需求偏好存在异质性（如Adner, 2002; Ansari and Krop, 2012）。以图 3.3 为例，假定某类商品含有传统属性和附属属性两类性能属性，不同细分市场的消费者对不同属性的偏好存在差异。例如，台式机、个人数字助理、笔记本电脑在电池续航能力（传统属性）和便携性（附属属性）方面性能组合是不同的，不同细分市场的消费者对台式机、个人数字助理、笔记本电脑在电池续航能力和便携性方面的偏好是不一样的。在台式机市场的消费者，更偏好于电池的续航能力，而个人数字助理市场的消费者更看重电脑的便携性，而不是电脑的电池续航能力；在笔记本电脑市场，消费者需要对电脑的电池续航能力和便携性进行综合权衡。

不同细分市场消费者对传统属性和附属属性的偏好差异使得不同细分市场的消费者偏好存在一定的重叠，并且这种重叠的对称程度是不一样的。例如，个人数字助理市场的消费者对便携性的偏好程度更大，相比而言，笔记本电脑市场消费者对便携性的偏好程度更小。三个市场的消费者的无差异曲线随着电池续航能力和便携性的提高而不断往外扩展，代表其效用水平的不断提高，扩展的路径称为该产品的价值轨迹。当价值轨迹曲线围绕着 45°线呈对称状，且两者之间偏好的重叠比较多的时候，市场会出现两个分界比较明显的细分市场，两个市场之间竞争是分离的，不同产品的企业会根据目标市场消费者的需求偏好和价值轨迹曲线，进行产品设计与创新活动［见图 3.3（a）］；相反，当两个价值曲线之间不对称，并且两者重叠较少的时候，两个市场会出现竞争，在开始阶段，笔记本电脑可能首先在边缘市场和新兴市场进行创业，随着笔记本电脑制造企业在电池的续航能力方面的不断技术创新，进入台式机主流市场，并对大型台式机制造企业造成颠覆［见图 3.3（b）］。因此，不同细分市场的消费者对不同产品属性的偏好差异决定了消费者偏好的异质性，在不同细分市场的消费者偏好的对称程度决定了产品市场竞争结果。

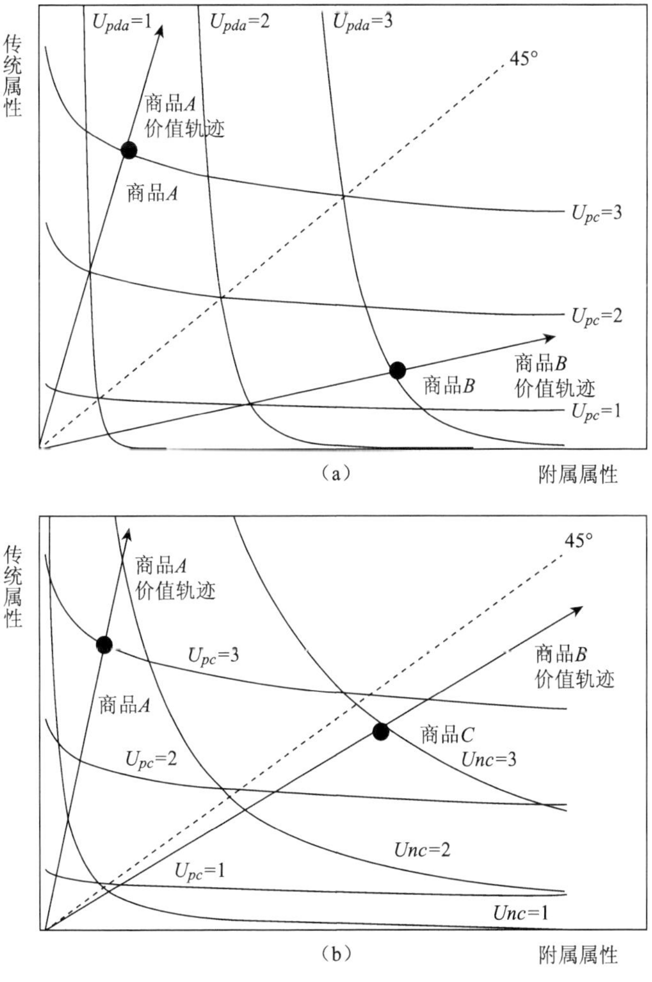

资料来源：作者在 Adner（2002）基础上调整得到。

图 3.3 消费者偏好重叠与消费者偏好异质性

另外，消费者在市场上是有限理性的，其消费者偏好受到市场因素的影响，尤其是第一次购买该产品时，很容易受到企业营销策略的影响，在这样的情况下，消费者很容易做出“错误”的选择，消费者的选择也会进一步影响下一期其他消费者的决策（Valente，1999，2012）。因此，当某一产品属性更受到市场的欢迎时，新的消费者在购买产品时会优先考虑该产品属性，即市场环境影响了消费者偏好；另外，企业的营销策略也会使得消费者对产品属性的认知出现偏误，进行影响消费者偏好和购买行为。当消费者偏好多样化程度比较明显的时候，所有消费者组成的需求结构特征为异质性需求结构，此时，不同属性组合的产品可以在市场上找到对应的消费者；相反，当消费者偏好趋于一致时，即消费者对某一或者某些产品属性更加偏好时，就会形成同质性需求结构，此时，消费者会更加倾向于购买含有该产品属性较多的产品。因此，消费者有限理性也会导致其偏好的异质性。

3.3 颠覆性创新行为与消费者偏好互动关系

颠覆性创新行为与消费者偏好存在双向互动关系：一方面，颠覆性创新行为在不断地满足、适应、甚至创造消费者需求与偏好；另一方面，消费者偏好进一步影响企业颠覆性创新行为。以下重点从这两个方面，对两者的互动关系进行揭示。

颠覆性创新企业通过新市场颠覆行为和低端市场颠覆行为，首先满足新市场和低端市场消费者的需求偏好，并通过不断的知识搜索和知识积累提高传统属性性能水平，满足主流市场消费者的需求偏好。在这个过程中，企业围绕着消费者偏好，不断地进行知识搜索，并开发出适应目标客户需求偏好的新产品。由于新进入企业知识积累相对较少，引入的新产品往往在主要产品属性上难以与原有的在位企业进行竞争，很难在主流市场立足。新进入企业通过创新或模仿，整合现有产品的属性，强化附属属性性能，先满足边缘市场或者新兴市场消费者的需求，并进一步强化主流属性的性能水平，不断侵蚀主流市场，与在位企业形成竞争（Christensen，1997；Adner and Zemsky，2005）。通过利用式技术搜索过程或者探索式技术搜索过程，不断提高产品性能，进而获得更多市场份额。另外，消费者在不同技术（产品）之间的偏好分布异质性，决定了企业进行创新活动的市场激励。例如，近年来，颠覆性创新更容易发生于需求异质性较大的具有金字塔收入结构的新兴经济体国家（Hart and Christensen，2002；Hart，2005；仝允桓等，2010，2011；Prahalad，2012），金字塔底层的消费者具有与金字塔中高层消费者截然不同的需求偏好，同时，金字塔底层市场的基础设施、销售渠道存在不健全的特点，颠覆性创新企业需要通过特殊的创业手段（如战略业务单元建立、与消费者合作等），既能满足这部分消费者的需求，又能降低成本（Chandy and Tellis，1998；Prahalad，2012；Anderson and Billou，2007；Govindarajan et al.，2011；王俊娜等，2012；徐久香等，2014）。

伴随着企业不断知识搜索，以及知识搜索结果不断的应用于提高消费者需求偏好水平的产品设计与生产中，颠覆性创新行为与消费者偏好形成互动。以 Android 系统的手机逐渐取代 Symbian 系统手机的过程为例，阐述颠覆性创新行为与消费者偏好的互动过程。自 2000 年全球第一款 Symbian 系统手机问世以来，Symbian 系统手机因其操作简单，集成电子邮件、网络模式等功能，并配合 java 的支持，逐渐赢得消费者的偏好，并占据智能手机市场。2006 年全球 Symbian 手机总量达到一亿部，2008 年诺基亚收购 Symbian 公司，Symbian 成为诺基亚独占系统。然而，2009 年 4 月，谷歌公司正式推出 Android 1.5 手机，随后，在 2009 年 9 月，搭载 Android 1.6 正式版的手机 HTC Hero（G3）凭借着出色的外观设计以及全新的 Android 1.6 操作系统成为当时全球最受欢迎的手机。摩托罗拉、LG、索尼爱立信、三星等各大厂商纷纷宣布退出 Symbian 平台，转而投入谷歌 Android 领域。由于 Android 操作系统的多点触控、兼容性强、应用程序资源丰富、扩展性强等特点（附属属性）是 Symbian 系统手机所不能媲美的，另外，Android 系统的操作体验与界面华丽度是 Symbian 系统无可比拟的。由于 Android 系统手机定位低端智能机市场，因此价位合理，且产品设计更容易为消费者接受，加之，网络外部性的作用，越来越多的消费者的偏好被重新塑造，转而购买装有 Android 系统的手机。以中国为例，从 2010 年的第三季度到 2011 年第三季度，Symbian 手机在中国的市场份额从 68%降到 23%，而 Android 系统手机从 16%上升到 58%，形成了鲜明的对比。由于消费者偏好于 Android 系统带来的体验，因此，

Android 系统对 Symbian 系统的破坏是不可逆的，根据艾瑞发布的《2012 年中国 3G 手机网民用户行为研究报告》显示，2012 年中国 3G 网民用户中 64.2% 使用 Android 系统，占比位居第一，而 Symbian 系统占比仅为 7.0%，相比于 2011 年第三季度 23% 的市场份额，Symbian 系统手机市场份额一再下降，难以扭转。因此。2012 年 5 月，诺基亚宣布，彻底放弃继续开发 Symbian 系统。Android 系统取代 Symbian 系统的整个过程，可以看出，Android 系统基于边缘市场的消费者偏好特点，开发出第一代手机，并不断研发新产品，引导边缘市场消费者以及主流市场消费者的偏好，最终对 Symbian 系统手机造成了颠覆性的破坏。

消费者偏好的变动进一步通过其购买行为以及市场份额相对变动反馈给企业，进而反作用于企业行为。如图 3.4 所示，在传统消费市场，企业沿着主流属性价值轨迹不断发展［图 3.4（a）］，传统消费市场高端用户和低端用户的需求不断得到满足［图 3.4（b）］。伴随着新的主导技术的出现，消费者偏好从传统属性转向附属属性，或者在传统属性达到消费者最低需求标准的前提下，新的附属属性成为消费者关注属性，即消费者偏好伴随着技术的发展发生变化，如图 3.4（a）所示，消费者无差异曲线由 U2 变为 U1。新技术应用早期，性能稳定性等方面可能存在不足，实验用户或者低端市场用户会成为最新使用新产品的消费者，伴随着新技术的发展和应用，形成新的细分市场：低端新市场和高端新市场。如果消费者偏好改变迅速，由传统市场向新技术市场转换时间会大大缩短。以手机产业为例，消费者偏好重点关注通话质量和智能性两个产品维度。在 2G 时代，相比于智能性，消费者更加关注产品的通话质量。企业围绕着通话质量提高这一价值轨迹不断提高产品质量。在低端 2G 市场，消费者选择廉价的且通话质量较差的手机，山寨手机厂商通过从上游芯片提供商处获得的廉价低质量的芯片，进而可以在该市场上提供廉价手机。在其他细分市场，跨国企业，如诺基亚、摩托罗拉等，提供通话质量较好且价格高昂的产品，消费者通过其预算约束曲线和效用曲线决定产品购买；与 2G 时代不同，消费者在 3G 时代更偏好产品的智能性。消费者由通话质量向智能性的不连续性偏好转变导致了一个非对称的偏好重叠，并出现竞争性破坏的结果。这种偏好变化为没有 3G 技术积累的企业（通过购买核心芯片）进入市场，并通过与其他零部件供应商进行合作，提高产品性能水平，与原有在位企业进行竞争及实现技术赶超。

新兴市场和低端市场为新进入企业提供了创业平台，通过不断满足这部分群体的需求偏好，颠覆性创新企业可以获得利润，为接下来进一步的知识搜索提供资金支撑，并且，通过与目标客户的不断互动，更加了解他们的需求偏好，这种学习机制使得颠覆性创新企业在技术搜索方面更具目的性。在不断地知识搜索和知识积累中，颠覆性创新企业通过不断地提高主流属性的技术性能水平，并进入主流市场与维持性创新企业进行竞争。消费者根据其偏好与产品属性大小对市场上的产品进行评价时，消费者偏好对颠覆性创新行

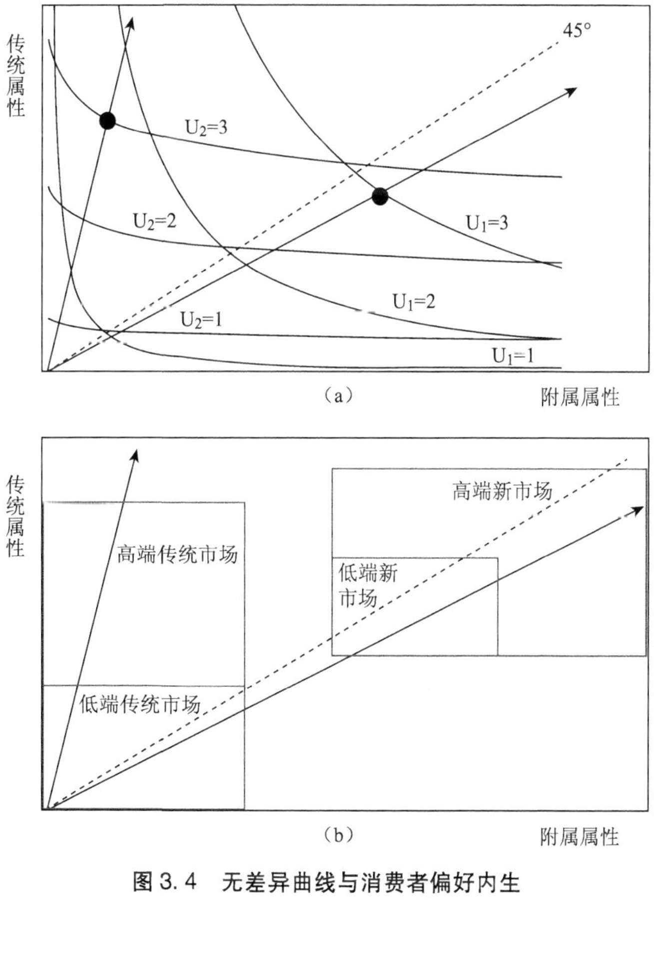

图 3.4 无差异曲线与消费者偏好内生

为的反馈特点为：消费者偏好受到市场上所有消费者购买的该产品所拥有的不同属性的加总的影响，即某产品属性成为主流时，新的消费者也会偏好拥有该产品属性多的产品。随着企业的进入与退出、企业的技术进步、消费者的多次购买行为等多方面的影响，各个企业的市场份额也在不断变化中，进而，新进入市场的消费者对产品属性的评价也会不断的变化，这种消费者偏好内生机制促进了产业组织结构的演化和技术创新的扩散。当消费者面临新的产品选择时，如果主流性能可以满足基本需要的时候，附属属性也开始变得更加重要时，消费者偏好此时发生变化，新进入企业很容易凭借着附属性能成功颠覆原有技术（产品）或企业。另外，企业会根据各自产品特征和收集到的消费者信息，强调该企业拥有优势的产品属性，通过广告等营销手段来促使消费者选择该企业的产品。

当技术更新换代频率时，企业围绕着消费者偏好加大知识搜索力度，消费者偏好内生变动的速度也会随之加快。在物联网技术不断与传统产业融合的过程中，消费者偏好更容易通过通过网络传输直接获得，或者通过大数据分析间接获得。个性化、定制化服务可以更好地满足消费者偏好。消费者对产品需求的反馈进一步影响着企业的研发创新行为，企业行为与消费者偏好频繁互动促进了新技术的扩散。

综上，颠覆性创新行为在不断地满足、适应、甚至创造消费者需求与偏好，消费者偏好进一步影响企业颠覆性创新行为，即消费者偏好与颠覆性创新行为存在双向互动关系。消费者偏好内生实际上是颠覆性创新企业围绕着消费者偏好不断的进行知识搜索、知识创造、知识积累的过程，消费者偏好的异质性和变动也进一步通过知识反馈的形式影响企业行为，这种消费者偏好内生机制促进了技术创新的扩散。

3.4 本章小结

本章首先介绍了技术创新行为及其分类，并重点分析了基于消费者—生产者互动的创新行为，并根据颠覆性创新理论，对新市场颠覆和低端市场颠覆性行为进行了阐述，指出颠覆性创新行为是不断进行技术搜索的过程；其次，基于 Lancaster 产品属性理论对消费者偏好以及不同细分市场消费者偏好异质性进行了阐述；最后，基于知识管理理论与动态演化理论，分别从颠覆性创新行为影响消费者偏好和消费者偏好反馈于企业行为两个方面进行阐述，揭示颠覆性创新企业围绕消费者偏好不断进行知识搜索的作用过程，形成颠覆性创新行为与消费者偏好互动关系的理论认识，为接下来从消费者偏好内生视角分析颠覆性创新与产业组织演化机理奠定理论基础。

4 颠覆性创新与产业组织演化理论模型

产业组织演化涉及市场主体以及促进市场主体互动的演化机制。在颠覆性创新与产业组织演化中，颠覆性创新企业围绕着目标消费者偏好不断地进行知识整合、知识搜索和知识应用。本章分别从知识整合、知识搜索和知识应用三个方面对基于消费者偏好内生的颠覆性创新行为进行阐述，在此基础上，构建基于消费者偏好内生的颠覆性创新与产业组织演化模型，基于知识管理理论和动态演化理论分别对颠覆性创新与产业组织演化的动力机制、市场选择机制和适应性机制进行阐述。最后，构建仿真模型，对颠覆性创新与产业组织演化模型中的消费者偏好内生机制进行揭示。

4.1 基于消费者偏好内生的颠覆性创新行为

颠覆性创新企业通过新市场颠覆行为和低端市场颠覆行为，首先满足新市场和低端市场消费者的需求偏好，并通过不断地知识搜索和知识积累提高传统属性性能水平，满足主流市场消费者的需求偏好。在这一过程中，企业围绕着消费者偏好，不断地进行知识搜索，并开发出适应目标客户需求偏好的新产品。由于新进入企业知识积累相对较少，引入的新产品往往在主要产品属性上难以与原有的在位企业进行竞争，很难在主流市场立足。新进入企业通过创新或模仿，整合现有产品的属性，强化附属属性性能，先满足边缘市场或者新兴市场消费者的需求，并进一步强化主流属性的性能水平，不断侵蚀主流市场，与在位企业形成竞争（Christensen，1997；Adner and Zemsky，2005）。通过利用式技术搜索过程或者探索式技术搜索过程，不断提高产品性能，进而获得更多市场份额。伴随着企业不断知识搜索，以及知识搜索结果不断地应用于提高消费者需求偏好水平的产品设计与生产中，颠覆性创新行为与消费者偏好形成互动。基于消费者偏好内生的颠覆性创新行为特征主要体现在知识整合、知识搜索和知识应用三个方面。

4.1.1 知识整合

在颠覆性创新发生之前，维持性创新企业（也称在位企业）沿着原有技术轨迹，围绕其目标客户的要求，进行不断的知识搜索，这样的搜索具有目的性和方向性，并且也容易得到市场的回报（Christensen，1997）。然而，维持性创新企业技术搜索的方向是围绕着能给其带来（短期）潜在收益的目标客户，这往往忽略了一些边缘客户或新兴市场客户的需求（Christensen，1997）。而颠覆性创新企业由于知识积累相对较少，引入的新产品往往在主要产品属性上难以与维持性创新企业进行竞争，很难在主流市场立足（Christensen，1997）。颠覆性创新企业通过创新或模仿，整合现有产品的属性，强化附属属性性能，先满足边缘市场或者新兴市场消费者的需求，并进一步强化主流属性的性能水平，不断侵蚀主流市场，与维持性创新企业形成竞争（Christensen，1997；Christensen and Rayor，2003）。在颠覆性创新企业的技术搜索过程中，既有在现有技术领域内的利用式技术搜索过程，也有整合外部知识领域探索式技术搜索过程。例如，传统产业的企业通过引入 ICT 技术、纳米等最新通用技术或者新材料，大大改善现有产品性能或大幅提高工作效率对该产业中使用传统技术的企业造成颠覆性打击（Brusoni and Sgalari，2006）。

颠覆性创新企业对现有知识的整合能力取决于市场技术溢出水平。当市场中技术溢出较高时，颠覆性创新企业在市场进入时更容易整合现有企业在各个产品特征方面的技术。新进入企业对现有技术的整合能力，决定了该企业能否进入市场以及进入市场之后的目标客户群体的规模（Valente，1999）。当新进入企业可以很好地整合现有产品的各种尖端技术时（模仿能力较强），该企业进入市场之后，对维持性创新企业造成的破坏性威胁更加严重；相反，如果企业的整合能力较差，企业只能进入一个较小的细分市场，甚至直接不能进入市场。尽管新进入企业在单个特征方面不如领先的在位企业，但如果新进入企业在所有产品特征上均被赋予较高的值时，新进入企业的产品整体性能会表现良好，更易满足更多细分市场消费者需求偏好，在进入市场时，可能会获得更大的市场份额。

4.1.2 知识搜索

企业知识搜索可以表现为在不同技术轨迹的发展，在同一技术范式下，技术轨迹有很多种选择，企业在不同技术轨迹上的搜索及搜索结果决定了企业创新结果的差异化和企业创新行为的多样化。大量的多样化知识为企业选择不同的技术路径进行搜索提供了机会（Metcalfe，1994；Frenken，2006a，b，c；Querbes and Frenken，2016）。可供选择的机会与方法越多，实现产品性能提高或降低成本的可能性越大（Nelson，1961；Evenson and Kislev，1976；Nelson，1982；Cohen and Malerba，2001；Frenken et al.，2012）。维持性创新企业会在其熟悉的领域，围绕着主流客户看重的焦点属性，不断地进行知识搜索，提高焦点属性的性能水平，这种搜索表现出持续性创新的特点（Frenken et al.，2012；Lacourbe，2013）；而新兴市场和低端市场为新进入企业提供了创业平台，通过不断满足这部分群体的需求偏好，颠覆性创新企业可以获得利润，为接下来进一步的知识搜索提供资金支撑（“成功孕育成功”机制），并且，通过与目标客户的不断互动，更加了解他们的需求偏好，这种学习机制使得颠覆性创新企业在知识搜索方面更具目的性。在不断地知识积累中，颠覆性创新企业通过不断的提高焦点属性的技术性能水平，并进入主流市场与维持性创新企业进行竞争（Christensen，1997；Adner and Zemsky，2005；Klenner et al.，2013）。另外，由于知识搜索具有累积性特点，维持性创新企业由于在相关技术领域投入了大量的前期研发支出，更倾向于在其熟悉的技术领域进行知识搜索，这既能降低搜索成本，也能更好地获得创新成果（Igami，2017）。例如，柯达公司在化学领域进行了上百年的技术搜索，积累了大量的领先技术。但是，这样也容易形成路径依赖或者企业的核心刚性，例如，尽管柯达相机也在数码相机领域积累了大量的专利，但是由于其在化学领域（传统相机）的知识积累，难以将数码相机领域的专利更加有效地付诸实践；相反，颠覆性创新企业作为新进入企业，缺少前期的研发投入，可以选择与维持性创新企业不同的技术轨迹，甚至可以在不同的知识领域进行搜索与组合

(Frenken et al., 2012; Criscuolo et al., 2018)。

围绕着新兴市场和低端市场消费者的需求偏好，颠覆性创新企业根据其竞争能力和所处的环境，通过适应性学习来进行构建、更新其组织、知识和惯例。这部分消费群体的需求偏好被满足的过程，恰恰是颠覆性创新企业不断积累知识、技术研发能力和利润的过程。颠覆性创新企业通过不断的积累，并最终进入主流市场与维持性创新企业进行竞争。前期积累的研发能力和组织惯例，将有助于颠覆性创新企业在主流市场竞争能力的提高。与维持性创新企业竞争的过程中，继续通过模仿或创新进行组织学习，提高其环境适应能力。另外，企业不断进行知识搜索、知识创造以满足消费者偏好的过程中，如果企业知识搜索速度加快，企业可以随时更新其研发策略和其他创新行为，反应迟缓的企业将被市场淘汰。因此，知识搜索速度决定了颠覆性创新企业研发资源的分配和研发策略的选择：当企业知识搜索速度加快时，可以迅速的调整研发策略，提高其市场适应性；如果知识搜索速度减慢，企业调整速度比较慢，说明企业倾向于采取稳定的研发策略。当知识搜索速度较快时，颠覆性创新企业市场进入和成长相对比较容易，市场竞争相对激烈。

4.1.3 知识应用

由于颠覆性创新是一个动态的创业过程，在不同的创业阶段面临不同的战略目标、消费者需求特点等因素，企业需要不同的知识搜索、创造和累积能力，其创新行为也会体现出一定的差异，即颠覆性创新企业知识搜索结果的应用也存在较大差异。在颠覆性创新的初创期，其战略重点在于开发新市场，培养新兴市场消费者的需求偏好，将其潜在需求转化为现实需求，因此，在初创期，颠覆性创新企业主要采取一些偏好培育行为和产品改进行为（Bell and Eisingerich, 2007; 黄海洋和陈继祥, 2011; Prahalad, 2002, 2012）；而在成长期，颠覆性创新企业产品性能已经突破主流市场的进入门槛，进入主流市场与维持性创新企业进行产品竞争，颠覆性创新企业在这一阶段面临着主流市场消费者对产品性能的苛刻要求以及如何降低产品开发成本的现实，根据现有研究，产品改进行为和战略业务单元建立行为有助于颠覆性创新企业实现在成长期的战略目标（Hansen，1999；Govindarajan et al.，2011；Chandy and Tellis，1998；Anthony，2009）。

4.2 颠覆性创新与产业组织演化理论模型

颠覆性创新企业和维持性创新企业通过为其目标客户提供产品和服务，并结合不断的创新过程，满足、改变和适应消费者需求偏好。不同企业市场份额的相对变化，也影响着消费者对产品的评价和消费者偏好的改变。在市场主体行为及演化机制的作用下，最终，具有较高的适应性的企业市场份额在不断提高，相反，具有较低适应性的企业的市场份额在不断下降，直至倒闭。基于以上分析，提出基于消费者偏好内生的颠覆性创新与产业组织演化理论模型[①]（见图4.1）。

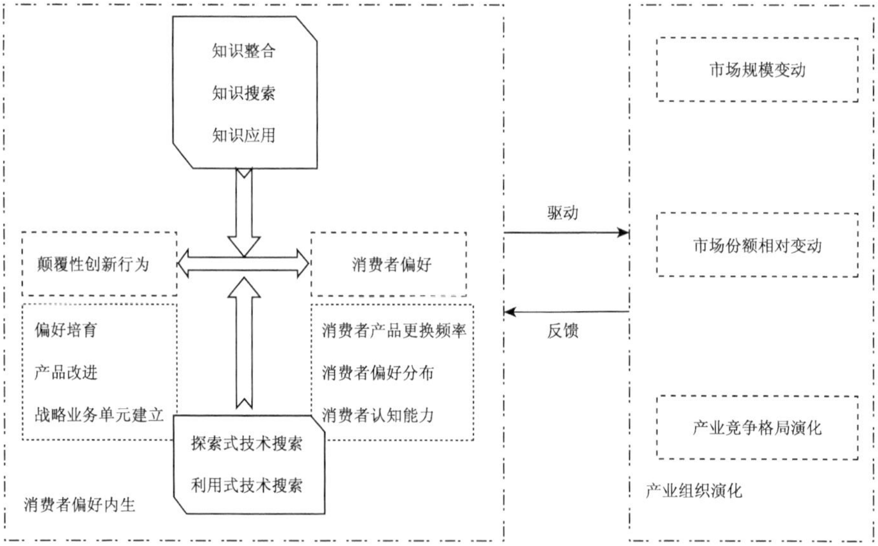

图4.1 基于消费者偏好内生的颠覆性创新与产业组织演化理论模型

根据以上分析，笔者认为颠覆性创新与产业组织演化实际上是企业围绕着消费者偏好进行不断地知识整合、知识搜索、知识应用的过程。其中，颠

① 产业组织演化是指在产业发展过程中，内部组织形态的变化、更替等，在本书中具体体现为市场规模的变化、企业市场份额的相对变化、市场集中度和产业竞争格局的变化等。

覆性创新企业首先进入新兴市场和低端市场进行创新创业，需要获得与其目标市场相匹配的创业知识和能力。颠覆性创新企业进一步将利润积累用于产品的改进和新的知识搜索，不断提高产品属性尤其是传统属性的性能水平，满足更多消费者的需求，最后，通过对传统属性的不断提高，最终进入主流市场与维持性创新企业展开竞争。为了满足主流市场消费者偏好，同时，面对维持性创新企业的竞争和新的挑战，颠覆性创新企业需要新的知识能力（Christensen and Rayor，2003）。与颠覆性创新企业相似，维持性创新企业也在不断地加大知识搜索力度，满足现有客户对主流性能的苛刻要求，这需要维持性创新企业充分利用企业的既有资产，通过进一步的知识搜索，改进现有产品。企业之间知识搜索结果的应用也逐渐成为彼此模仿的对象。企业不断知识搜索和知识创造的结果是不同企业的异质性程度不断加强。面对差异化的企业和相应产品，消费者需要在其中做出选择。消费者的购买行为实际上是一种知识反馈过程。通过消费者对产品购买的分析，企业可以判断消费者更看重哪种产品属性，便于企业进行新的有针对性的知识搜索；另外，企业还会根据消费者的购买行为，进行市场细分，推出差异化产品，不断满足不同细分市场的偏好。

假设 1：颠覆性创新企业首先满足边缘市场或低端消费市场消费者偏好进行创业，市场规模相应变大，并围绕着消费者偏好不断的知识搜索，使得消费者偏好内生变动。消费者偏好内生变动驱动了市场份额和产业竞争格局的动态演化。

颠覆性创新企业与维持性创新企业创新行为异质性源于其技术发展过程中内部替换和结构深化的锁定效应和自适应扩展。其中，维持性创新企业往往陷入对旧原理的锁定中，这是因为，维持性创新企业的已经围绕主流市场消费者需求偏好进行了长期的知识搜索，在赢得市场份额和市场利润方面，维持性创新企业明显高于颠覆性创新企业，而颠覆性创新企业由于常处于婴儿期，因此，无法马上追赶上多年发展的旧技术；从技术角度讲，旧技术转向或采用新技术意味着改变周围的结构和组织，这样成本很高，可能不会被迅速采用。另外，更重要的是，维持性创新企业可能不会认为新技术和新原理不一定能够带来更高的利润和收益，甚至不一定能坚持很久。当颠覆性创新提供的产品性能和维持性创新提供的产品性能距离较远时，维持性创新企业对旧有原理和技术的锁定会被强化。当旧原理或旧技术在继续向前扩展中遇到阻力时，新原理或新技术有了新的立足点。当旧原理锁定在原有的技术轨迹上并慢慢发展时，新原理及新技术在快速地通过内部替换和结构深化得以改进。另外，维持性创新企业由于在相关技术领域投入了大量的前期研发支出，更倾向于在其熟悉的技术领域进行知识搜索，这既能降低搜索成本，也能更好地获得创新成果。例如，柯达公司在化学领域进行了上百年的技术搜索，积累了大量的领先技术。但是，这样也容易形成路径依赖或者企业的核心刚性，例如，尽管柯达相机也在数码相机领域积累了大量的专利，但是由于其在化学领域（传统相机）的知识积累，难以将数码相机领域的专利更加有效地付诸实践；相反，颠覆性创新企业作为新进入企业，缺少前期的研发投入，可以选择与维持性创新企业不同的技术轨迹，甚至可以在不同的知识领域进行搜索与组合。

假设 2：维持性创新企业围绕着现有消费者进行知识搜索时会出现路径依赖或技术锁定，当新的技术轨迹或技术范式出现时，消费者偏好内生变化程度加深，颠覆性创新企业与维持性创新企业市场份额发生重大改变。

颠覆性创新的出现，使得低端市场和新兴市场消费者需求偏好与主流市场消费者偏好的差异性进一步凸显，这为不同企业类型的企业进行创新创业提供了需求资源；另外，颠覆性创新的出现也进一步加大了企业之间的异质化水平，并通过创业过程中不断的技术积累，这种异质性得到进一步强化，为产业组织演化提供动力源。企业行为与消费者偏好之间的互动关系进一步加强了市场主体异质性水平，为产业组织演化带来动力基础。因此，企业围绕着消费者偏好不断地进行知识整合、知识搜索和知识应用，知识整合能力和知识搜索速度是颠覆性创新与产业组织演化的重要动力机制。

由于颠覆性创新企业和维持性创新企业在不同的细分市场进行创业，面临的市场选择环境不同，企业所采取的创新行为也会存在差异。另外，从选择环境中发出的信号会影响企业创新搜索活动的速率、方向和结果，企业不同的知识搜索路径和面临的市场选择机制，不同企业的异质性创新行为更具惯例特点：在位企业选择维持性创新行为，而新进入企业选择新市场颠覆行为或低端市场颠覆行为。消费者偏好及需求环境的不同对企业行为的市场选择存在一定的影响。当消费者产品更换频率加大时，企业技术更新换代的速度也会相应增加，这需要企业进行不停地知识搜索，既包括基于惯例的利用式学习搜索也包括基于开放式创新的探索式学习搜索，在不断的知识搜索和产品更新换代的过程中，颠覆性创新企业可以借助其后发优势，忽略前期技术积累，直接采用新的甚至最前沿的技术，采取路径跳跃或路径改变等创新策略进入市场，并对维持性创新企业的市场份额进行侵蚀（Lee et al.，2016）。然而，消费者产品更换频率较低时，颠覆性创新企业进入市场的机会降低，市场上的维持性创新企业更容易享受其“成功孕育成功”机制（Nelson and Winter，1982），市场结构趋于稳定或垄断。消费者需求偏好分布特征也决定了产业组织演化的市场选择过程（Malerba et al. 2006；Rho et al.，2016）。在消费者分布比较同质的情况下，不利于新进入企业的进入与成长，市场结构趋于寡头垄断，而在消费者分布相对异质性的情况下，各个企业容易形成各自的细分市场（Adner，2006；Rho et al.，2016）。在消费者更新换代频率较快的市场，消费者需求结构异质性可以为颠覆性创新企业进入市场提供条件，颠覆性创新企业进入市场可能性提高，进入之后会很快赶超或颠覆维持性创新企业（Lee et al.，2016，2017）。随着技术的不断扩散，加之主导企业的市场依赖和技术锁定，较晚进入市场的企业可以凭借其后发/快发优势，迅速颠覆主导企业。而在需求同质化的情况下，颠覆性创新企业难以进入市场，市场结构有利于维持性创新企业的成长，因此市场趋于寡头垄断（Lee et al.，2016b），但是，能够凭借其技术和资源优势进入市场的颠覆性创新企业，可以短时间内迅速取代在位企业的的领导地位。当消费者不存在学习能力的情况下，选择主流属性性能较差的颠覆性创新产品的概率会增大，在产品购买时总会产生错误的购买决策的时候，颠覆性创新企业进入市场的机会增加，市场动态更加显著（Valente，1999）。在此情况下，如果消费者产品更换频率加快，企业进入与退出会更加频繁。可见，消费者产品更换频率、消费者偏好分布特征和消费者学习能力是颠覆性创新与产业组织演化的重要市场选择机制。

在颠覆性创新与产业组织演化过程中，企业围绕着消费者偏好进行不断地知识搜索、知识创造和知识积累的结果是企业在市场竞争中适应性水平的变化。能够更好地满足目标消费者需求偏好的产品和企业行为被市场选择并复制，表现较差的产品和企业行为逐渐被市场淘汰，最终，能够更好地满足市场需求的企业的市场份额不断提高，相应的知识积累也会增加，创新行为不断扩散，企业市场份额重新分布，产业集中度发生演化。为了提高适应性水平，企业会采取不同的知识学习策略。由于颠覆性创新是一个动态的创业过程，在不同的创业阶段面临不同的战略目标、消费者需求特点等因素，企业需要不同的知识搜索、创造和累积能力，其创新行为也会体现出一定的差异。在颠覆性创新的初创期，其战略重点在于开发新市场，培养新兴市场消费者的需求偏好，将其潜在需求转化为现实需求，因此，在初创期，颠覆性创新企业主要采取一些偏好培育行为和产品改进行为（Bell and Eisingerich，2007；黄海洋和陈继祥，2011；Prahalad，2002，2012）；而在成长期，颠覆性创新企业产品性能已经突破主流市场的进入门槛，进入主流市场与维持性创新企业进行产品竞争，颠覆性创新企业在这一阶段面临着主流市场消费者对产品性能的苛刻要求以及如何降低产品开发成本的现实，根据现有研究，产品改进行为和战略业务单元建立行为有助于颠覆性创新企业实现在成长期的战略目标（Hansen，1999；Govindarajan et al.，2011；Chandy and Tellis，1998；Anthony，2009）。在不同创业期进行不同的知识搜索和知识创造活动是一种市场适应的过程，借着市场选择机制，能够使得企业长期获利的有利行为，将被复制下来，并通过组织扩张等形式得到扩大，而导致企业亏损的行为惯例最终被淘汰，这些行为惯例的载体（企业或产品）如果不采取新的行为惯例，也会被市场淘汰。因此，企业围绕着目标消费者需求偏好不断地进行知识搜索、创造和积累的过程中，适应环境的创新行为被选择下来，不适应环境的行为被淘汰，这是颠覆性创新与产业组织演化的适应性机制。

4.3 颠覆性创新与产业组织演化理论模型仿真

本节构建颠覆性创新与产业组织演化仿真模型，针对消费者偏好异质性和消费者偏好内生变动与产业组织演化关系（假设 1）、企业路径依赖、消费者偏好变动与产业组织演化关系（假设 2）进行仿真，加深对消费者偏好内生在颠覆性创新与产业组织演化中的作用的认识。本章通过分析消费者购买决策使用的主要产品属性和对应的消费者数量，揭示不同细分市场消费者偏好异质性，验证颠覆性创新企业首先满足边缘市场或低端消费市场消费者偏好进行创业，市场规模相应变大的理论假设；根据消费者产品更换情况，揭示消费者偏好内生变动，验证消费者偏好内生变动驱动了市场份额和产业竞争格局的动态演化的假设；结合平均研发集中度指标的变化和消费者产品更换情况，验证在维持性创新出现技术锁定时，消费者偏好内生变动给其带来颠覆性打击的假设。

4.3.1 仿真模型构建

在模型中，企业围绕着消费者偏好进行不断的知识搜索、知识创造和知识复制，不断提高产品属性的性能水平，消费者通过对产品属性的评价，反馈给企业，为企业进行下一轮的研发决策提供参考。图 4.2 展示了本模型主要变量之间的作用关系①。

产品由 n 个产品特征组成（x_1，x_2，$\cdots$，x_n），企业针对每个产品特征通过研发可以提高该产品特征的性能水平。假定研发投入和技术创新绩效存在递减的正相关关系，因此，企业在某产品属性上技术性能提高值与研发投入之间的关系为，$X=\max\{ms\times V_{t-1}^{i}\times RDC_{t}^{i}\times C_{i},\ \bar{X}\}$，其中，$ms$ 是指当前使用该产品的消费者人数，该变量作为企业可获得的研发资源的代理变量，V_{t-1}^{i} 代表前一期特征 i 的值，RDC_{t}^{i} 是企业投入到特征 i 上的研发份额，代表企业在特征 i 上的研发集中度，这个值会根据市场销售量的变动而发生微调，即某个特征被认为是决定销量的关键特征，则 RDC_{t}^{i} 的值就越大。$\bar{X}$ 表示企业在产品特征 i 方面的技术上限。在位企业会根据目标客户的需求，确定进行研发投入的技术领域。企业在特定的产品特征上进行研发投入时存在两种研发策略行为：激进型和防御型。激进型研发策略是指企业会在市场上最受欢迎的产品特征上进行研发投资，而防御型研发策略是指在不是太重要的产品特征上进行投

① 第 4 章至第 6 章的计算机仿真模型仿真程序请参考 Valente（1999）及 Marco Valente 开发的 LSD 软件。本书是在其模型基础上的扩展，相应的参数设定在每章中都给出了说明。

资（Valente，1999）。具体地，在每一期，所有进入市场的消费者选择完产品之后，系统会对每个产品特征进行一次统计，使用 p 代表消费者因为该特征而选择该产品的次数，使用 n 代表消费者因为该特征而放弃该产品的次数。企业在进行研发策略选择时，会根据产品特征值与 p 和 n 的加权和，在激进型和防御型两种研发策略中选择适合企业发展的研发策略。

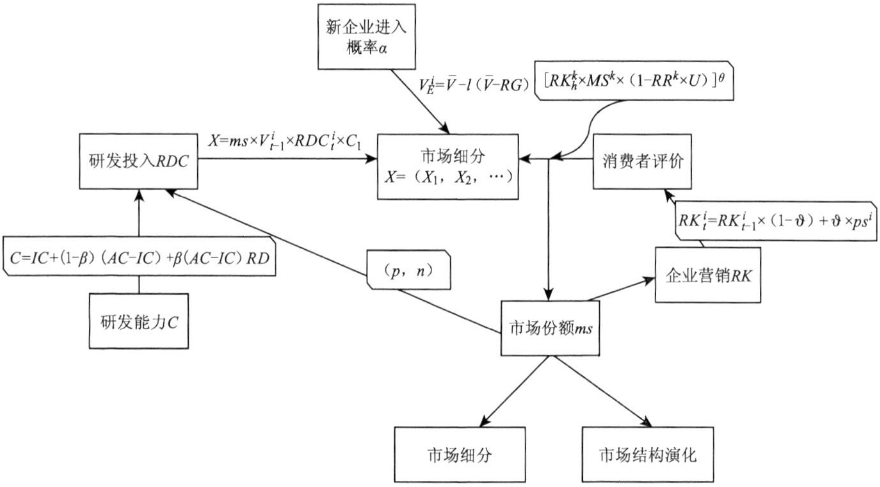

图 4.2　颠覆性创新与产业组织演化仿真模型

消费者根据产品特征的实用性对所有产品进行排序。在该消费者认为最重要的产品特征上，消费者会选择该特征的值最大的产品，如果存在两个及以上产品的该特征的特征值相等，且是最大的，则消费者会使用第二重要的产品特征进行评价，以此类推，直到选出适合消费者的产品为止。当两个商品在某个产品特征方面表现相似时，消费者对该产品特征存在一定的“包容性”，即当两个产品的特征相差在一定范围内，消费者则会认为两个产品的该特征值是一样的。假定消费者在识别产品特征时得到的产品特征值服从正态分布，均值为产品的真实特征值，方差等于 $(1-L_{t-1} \times ML) \times DL$，其中，$ML$ 代表消费者在购买产品时，所有消费者通过学习达到的最高水平，DL 代表消费者购买产品时，所有消费者的最大期望误差，L_t 代表消费者的学习能力，该变量从一个最低值开始，随着时间不断提高，即随着消费者学习能力的提高，方差会不断下降，消费者对产品特征的识别能力会更加精确。其中，学习能力为 $L_t = \rho L_{t-1} + (1-\rho)(2-L_{t-1})$，其中，$\rho$ 是递减的学习系数。随着 ρ 不断下降，学习能力不断提高，最终接近 1。消费者偏好由产品特征排序和企业的市场分布（需求结构）决定。其中，产品特征的排序由企业供给决定，企业可以通过研发行为或者营销行为影响消费者对产品特征的排序，而需求结构的影响代表市场份额可以作为产品质量的代理变量，即如果消费者很难辨别产品质量时，该消费者做决策的主要参考是其他消费者的购买行为。假定由于企业 k 通过对产品特征 h 进行营销投入，消费者对特征 h 的排序为 $[RK_h^k \times MS^k \times (1 - RR^k \times U)]^\theta$，其中，$RK$ 代表企业 kk 对特征 h 进行的营销投入，取值范围为 $[0, 1]$，MS 是企业的市场份额，RR 是决定消费者偏好随机变动的全局参数，U 在区间 $[-0.5, 0.5]$ 内服从均匀分布，θ 代表消费者的需求结构，其取值范围为 $[0, \infty]$，当 θ 较大时，说明消费者受到市场领导企业的营销努力的影响较大，需求结构趋向同质；相反，θ 接近 0 代表消费者对每一个产品特征的偏好是相同的，需求结构的异质性最高。当消费者偏好确定后，每一个产品特征被赋予一个值，AR。排序最高的特征的 AR 值等于 1，排序最低的产品特征的 AR 值等于 0，中间的产品特征值按照排序依次递减。当消费者购买产品之后，对每个产品特征进行一次修正，使用 AK 表示，其中，$AK = AR \times (1-\xi) + \xi \times RK$，$\xi$ 为偏好修正的速度。

新进入企业通过对在位企业进行模仿，并将在位企业在每个产品特征上的优势进行整合。假定新进入企业在单个产品特征方面获得的特征值在零和市场上该特征的最大特征值之间服从均匀分布，其值为在位企业最大特征值减去一个随机值，即 $V_E^i = \bar{V} - l(\bar{V} - RG) \times U[0, 1]$。尽管新进入企业在单个特征方面不如领先的在位企业，但如果新进入企业在所有产品特征上均被赋予较高的值时，新进入企业的产品整体性能会表现良好，在进入市场时，可能会获得更大的市场份额。企业进入市场后，通过模仿在位企业或者引入新的创新，不断缩小其与在位企业的技术差距，其技术水平用公式 $RG_t = (1-\tau)RG_{t-1} + \tau\bar{V}$ 表示，其中，$\bar{V}$ 代表在位企业在某特征上的最高值，因为 $\bar{V}$ 是不断增加的，因此，RG 的值小于 $\bar{V}$，但不断接近 $\bar{V}$。现实中，这个公式表示新企业进入市场之后的时间越长，对最佳技术的模仿更容易。τ 是新进入企业追赶在位企业的速度，其值越大，说明企业可利用的技术机会越多，越有利于新进入企业发展。

随着企业不断积累研发知识，研发能力不断提高。使用 IC 与 AC 分别表示企业研发能力的最小值与最大值，企业在某个特定的产品特征上的技术能力从 IC 开始，通过不断的研发投入，以速度 β 不断提高，不断达到所有企业中最大的研发能力 AC 。研发能力的公式为 $C = IC + (1 - \beta)(AC - IC) + \beta(AC - IC)RD$ ，其中，RD 为企业的研发投入量。企业在特定特征上投入的资源越多，则企业在该产品特征方面开发的知识就越多，这些知识反过来增强了企业在该特征方面的技术进步，在研发资源投入一定的情况下，技术能力高的企业会获得更高的研发成果。因此，企业技术能力具有积累性特征。但是，当企业在一段时间内不对该特征进行研发投资时，其技术能力也会受到摧毁。技术能力并不代表技术水平的绝对值，只是代表企业提高产品特征技术水平的可能性。例如，颠覆性创新企业在进入市场时在某个（些）产品特征上的技术水平可能相对较高，但是，在位企业技术能力较高，而新进入企业的技术能力相对较低的时候，在位企业比新进入企业在该特征上的技术进步速度更快。

企业与消费者偏好的互动，除了通过技术创新提高产品属性的性能水平外，还会根据各自技术强项，通过“营销”手段，影响消费者偏好和认知。企业的营销行为是建立在对其目标客户选择行为的基础上，例如，如果 90%的消费者选择产品特征 3，10%的消费者选择产品特征 5，则企业会通过营销行为建议消费者通过第三个特征做选择决策，搁置第五个产品特征。因此，营销投入反映了消费者对产品特征的看重程度，例如，在位企业会强调主流性能所代表的产品特征，而新进入企业会强调附属性能所代表的产品特征。不同企业在产品特征 i 上的营销投入使用 RK 表示，$RK_t^i = RK_{t-1}^i \times (1 - \vartheta) + \vartheta \times ps^i$ ，其中，ps^i 表示消费者因特征 i 而被选择的次数 p 的份额，ϑ 为营销投入调整的速度。

在产业组织演化过程中，能够在每期进行产品销售的企业可以存活下来，如果连续一段时间，没有消费者购买该企业的产品，说明该企业的创新行为和技术性能水平不适应当前市场环境，最终会退出市场。由于技术创新存在路径依赖特征，加之目标消费者的锁定效应，不同企业的创新行为选择表现不同。市场选择机制体现在企业在特定技术轨迹上的锁定和解锁特征。企业行为的选择与产业内细分市场的形成是同时进行的。

4.3.2 仿真结果

仿真模型的主要仿真参数设置如下：产品由10个产品属性特征组成，考察该产业发展的仿真结果，其中运行期间为0到1000。消费者学习系数ρ等于0.01，需求结构参数θ等于1，企业进入市场的概率参数α等于0.3。另外，假定考察一个新的产业，消费者和企业数目都是从1开始，不断增加。

图4.3展示了每个企业企业市场份额的变动情况[①]。由图4.3可知，企业市场份额不是一成不变的，而是在不断演化的，新进入企业不断成长，并侵蚀在位企业在主流市场的市场份额，环境适应性强的新进入企业会获得更高的市场份额，甚至在短时间内颠覆原有在位企业。适应性差的企业的市场份额不断下降，直至退出市场。

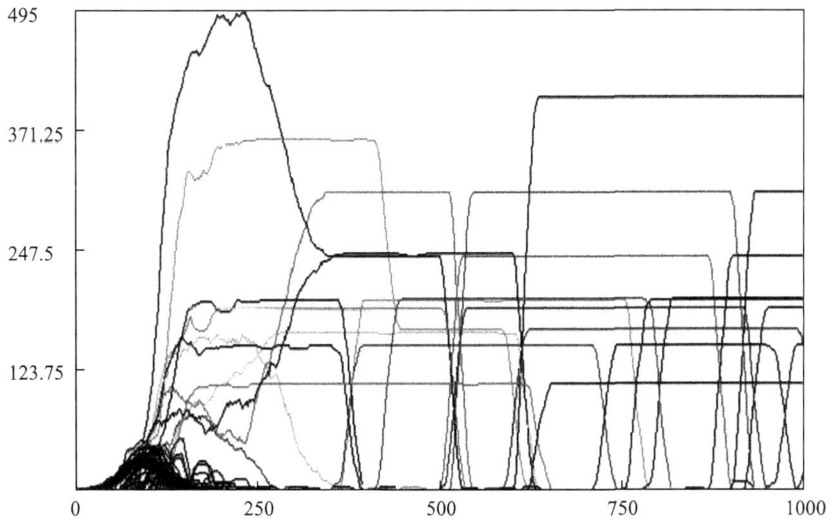

图4.3 颠覆性创新与产业组织演化中各企业市场份额动态演化

① 在本书的仿真结果中，企业市场份额体现为企业拥有的消费者数量，而非市场占有率。因为，企业拥有的消费者数量更能确切地展示企业在整个演化过程中市场占有率的变化情况。

图 4.4 展示了与图 4.3 对应的市场竞争程度的演化结果。该图使用了赫芬达尔指数等同数进行衡量。赫芬达尔指数等同数是衡量产业集中度的指标，含义为：一个市场中有 N 个企业组成，每个企业的市场份额是随机的，据此可以计算出该市场的赫芬达尔指数。假定有 M 个市场份额相等的企业组成的市场的赫芬达尔指数也等于 H，那么由 N 个企业组成的市场的赫芬达尔指数等同数就是 M，其值大小等于赫芬达尔指数的倒数。由图 4.4 可知，在该产业形成的初期，企业进入较频繁，市场竞争比较激烈，这可能是由于这个阶段技术标准或者主导设计尚未形成，加之新市场潜在利润的吸引，拥有不同能力或资源的企业都会进入市场。伴随着市场竞争的加剧，和技术标准与主导设计的不断形成，不适应市场环境的企业被市场淘汰，最终，市场结构趋于稳定。

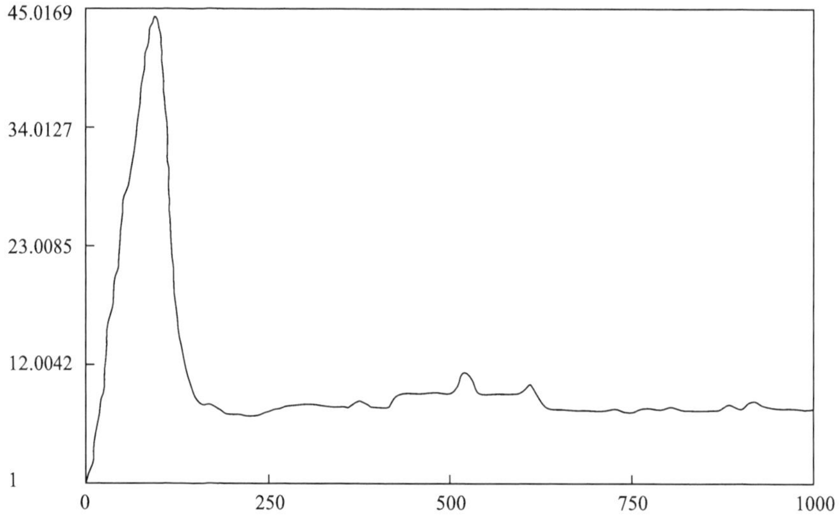

图 4.4　市场竞争程度演化

在产业组织演化中，消费者根据自己看中的产品属性进行产品选择。某个产品属性被更多的消费者看中，说明该属性对应的消费市场更主流。图 4.5 展示了这种作为评价标准的产品属性拥有的消费者数量。该图表示随着主导设计逐渐稳定，消费者会使用特定产品属性进行产品购买决策；不同细分市场对应不同的产品决策属性，体现了消费者需求偏好的异质性特点。虽然用于产品决策的产品属性比较稳定，但这并不代表市场会出现均衡状态或者消费者偏好稳定不变。消费者决策不仅会考虑被选择的产品属性，还会考虑某产品拥有该属性的性能水平。另外，企业市场份额的相对变化，也会影响消费者在特定属性上的认知的变化。当颠覆性创新企业由低端市场或新兴细分市场逐渐进入主流市场进行竞争时，主流市场消费者偏好也会由于不同企业的市场份额的相对变动而发生改变。

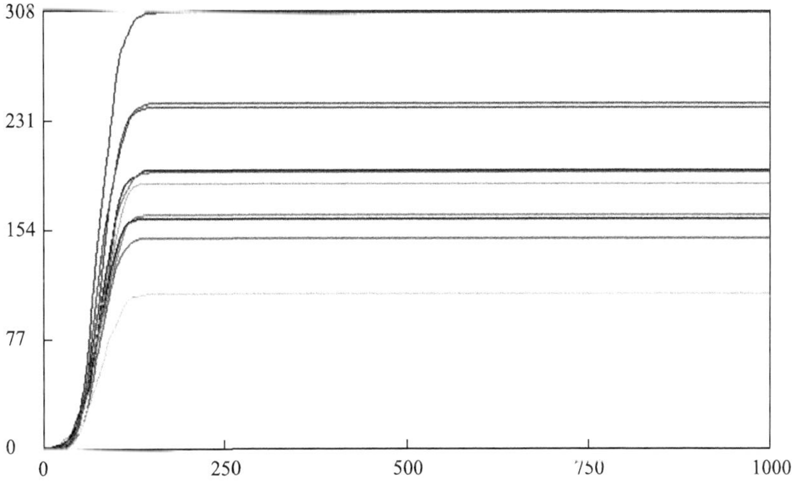

图 4.5　消费者决策使用的产品属性及对应的消费者数量

图 4.6 从消费者购买决策的转换角度说明了消费者偏好的内生变动与颠覆性创新导致的产业颠覆现象。由图 4.6 可知，当市场趋于稳定时，每一期的销售额围绕一个固定值上下波动，出现稳定变化趋势。然而，消费者从一个企业的产品向另一个企业的产品进行转换是发生在技术轨迹或技术范式转换的时候，有些时候（如第 500 期），这种转换占据了当期销售额一半以上的份额。可见，当大多数消费者从一个产品转向另一个产品时，给原有产品造成的颠覆作用之大。结合图 4.3，在第 500 期左右，新的颠覆性创新企业进入市场，原有的维持性创新企业被市场淘汰，消费者迅速由维持性创新产品转向颠覆性创新产品。该仿真结果揭示了消费者偏好的内生变动在颠覆性创新与产业组织演化中的作用机理。

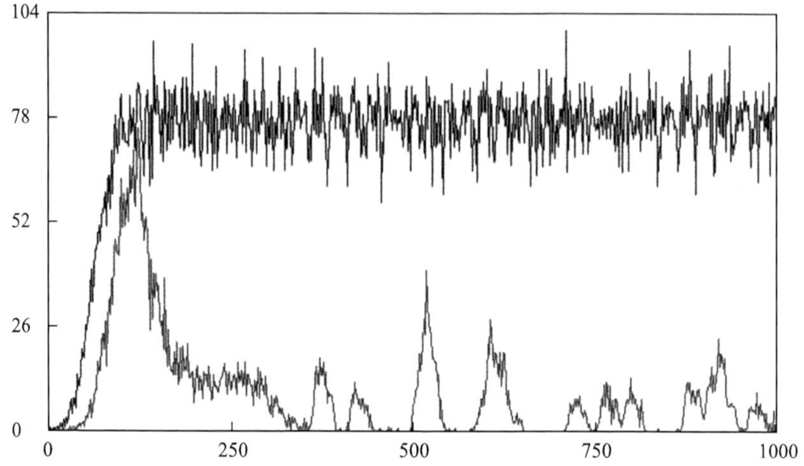

图 4.6　每一期市场销售额与消费者转换购买销售额演化

本章进一步对研发集中度进行仿真，揭示消费者偏好内生的作用机制。企业在特定技术领域的投资容易形成路径依赖，在与目标客户的互动中，这种路径依赖特征会得以强化。尤其是在市场选择的作用下，如果企业能在目标客户中获得较高的收益，企业将缺乏动力改变现有的组织惯例。图 4.7 使用平均研发集中度展示了企业技术创新的路径依赖特点。由图 4.7 可知，在主导设计尚未形成的产业发展初期，企业在多个产品属性上进行研发投资，研发集中度相对较高。之后，平均研发集中度下降到 1~3，说明随着产业的演化，各个企业更加注重专业化生产，最终形成在特定技术轨道上的技术锁定。这种路径依赖特征会使企业产生两方面的影响，一方面，企业在特定技术上的投资，可以为企业在该技术领域积累经验，降低平均生产成本和研发成本，更好地满足消费者对该属性的需求偏好；另一方面，如果市场上消费者偏好发生变动时，即对该产品属性看重程度发生变化时，路径依赖的存在使得企业难以顺利转型，最终导致企业市场份额急剧下降。维持性创新企业之所以经常被颠覆性创新企业颠覆，其中一个很重要的原因就是路径依赖特征。在仿真的第 500 期之前，企业平均研发集中度接近 1，说明企业的研发决策出现了技术锁定现象，而在第 500 期之后，由于颠覆性创新企业的进入与维持性创新企业的颠覆，企业平均研发集中度开始增加，以提高产品的整体性能，打破技术锁定。

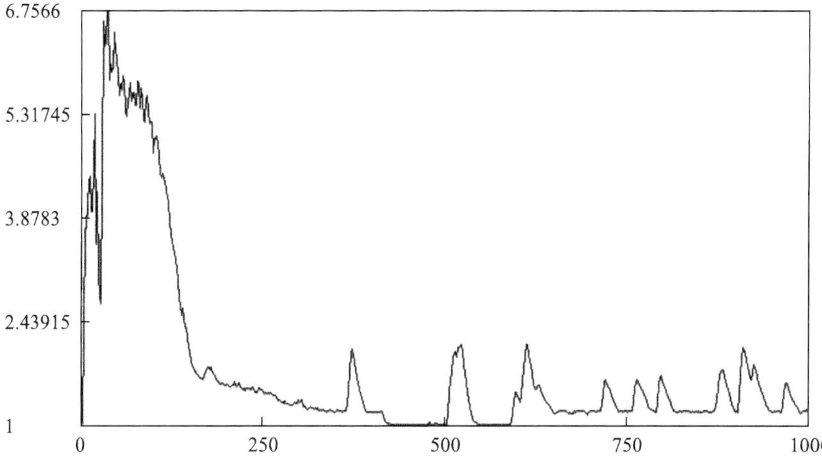

图 4.7 平均研发集中度演化

由仿真结果可知，消费者对不同产品特征的评价不同，为不同细分市场的形成奠定了基础，也为企业针对不同市场的消费者需求偏好进行知识搜索和产品设计提供了市场基础；消费者购买决策的转换代表了消费者需求偏好的内生变动，在技术轨迹或技术范式转换的时候，消费者从从一个企业的产品向另一个企业的产品进行转换的概率增加。当大多数消费者从一个产品转向另一个产品时，给原有产品造成极大的颠覆效果。随着产业组织演化，各个企业更加注重专业化生产，企业在特定技术领域的投资容易形成路径依赖，在与目标客户的互动中，这种路径依赖特征会得以强化，最终形成在特定技术轨道上的技术锁定。当消费者偏好发生变动时，如果企业难以进行技术转型，技术锁定将使企业难以应对新技术企业的挑战。通过以上仿真分析，进一步加深了消费者偏好内生的认识。

4.4 本章小结

本章首先从知识整合、知识搜索和知识应用三个方面对基于消费者偏好内生的颠覆性创新行为进行揭示，指出颠覆性创新企业知识整合能力、知识搜索速度以及在不同创业阶段的知识应用决定了颠覆性创新行为及市场绩效，在此基础上，构建基于消费者偏好内生的颠覆性创新与产业组织演化模型，基于动态演化理论和知识管理理论，提出消费者偏好内生作用机制的两个理论假设，并分别对颠覆性创新与产业组织演化的动力机制、市场选择机制和适应性机制进行阐述。其中，知识整合和知识搜索速度是颠覆性创新与产业组织演化的动力机制；消费者产品更换频率、消费者偏好分布特征和消费者学习能力是颠覆性创新与产业组织演化的重要市场选择机制；颠覆性创新企业在不同创业阶段针对不同消费者需求偏好采取的不同创新行为以提高其市场适应性水平是颠覆性创新与产业组织演化的适应性机制。最后，构建仿真模型，分别从不同细分市场的形成、消费者偏好内生变动、知识搜索路径锁定等方面对消费者偏好内生机制进行仿真，仿真结果显示，消费者对不同产品特征的评价不同，为不同细分市场的形成奠定了基础，也为企业针对不同市场的消费者需求偏好进行知识搜索和产品设计提供了市场基础；消费者购买决策的转换代表了消费者需求偏好的内生变动，在技术轨迹或技术范式转换的时候，消费者从从一个企业的产品向另一个企业的产品进行转换的概率增加。当大多数消费者从一个产品转向另一个产品时，给原有产品造成极大地颠覆效果。随着产业组织演化，各个企业更加注重专业化生产，企业在特定技术领域的投资容易形成路径依赖，在与目标客户的互动中，这种路径依赖特征会得以强化，最终形成在特定技术轨道上的技术锁定。当消费者偏好发生变动时，如果企业难以进行技术转型，技术锁定将使企业难以应对新技术企业的挑战。通过本章研究，加深了颠覆性创新与产业组织的共生演化关系的认识，从消费者偏好内生视角深化了颠覆性创新导致的企业市场份额相对变动、市场竞争结构的变化和从长期看颠覆性创新导致的产业颠覆等产业组织演化机理的理解。

5 颠覆性创新与产业组织演化动力机制

产业组织演化的动力源自市场主体的异质性。颠覆性创新通过引入新的行为惯例，改变了市场竞争生态，使得市场主体的异质性更加突出，颠覆性创新企业围绕着消费者偏好不断地进行知识整合和知识搜索行为，颠覆性创新行为与消费者偏好的互动进一步加大了这种异质性。异质性的存在和加大促进了颠覆性创新与产业组织的共生演化。在颠覆性创新与消费者偏好互动关系分析的基础上，构建颠覆性创新与产业组织演化动力机制模型，考察颠覆性创新企业知识整合能力和知识搜索速度在提高主体异质性中的作用，进一步揭示偏好内生关系在影响颠覆性创新与产业组织演化中的动力机制。

5.1 产业组织演化动力

5.1.1 变异与市场主体多样性类型

根据 Nelson 和 Winter（1982），演化以遗传、变异与选择为基本存在形式。遗传与变异产生多样性，为选择创造条件；选择产生确定性，决定事物的变迁方向。多样性的产生速度与变迁方向选择共同驱动事物演化。变异产生新的组织形式，新组织往往是那些更适合在环境利基中生存的组织，存活下来的组织将继续维持该选择，直到下一个变异产生为止。总之，变异是一个不断循环、积累、随机的连续过程。按照变异发生的时间和特点，市场主体多样性包括获得性差异、行为模式差异和关联性差异（Nelson and Winter，1982）。

（1）获得性差异。任何经济个体都源于一个始点，在这个始点，经济个体被赋予一定的先天性差异，由于这种差异并不是因为个体发展而存在，所以借用生物学术语称为获得性差异。获得性差异具有实体特征与惯例特征。实体特征包括个体所占有的各种资源享赋以及运用这些初始资源的组织模式。对这些要素的占有和使用是由企业诞生时所继承的惯例而存在，如企业利用资本劳动的方式。这些构成了企业的基本知识集，并由企业种群的共有知识基础所制约。实际上，企业个体及相似企业群的异质性特征主要取决于其内在的基本知识集以及由基本知识集决定的如何获得和利用新知识的方式。与实体特征相比，惯例特征在获得性差异中显得更为重要，因为惯例特征决定了实体特征的变化方式与方向。

（2）行为模式差异。由于惯例具有继承性，同时也具有众多的后天获得性特征。所以，不同的微观行为主体的行为模式是有差异的。这种差异性的存在是企业异质性的重要来源。企业个体的行为模式差异可以分为显性差异与隐性差异。通常所说的显性差异指的是企业的经营理念或者战略定位。经营理念以及战略定位的差异意味着企业可能表现出不同的优势或劣势，但这不是绝对优势或劣势，而是相对而言。微观企业及企业群所表现的差异性特征是产业系统长期演化的结果，同时也构成了未来发展的初始条件。隐性差异通常指的是与企业中的文化以及非正式组织相关的并不具备强制性的行为特征。隐性差异一方面由显性差异决定，另一方面又受到系统外部其他惯例束的影响，包括经济、社会、文化、宗教等方面。同时，企业的行为模式差异具有动态性特征，随着企业进入不同的惯例系统而有所差异。这就说明企业的行为模式差异并不取决于初始的资源享赋，而是由长期的专业化分工发展而得来，这进一步体现出产业系统内部的自组织特征。长期的专业化分工会使企业自动的选择具备比较优势的环境，同时由于分工本身的渐进积累特征，企业固化了某种差异，从而导致竞争与协同的平衡，完成在一定惯例系统中的以适应性为特征的选择与存续。

（3）关联性差异。关联性差异分为企业内部关联性差异与企业外部关联性差异两部分。企业作为一种组织形式，不仅体现在个体与个体之间的竞争，也体现在企业的特定组织形式与外部环境的契合程度。企业的组织模式不仅要与自身的惯例相匹配，还要与企业所在种群的外部惯例所协调。其中外部惯例很大程度上取决于企业所处的产业环境。惯例可能或可能不与组织形式相适应。在可行的惯例的集合里，一些惯例可能与现存的组织形式相结合可以运转良好，而其他的惯例与这个组织形式相结合则运转很差。某种惯例与一个组织形式相结合可能是有赢利能力的，而与另一个组织形式相结合则可能是亏损的。即任一特征、惯例和组织形式对赢利能力的影响都是环境依赖的。企业内部组织模式差异的最重要特征表现在组织惯例上，也正是由于惯例的存在保证了企业优胜劣汰的自然选择过程。

5.1.2 创新行为多样性与产业组织演化动力

动力是事物主动变化的原因，它使得事物产生目的性变化，其中可控制性与选择性是其区别于其他影响因素的属性特征（Arthur，2009）。首先，动力具有可控制性，它能够根据实现目标的需要决定动力的有无及大小。Arthur（2009）指出使事物发生变化的因素有多种，但它们大都无法控制。如雷电损坏电器，但只能预防，无法控制。它因此不能作为电器的动力，只能成为其影响因素；而电器以发电机供电为动力的原因在于它不仅能支持电器运转，而且可以调节与中止，便于控制。可控制性体现认识客观规律与改造世界的能力，受历史发展阶段约束。如人类在19世纪以前对原子运动规律知之甚少，原子能在当时不可能被控制，因此无法成为动力。而在爱因斯坦提出狭义相对论之后，控制核反应得以实现，此后原子能逐渐成为动力。其次，动力具有选择性。在可控制的事物变化影响因素中，只有一部分能使事物产生合乎目的的变化。作为一种实现目的的工具，动力必须与目的相一致。因此，实践主体需要选取引起的变化符合目的要求的影响因素作为动力。如船舶运输需要速率稳定，在水域中可以自由选取行驶方向且载重能力强。风力、机械力、气流推动均可成为船舶动力，但在现有技术水平下，只有在机械力驱动下船舶运动才能满足上述需求，运输船舶因此多以机械力为动力。

产业组织演化主要源于企业及其行为的多样性和市场选择机制（Nelson and Winter，1982）。由多个不同的企业组成的产业组织种群，假定企业在这个群体中不断地竞争，竞争标的为价格、产量、质量、广告等变量的组合，竞争的结果是不同企业的利润率或增长率的差异（Dopfer，2011）。即便企业的产品价格和质量是相同的，但生产成本可能不同，因此企业的获利能力是有差异的。企业在任何时候都拥有各式各样的能力、程序和决策规则，能够持续不断的学习、搜寻和创新。如果企业对自己现行表现不满意，它会被迫地学习、模仿成功企业的行为规则，或者进行内部搜寻和创新改进自身的行为方式和做事准则（Dopfer，2011）。技术创新对于提高企业的适应性至关重要，持续不断的技术创新为选择过程提供了多样化的选择集合，在产业组织演化中，可以通过不同的技术组合来提高企业在群体竞争中的适应性（Nelson and Winter，1982；Dopfer，2011）。

根据 Arthur（2009），技术创新是在已有创新元素及元素组合基础上新的组合。通常，一项新技术的最初形式是比较粗糙的。在技术发展初期，能够达到基本功用就足够了，此时，这一技术由现有构件或其他技术中的零部件粗略的拼凑而成。然后，通过适当调整，并扩展应用范围以尽量有效地服务不同的用户或解决不同的问题。因此，工程师会不断地改进这一新结构，并开始为其制造新配件，寻找新的适合其发展的材料、理论等。在不断地试错过程中，技术得以逐渐进步。技术创新导致产业组织多样性的方式包括两种：内部替换和结构深化。其中，内部替换是指用更好的部件更换某种形成阻碍的部件；结构深化是指寻找更好的部件、材料，或者加入新组件。

5.1.3 内部替换与结构深化

根据 Arthur（2009），在市场竞争或者消费者需求等因素的促使下，企业会在现有产品基础上增加新的功能或改进现有产品的功能水平，即内部替换。为了赢得竞争或获得更多的市场，企业会寻找更好的组件、更优化的结构，不断进行组件间的调整和平衡。尽管如此，在技术发展中，某些部件会受到限制。例如，集成线圈发展到一定程度之后，难以进一步排列更加紧密的器件，这限制了半导体技术的进一步发展。技术限制是不可避免的。在面临这种限制性障碍时，研发人员可以通过更换形成阻碍的零部件来克服局限。一般采取的方式包括采取更好的设计和更深思熟虑的解决方案、借用竞争对手的思路、使用不同的材料等。一部分部件的改进需要其他部件进行适应性调整。这个过程需要对整个技术再次进行平衡，甚至需要重新考虑技术的整体结构。例如，20 世纪二三十年代，木结构飞机替换成了金属框架，使得整个飞机设计必须重新规划。内部替换的技术部件很多时候是来自其他技术，例如，航空仪表和控制原理都得益于该技术之外的电子领域的技术发展，因此，技术的发展也依托于其部件所需的外部技术发展。

在内部替换组件的过程中，由于组件与组件（或模块）之间的链接机制或者接口也需要进一步匹配，因此，企业还需要通过增加次级系统或次级模块形式进行结构深化，实现以下目的：①加强基本功能；②对改变或异常进行监视并作出反应；③去适应更广泛的任务范围；④增强安全性和兼容性。通过结构深化，提高产品性能，提高产品适应更广泛的任务范围，增强产品可靠性。这个过程伴随着新问题的出现与解决反复进行，促进技术不断从简单走向复杂。结构深化需要识别新的集成模块或组件，以及组件与模块之间的链接界面，还需要对新的发明进行不断地试验、评价和优化，因此，通过结构深化进行技术创新的过程速度较慢。市场竞争会影响内部替换和结构深化的速度。如果市场竞争激烈，速度会相应加快。如果缺乏竞争，技术创新速度会下降。在缺乏市场竞争的环境中，即便研发人员发现明显的技术进步，也不一定会予以采用。在燃气涡轮飞机发动机的技术创新演化历史中，可以清楚地看到内部替换和结构深化在促进技术创新演化中的体现。惠特尔的发动机原型是用独体压缩机来供应压缩空气进行燃料燃烧的，是一种径向流动压缩机：吸入空气之后，通过旋转进行压缩。选择这种技术是因为设计简单。但是，随着对产品性能需求的提高，需要使用新的组件进行替换。轴流式压缩机替换了径向流动压缩机。轴流式压缩机特点是风扇很大，空气流动方向平行于转动轴。但是，在单轴压缩机阶段，增加压力供应比的极限也只能达到 1.2∶1。为了提高性能水平，开发人员使用多个压缩机组合在一起的方式。另外，压缩机需要满足既能适应空气稀薄的高纬度环境，还要适应高密度空气的低纬度环境，同时还需要根据不同的风速进行调整，因此，导叶系统被引入进来以控制被引入的空气。导叶系统的加入需要一个可控集成块来感知环境条件，从而对叶片进行相应的调整。为了防止高压空气会以意想不到的冲击波回冲到压缩机中，又需要安装防喘振放压阀这一次级系统加以控制。防喘振系统又需要更加灵敏的传感、控制系统，以及更精细的调整过程。在这一案例中，内部替换伴随着或者导致结构深化的不断进行。

5.2 颠覆性创新市场主体创新行为异质性

在颠覆性创新发生之前，维持性创新企业主要面向主流市场消费者，围绕着主流市场消费者的需求偏好沿着原有技术轨道进行产品设计与改进，这样的改进具有目的性和方向性，因此，需求偏好相对单一、维持性创新企业市场竞争行为相对同质（Christensen and Rosenbloom，1995；Christensen and Bower，1996；Christensen，1997）。另外，维持性创新企业围绕着其现有客户进行产品设计，成本相对较低，也容易获得高额利润，因此，不会轻易改变创新行为（Christensen and Bower，1996；Christensen，1997）。然而，维持性创新企业技术搜索的方向是围绕着能给其带来（短期）潜在收益的目标客户，这往往忽略了一些边缘客户或新兴市场客户的需求，当颠覆性创新发生后，新进入企业由于知识积累相对较少，引入的新产品往往在主要产品属性上难以与原有的在位企业进行竞争，很难在主流市场立足，一般会围绕着低端市场或者新兴市场的消费者需求偏好进行产品设计，并进一步强化主流属性的性能水平，不断侵蚀主流市场，与维持性创新企业形成竞争（Adner and Zemsky，2005；Christensen，1997）。由于低端市场与新兴市场消费者偏好与主流市场消费者偏好存在一定的异质性，导致颠覆性创新企业创新行为与维持性创新企业创新行为的差异（Hart and Christensen，2002；Hart，2005；仝允桓等，2010，2011；Prahalad，2012）。在围绕低端消费者或新兴消费者进行创业时，颠覆性创新企业主要是在这部分市场探索新的经济机会和有利可图的行为路径。在技术探索阶段，市场往往会面临“模糊前端”（hazy frontier）（Winter，1984），其决策和生产活动面临巨大的不确定性，此时，与消费者偏好进行互动，更多了解并不断地满足目标客户的需求，可以大大降低不确定性带来的风险。随着研发机会被发现，企业会进一步的通过内部替换或结构深化等方式，选择性的进行知识采用，不断改进现有产品性能，以满足不同细分市场消费需求（Arthur，2009）。最终，能够给企业带来持续性收益的惯例行为被保留下来，形成稳定的知识搜索行为。

颠覆性创新企业与维持性创新企业创新行为异质性源于其技术发展过程中内部替换和结构深化的锁定效应和自适应扩展。其中，维持性创新企业往往陷入对旧原理的锁定中（Christensen and Bower，1996；Christensen，1997），究其根本，从经济角度讲，维持性创新企业已经围绕主流市场消费者需求偏好进行了长期的知识搜索，在赢得市场份额和市场利润方面，维持性创新企业明显高于颠覆性创新企业，而颠覆性创新企业由于常处于婴儿期，因此，无法马上追赶上多年发展的旧技术；从技术角度讲，旧技术转向或采用新技术意味着改变周围的结构和组织，这样成本很高，可能不会被迅速采用。另外，维持性创新企业可能不会认为新技术和新原理不一定能够带来更高的利润和收益，甚至不一定能坚持很久。当颠覆性创新提供的产品性能和维持性创新提供的产品性能距离较远时，维持性创新企业对旧有原理和技术的锁定会被强化。当旧原理或旧技术在继续向前扩展中遇到阻力时，新原理或新技术有了新的立足点。当旧原理锁定在原有的技术轨迹上并慢慢发展时，新原理及新技术在快速的通过内部替换和结构深化得以改进。

导致市场主体异质性的另一个原因在于技术存在累积性特点（Valente，1999），维持性创新企业由于在相关技术领域投入了大量的前期研发支出，更倾向于在其熟悉的技术领域进行知识搜索，这既能降低搜索成本，也能更好地获得创新成果。例如，柯达公司在化学领域进行了上百年的技术搜索，积累了大量的领先技术。但是，这样也容易形成路径依赖或者企业的核心刚性（Lucas and Goh，2009）。例如，尽管柯达相机也在数码相机领域积累了大量的专利，但是由于其在化学领域（传统相机）的知识积累，难以将数码相机领域的专利更加有效地付诸实践；相反，颠覆性创新企业作为新进入企业，缺少前期的研发投入，可以选择与维持性创新企业不同的技术轨迹，甚至可以在不同的知识领域进行搜索与组合。颠覆性创新的出现，使得低端市场和新兴市场消费者需求偏好与主流市场消费者偏好的差异性进一步凸显，这为不同企业类型的企业进行创新创业提供了需求资源；另外，颠覆性创新的出现也进一步加大了企业之间的异质化水平，并通过创业过程中不断的技术积累，这种异质性得到进一步强化，为产业组织演化提供动力源。

颠覆性创新通过不断的知识搜索、知识创造，满足消费者需求偏好，加大市场主体异质性，促进产业组织演化。由第 4 章和以上分析，知识整合能力和知识搜索速度决定了企业知识搜索的效果和方向，其中知识整合能力取决于颠覆性创新企业在维持性创新企业那里获得知识溢出的能力，本章进一步构建仿真模型考察知识溢出程度和知识搜索速度为颠覆性创新与产业组织演化带来的动力机制。

5.3 仿真模型构建

由于知识整合能力和知识搜索速度决定了企业知识搜索的效果和方向，进而决定了市场主体的异质性，为产业组织演化奠定动力基础。本节通过构建模型对知识整合能力和知识搜索速度在产业组织演化中的动力机制进行仿真。其中，知识整合能力采用颠覆性创新企业进入市场时从维持性创新企业现有技术中得到的技术溢出水平表示，知识搜索速度使用企业根据上一期销售数据进行研发资源分配和研发策略调整的速度表示。

新进入企业在每一期随机进入市场，使用概率 α 表示。α 越大，代表企业进入市场越容易。由于新进入企业通过对在位企业进行技术模仿进入市场，在技术专有性较低的市场，在位企业技术创新难以受到有效的保护或技术溢出明显，市场进入的频率会相对较大，因此，企业进入市场的概率 α 表示了市场的技术专有性水平，α 越大，说明技术专有性越低。假定新进入企业在单个产品特征方面获得的特征值在零和市场上该特征的最大特征值 $\bar{V}$ 之间服从均匀分布，其值为在位企业最大特征值 $\bar{V}$ 减去一个随机值，即 $V_E^i = \bar{V} - l(\bar{V} - RG) \times U[0, 1]$。其中，$l$ 代表技术溢出系数，当 l 等于 0 时，说明新进入企业可以完全吸收在位企业的技术，随着 l 不断增加，新进入企业在进入市场时从在位企业那里获得的技术溢出不断减少。尽管新进入企业在单个特征方面不如领先的在位企业，但如果新进入企业在所有产品特征上均被赋予较高的值时，新进入企业的产品整体性能会表现良好，在进入市场时，可能会获得更大的市场份额。

企业进入市场后，通过模仿在位企业，不断缩小其与在位企业的技术差距，即 $RG_t = (1 - \tau) RG_{t-1} + \tau\bar{V}$。其中，$\bar{V}$ 代表在位企业在某特征上的最高值，因为 $\bar{V}$ 是不断增加的，因此，RG 的值小于 $\bar{V}$，但不断接近 $\bar{V}$。现实中，这个公式表示新企业进入市场之后的时间越长，对最佳技术的模仿更容易。τ 是新进入企业追赶在位企业的速度，其值越大，说明企业可利用的技术机会越多，越有利于新进入企业发展。

随着企业不断积累研发知识（显性知识和隐性知识），研发能力不断提高。使用 IC 与 AC 分别表示企业研发能力的最小值与最大值，企业在某个特定的产品特征上的技术能力从 IC 开始，通过不断地研发投入，以速度 β 不断提高，不断达到所有企业中最大的研发能力 AC 。研发能力的公式为：$C = IC + (1-\beta)(AC-IC) + \beta(AC-IC)RD$ 。其中，RD 为企业的研发投入量。企业在特定特征上投入的资源越多，则企业在该产品特征方面开发的知识就越多，这些知识反过来增强了企业在该特征方面的技术进步，在研发资源投入一定的情况下，技术能力高的企业会获得更高的研发成果。因此，企业技术能力具有积累性特征。但是，当企业在一段时间内不对该特征进行研发投资时，其技术能力也会受到摧毁。技术能力并不代表技术水平的绝对值，只是代表企业提高产品特征技术水平的可能性。例如，颠覆性创新企业在进入市场时在某个（些）产品特征上的技术水平可能相对较高，但是，在位企业技术能力较高，而新进入企业的技术能力相对较低的时候，在位企业比新进入企业在该特征上的技术进步速度更快。

企业在特定的产品特征上进行研发投入时存在两种研发策略行为：激进型和防御型。激进型研发策略是指企业会在市场上最受欢迎的产品特征上进行研发投资，而防御型研发策略是指在不是太重要的产品特征上进行投资。具体地，在每一期，所有进入市场的消费者选择完产品之后，系统会对每个产品特征进行一次统计，使用 p 代表消费者因为该特征而选择该产品的次数，使用 n 代表消费者因为该特征而放弃该产品的次数。企业在进行研发策略选择时，会根据产品特征值与 p 和 n 的加权和，在激进型和防御型两种研发策略中选择适合企业发展的研发策略。本章使用参数 ϖ 代表企业进行知识搜索的速度，即当 ϖ 等于 1 时，企业会很快地根据上一期销售数据进行研发资源分配和研发策略选择，如果 ϖ 接近 0，则说明企业调整速度比较慢，采取稳定的研发策略。

考虑到产品的各个模块（组件或技术）之间的连接机制，企业在单个产品特征方面的改进幅度受到一定的限制。不断提高技术性能的方式是沿着不同的技术维度进行研发投入，但这样成本会相对较高或者比较耗时。产品性能通过研发得到的提升水平的理论值为：$X = \max\{ms \times V_{t-1}^{i} \times RDC_{t}^{i} \times C_{i},\ \bar{X}\}$，其中，$ms$ 是指当前使用该产品的消费者人数，该变量作为企业可获得的研发资源的代理变量，V_{t-1}^{i} 代表前一期特征 i 的值，RDC_{t}^{i} 是企业投入到特征 i 上的研发份额，代表企业在特征 i 上的研发集中度，这个值会根据市场销售量的变动而发生微调，即某个特征被认为是决定销量的关键特征，则 RDC_{t}^{i} 的值就越大。$\bar{X}$ 表示企业在产品特征 i 方面的技术上限，为保证模型构建更加科学，本书假定在位企业的技术改进幅度是在上一期技术水平的 1.5 倍范围内。技术水平值为 $V_{t}^{i} = (1-\nu)V_{t-1}^{i} + \nu X$，$\nu$ 是一个全局参数，表示创新调整的速度。

产品由 ψ 个产品特征组成，消费者根据产品特征的实用性对所有产品进行排序。在该消费者认为最重要的产品特征上，消费者会选择该特征的值最大的产品，如果存在两个及以上产品的该特征的特征值相等，且是最大的，则消费者会使用第二重要的产品特征进行评价，以此类推，直到选出适合消费者的产品为止。消费者偏好由产品特征排序和企业的市场分布（需求结构）决定。其中，产品特征的排序由企业供给决定，企业可以通过研发行为或者营销行为影响消费者对产品特征的排序，而需求结构的影响代表市场份额可以作为产品质量的代理变量，即如果消费者很难辨别产品质量时，该消费者做决策的主要参考是其他消费者的购买行为。假定由于企业 k 通过对产品特征 h 进行营销投入，消费者对特征 h 的排序为 $[RK_{h}^{k} \times MS^{k} \times (1 - RR^{k} \times U)]^{\theta}$，其中，$RK$ 代表企业 k 对特征 h 进行的营销投入，取值范围为 $[0,\ 1]$，MS 是企业的市场份额，RR 是决定消费者偏好随机变动的全局参数，U 在区间 $[-0.5,\ 0.5]$ 内服从均匀分布，θ 代表消费者的需求结构，其取值范围为 $[0,\ \infty]$。当消费者偏好确定后，每一个产品特征被赋予一个值，AR。排序最高的特征的 AR 值等于 1，排序最低的产品特征的 AR 值等于 0，中间的产品特征值按照排序依次递减。当消费者购买产品之后，对每个产品特征进行一次修正，使用 AK 表示，其中，$AK = AR \times (1-\xi) + \xi \times RK$，$\xi$ 为偏好修正的速度。

5.4 消费者偏好内生与产业组织演化动力

5.4.1 知识整合能力

颠覆性创新企业进入市场时，通过模仿、整合现有企业在各个产品特征方面的技术。当颠覆性创新企业容易获得现有技术时，说明新进入企业可以更好地吸收维持性创新企业的技术，技术溢出较大（技术溢出系数 l 接近 0）。随着 l 不断增加，新进入企业在进入市场时从维持性创新企业那里获得的技术溢出不断减少。尽管颠覆性创新企业在单个特征方面不如领先的维持性创新企业，但如果颠覆性创新企业在所有产品特征上均被赋予相对较高的值时，颠覆性创新企业的产品整体性能会表现良好，在进入市场时，可能会获得更大的市场份额。

图 5.1 展示了不同系数系数情况下各企业市场份额的演化情况。由图 5.1 可知，当技术溢出较大（ l =0）时，新进入企业数量较多，但是能够存活下来的企业数量相对不多。这说明尽管企业在进入市场时可以获得较高的技术水平，可以短时间内获得一定的市场份额，但是，面对技术不断进步，如果企业缺乏技术能力，进入市场之后很快被市场淘汰。与其他技术溢出系数情况相比，技术溢出较大时，颠覆性创新企业进入市场并对维持性创新企业的颠覆现象明显，企业进入与退出更加频繁。

图 5.2 展示了在不同技术溢出系数情况下，企业平均年龄的演化结果，由该图可知，在技术溢出系数较大的情况下，企业的平均年龄较短，随着技术溢出系数的不断增加，企业平均年龄也在不断增加。

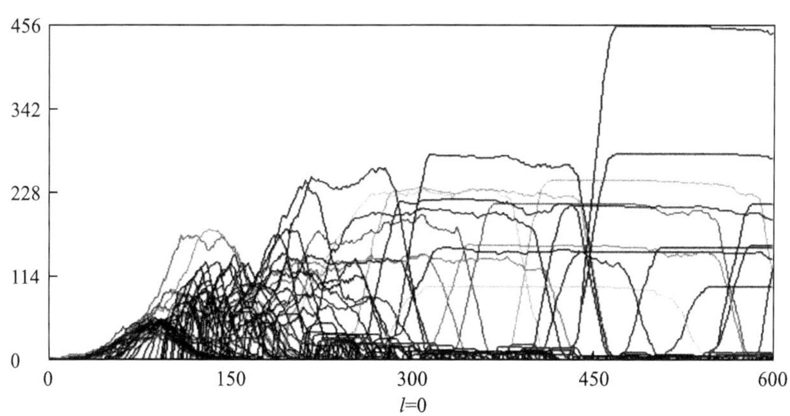

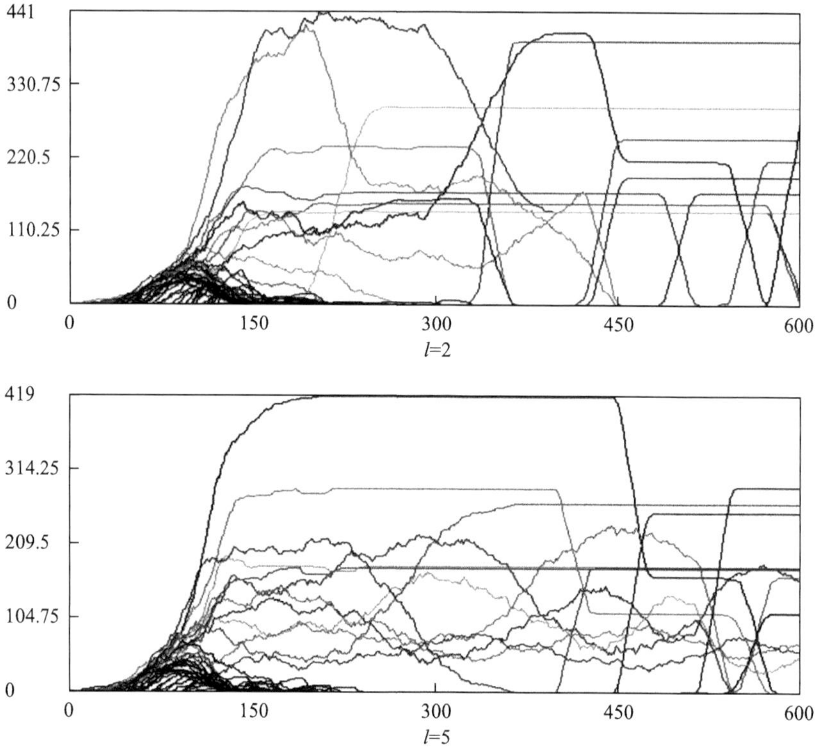

图 5.1　技术溢出系数不同时企业市场份额演化

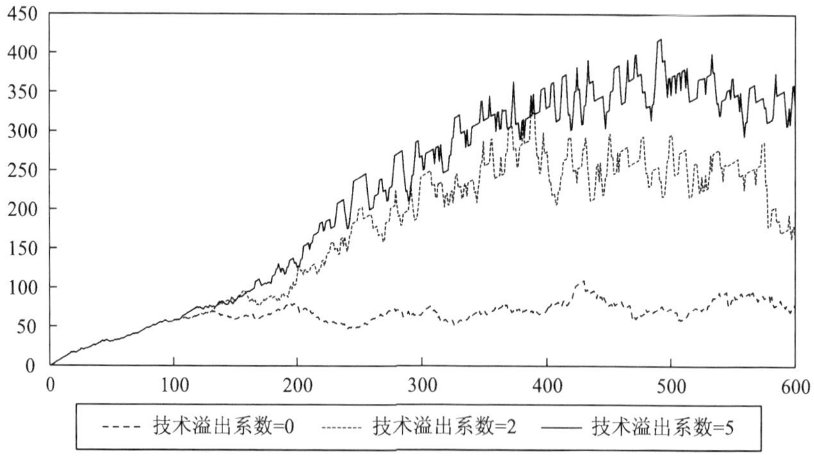

资料来源：笔者根据仿真数据整理得到。

图 5.2　技术溢出系数不同时企业平均年龄演化

5.4.2 知识搜索速度

企业根据上一期销售数据进行研发资源分配和研发策略选择。当企业知识搜索速度加快时，可以迅速地调整研发策略，提高其市场适应性；如果知识搜索速度减慢，企业调整速度比较慢，说明企业倾向于采取稳定的研发策略。图5.3展示了知识搜索速度系数分别等于0.1和0.9时，各企业市场份额的演化情况。由图5.3可知，知识搜索速度系数等于0.1时，企业研发策略调整减慢，此时有利于维持性创新企业的发展，一家企业主导市场，当发生较大的不连续性技术变革后，市场主导企业市场份额不断被侵蚀直至退出市场，颠覆性创新企业进入市场并展开竞争，市场集中度不断降低。当知识搜索速度较快时，颠覆性创新企业的市场进入和成长相对比较容易，市场竞争相对激烈。

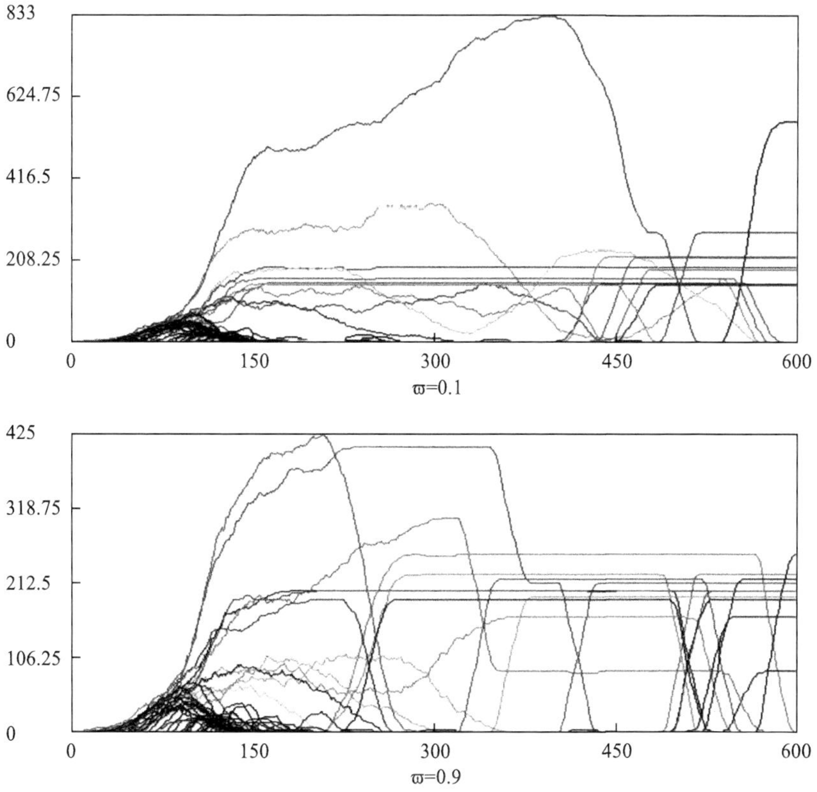

图5.3 知识搜索速度不同时企业市场份额演化

综上，产业组织演化动力源于市场主体创新行为的异质性。企业通过内部替换和结构深化的方式不断地进行技术改进和技术变革，推出更加满足消费者需求偏好的产品，进而创造更多的价值。由模型仿真结果可知，在颠覆性创新企业进入市场时，能够从维持性创新企业那里得到更多的知识溢出时，企业在进入市场时可以获得较高的技术水平，可以短时间内获得一定的市场份额。此时，颠覆性创新企业进入市场并对维持性创新企业的颠覆现象明显，企业进入与退出更加频繁，企业的平均年龄较短。另外，当企业知识搜索速度加快时，可以迅速地调整研发策略，提高其市场适应性。此时有利于颠覆性创新企业的发展；如果知识搜索速度减慢，企业调整速度比较慢，说明企业倾向于采取稳定的研发策略，此时有利于维持性创新企业的发展。

5.5 本章小结

本章首先从变异和创新行为多样性开始阐述，指出产业组织演化的动力来源于创新行为异质性的存在。其次，对颠覆性创新市场主体行为异质性进行了分析，指出颠覆性创新通过引入新的行为惯例，改变了市场竞争生态，使得市场主体的异质性更加突出，颠覆性创新行为与消费者偏好的互动进一步加大了这种异质性。市场主体异质性的存在为市场选择过程提供了空间，使企业的发展、企业之间的竞争以及市场结构的演化得以实现，甚至为企业之间的颠覆现象奠定了竞争基础，加速了产业组织演化的进程。

知识整合能力和知识搜索速度决定了企业知识搜索的效果和方向，其中知识整合能力取决于颠覆性创新企业在维持性创新企业那里获得知识溢出的能力，本章构建了计算机仿真模型，考察了知识溢出程度和知识搜索速度为颠覆性创新与产业组织演化带来的动力机制。仿真结果显示，在颠覆性创新企业进入市场时，能够从维持性创新企业那里得到更多的知识溢出时，企业在进入市场时可以获得较高的技术水平，可以短时间内获得一定的市场份额。此时，颠覆性创新企业进入市场并对维持性创新企业的颠覆现象明显，企业进入与退出更加频繁，企业的平均年龄较短。另外，当企业知识搜索速度加快时，可以迅速的调整研发策略，提高其市场适应性。此时有利于颠覆性创新企业的发展；如果知识搜索速度减慢，企业调整速度比较慢，说明企业倾向于采取稳定的研发策略，此时有利于维持性创新企业的发展。

6 颠覆性创新与产业组织演化市场选择机制

产业组织演化是一个市场选择过程。本章在颠覆性创新与消费者偏好互动关系的认识基础上，进一步探讨颠覆性创新与产业组织演化中，市场选择机制的作用机理。首先，对颠覆性创新市场选择环境进行阐述，指出消费者需求偏好因素在颠覆性创新与产业组织演化中的市场选择作用。其次，构建基于消费者偏好内生的颠覆性创新与产业组织演化市场选择机制仿真模型，重点分析消费者产品更换频率、消费者分布特征和消费者学习能力在市场选择中的作用，对颠覆性创新与组织演化的市场选择机制进行分析。

6.1 颠覆性创新与市场选择

6.1.1 选择单位与选择环境

在激烈的市场竞争中，能够适应环境的企业被选择下来，不适应环境的企业被淘汰。在这个选择过程中，被选择下来的企业所拥有的惯例基因也被选择下来。因此，市场选择单位既可以是特定的技术或组织行为，也可以是特定的企业（Nelson and Winter，1982）。由技术和组织可以组成一个“联合体”，这一“联合体”由一套指导行为的惯例组成，这些惯例组合起来构成特定活动的知识基础，也称为经营单位。

对经营单位的选择，就是通过将经营单位放置于多种产品和要素组成的选择环境中完成的。经营单位为了获得消费者和投入品而竞争。竞争的结果是其活动规模相对于其竞争者的变化。其竞争力来自经营目标、为其所生产产品提供支撑的组织和技术特征以及生产方法。即企业竞争力取决于其惯例能否与周围环境的惯例相协调。虽然惯例具有相对刚性，但通过主动适应与被动适应去调整。主动适应是指人们可以通过学习过程或创新过程在组织中引入某种新的惯例或正反馈机制，当这种惯例具有某种自我加强的机制时，就会改变组织的惯例集合，主动学习的过程通常比较短，会造成组织形态短期内的激进变化。被动适应是潜移默化的改变，强调了环境中惰性因素的制约，通常是由于企业中的非正式组织或文化的因素，而导致系统的稳定性和长期的渐进式变化。

经营单位的适应性决定了不同的经营单位的扩张速率，以及在群体竞争中的相对频率。活动扩张或衰退的速率衡量的是经营单位的经济适应性，在某种程度上是由经营单位的惯例和目标决定的。尽管如此，市场选择环境也决定了经营单位的选择过程。环境的变化通常会导致种群间经济适应性的重新分布。市场机制的存在是保证选择过程持续向上的标准之一。由于企业的生存与发展离不开与市场的交互，如果信息传递渠道通畅，企业的价值必然能通过市场的价值信号得到反映。在演化经济理论中，市场仍然是选择机制发挥作用的主要媒介，个体行为通过市场交易的协调得出不同的结果。演化理论更加关注调整的过程。实际上，由于惯例的存在，企业的调整并不是没有约束的。而且，惯例也限制了企业的判断能力，从而只有那些在特定方面超出其他竞争者的惯例企业可以通过这种选择过程。企业创新能力的差异依赖于历史和“路径依赖”因素，源于企业的异质性。这些都会对市场竞争的性质、结果产生影响。另外，不管创新是源于企业、竞争者或者其他主体，技术创新会改变企业市场竞争的基础。采用创新的企业会希望通过技术创新来改变市场竞争，以更好地促进本企业的发展。

6.1.2 颠覆性创新市场选择环境

根据生物进化理论，优秀的、能够适应环境的物种被环境所选择，并以基因的形式记录下来，在下一代身上复制下去。在经济演化中，环境对企业组织个体知识创新的选择，适应环境的创新行为留在企业当中，被复制下来。根据 Nelson 和 Winter（1982），市场选择环境需要考虑四个因素：①采取或者不采取某种创新行为的成本—收益特点；②消费者偏好以及偏好的调整对企业获利的影响；③利润以及组织间扩展和收缩的关系；④制度环境的特点。

颠覆性创新企业和维持性创新企业面临着不同的市场选择环境，本章使用这四个因素，对颠覆性创新市场选择环境进行分析，并对分析颠覆性创新市场选择环境下颠覆性创新行为特点，在此基础上，揭示颠覆性创新与产业组织演化的市场选择机制。

从创新行为的成本—收益特点来看，颠覆性创新企业首先进入的是维持性创新企业没有关注到的新兴市场或者利润微薄的低端消费市场。开发这一市场，对维持性创新企业而言，需要创建新的销售渠道、招聘大量工作人员以及对其进行培训等，甚至还需要针对这部分消费者进行较大的生产工艺的改变，这将给维持性创新企业造成沉重的成本负担。同时，这部分消费者支付水平较低，维持性创新企业很难赚取更高的收益；相反，在主流市场，维持性创新企业了解其目标客户的需求偏好，并且形成了与目标客户的良好互动，其产品设计都是沿着这部分消费者的需求偏好进行的。在这样的情况下，企业成本负担相对较小，同时，这部分消费者往往愿意为维持性创新企业的创新“买单”，因此，与新兴市场和低端市场相比，维持性创新企业会选择为主流市场消费者提供更好、更多的优质服务。然而，新进入企业在引入新的技术时，往往存在性能相对较低的特点，这使得新进入企业难以为对性能要求高的主流市场，然而，对主流性能要求不是太高的新兴市场或者低端市场消费者而言，只要性能能够达到基本的要求门槛即可。另外，与在位企业相比，新进入企业往往规模较小、灵活性相对较高，在新渠道开发、组织模式选择等方面均具有成本优势。因此，新进入企业为低端市场和新兴市场消费者提供服务更具有成本—收益优势。通过对这部分消费群体进行提供服务，获得的利润反过来促进了企业的成长，这为颠覆性创新企业不断成长，并最终侵蚀主流市场提供了机会。

从消费者偏好以及偏好的调整对企业获利的影响来看，首先，不同细分市场消费者偏好存在较大的差异性，这种异质性的偏好为不同的技术创新行为提供了成长环境，也进一步影响了企业的赢利模式。在新兴市场，颠覆性创新企业通过提供廉价、便捷的产品或服务，创造了需求，也赢得了收益；在低端市场，颠覆性创新企业通过提供既满足产品主流性能门槛，又强化附属属性的产品，满足消费者需求，并将获取的利润投入到接下来的研发过程，不断提高主流性能的水平，侵蚀主流市场。例如，印度 Tata 汽车为了迎合金字塔底层消费者的偏好，如何通过减少不必要的装饰和性能，提供简单、便宜的商品，以适应金字塔底层大众的购买力和可以接受的标准。由金字塔底层消费者独特偏好带来的潜在的破坏性盈利能力，是破坏性技术创业的激励所在。而在主流市场，消费者对产品性能要求较高，这样的需求特点需要由知识积累和技术经验的企业来不断满足，同时，这部分消费群体是愿意为创新支付高额费用的一部分群体，因此，不断满足这部分消费群体的需求偏好，对维持性创新企业而言是有利可图的。其次，消费者偏好的变动对企业获利也产生了影响。以手机技术发展为例，在 2G 时代，相比于智能性，消费者关注产品的通话质量。企业围绕着通话质量提高这一价值轨迹不断提高产品质量。在低端 2G 市场，消费者选择廉价的且通话质量较差的手机，山寨手机厂商通过从上游芯片提供商处获得的廉价低质量的芯片，进而可以在该市场上提供廉价手机。在其他细分市场，跨国企业，如诺基亚、摩托罗拉等，提供通话质量较好且价格高昂的产品，消费者通过其预算约束曲线和效用曲线决定产品购买；与 2G 时代不同，消费者在 3G 时代更偏好产品的智能性。这种偏好的变动，使得生产 3G 手机的企业将持续获利，而 2G 手机生产企业不断被淘汰。因此，在这样的市场选择环境下，企业会在 3G 技术背景下，选择创新行为，如通过从供应商处购买 3G 芯片来弥补技术差距等行为。

从利润及组织扩展和收缩的关系来看，获得利润的行为惯例被不断地复制下来，而没有利润或者导致企业亏损的行为惯例被淘汰。主流市场消费者对主路性能的要求比较苛刻，维持性创新企业通过不断提高主流性能水平来满足其目标客户的需求，并持续性获利。因此，维持性创新企业更倾向于利用现有的竞争优势和组织模式，对当前的业务流程和成本结构进行改善以提高或维持利润水平。然而，由于维持性创新企业存在性能过度供给的特点，这将引发竞争基础的变化。例如，在硬盘驱动器行业，一旦消费者对容量的需求得到满足，其他属性的价值便开始显现，硬盘制造商也会针对这些属性来讲他们的产品和其他产品进行区分。由于维持性创新企业存在组织惰性和技术发展的路径依赖，难以转向新兴市场和低端市场，当颠覆性创新企业成功侵蚀主流市场，而维持性创新企业在性能供给方面乏力时，其利润开始缩减，相应的组织规模也在不断减小。相反，颠覆性创新企业首先强化附属属性的功能，并不断通过提高主流属性的性能水平，满足不同消费群体的需求偏好，扩大市场规模和市场利润。因此，利润及组织的扩展和收缩，影响了企业行为的选择。

从制度环境特点来看，创新的扩散有时会受到制度规则的刺激。制度与社会经济活动的关系是双向的，一方面，制度是通过社会活动的参与主体的行为而形成、维持和演化的；另一方面，参与主体的行为即支配性的动机又总是受到制度的影响、约束和控制。不同的制度环境下，知识扩散和采用方式以及扩散速度都会存在很大差异。例如，在缺乏知识产权保护的制度下，企业之间的模仿变得更加频繁，一方面，这促进了市场竞争和进一步的劳动分工；另一方面，这可能会使得企业丧失创新的动力。由于颠覆性创新企业首先解决新兴市场或低端市场消费者的需求偏好，由于利润较低，这些市场是维持性创新企业很少关注的，因此，在这样的市场上进行创业时，颠覆性创新企业通过模仿等方式来提高其性能水平，可能不会受到维持性创新企业的攻击，这为颠覆性创新企业创业初期提供了一个隐形的制度保障。

市场选择环境决定了企业行为选择，从选择环境中发出的信号会影响企业知识搜索活动的速率、方向和结果。消费者需求偏好因素决定了颠覆性创新面临的市场环境，是颠覆性创新与产业组织演化的重要市场选择机制。其中，消费者产品更换速率决定了企业知识搜索的方向和程度，进而影响了产业组织演化的动态发展。当消费者产品更换频率高时，颠覆性创新企业可以忽略产品的前期技术积累，直接采用最新或者较新的技术进入市场，但是，如果该产业技术学习存在累积性特点的时候，较高的产品更新换代速度不利于颠覆性创新企业的进入与成长（Lee et al.，2016）。消费者偏好分布特征决定了细分市场的存在，不同细分市场消费者偏好的对称程度的异质性水平为不同的技术创新行为提供了成长环境，也进一步影响了企业的赢利模式（Adner，2006）；消费者对产品质量水平的识别能力为颠覆性创新企业进入市场以及成长提供了市场选择激励，这是因为颠覆性创新企业在市场进入以及市场进入后的一段时间内，其主流产品属性的性能水平低于维持性创新企业，如果消费者在产品属性的性能水平方面要求苛刻，并且识别能力较高时，颠覆性创新企业难以成长；相反，颠覆性创新企业市场进入与成长更加容易。

本章构建基于消费者偏好内生的颠覆性创新与产业组织演化市场选择机制仿真模型，考察消费者偏好及需求环境在市场选择中的作用，包括消费者产品更换频率、消费者分布特征、消费者学习能力，加深基于消费者偏好内生视角的颠覆性创新与产业组织演化市场选择机制的认识。

6.2 仿真模型构建

颠覆性创新企业面临的市场选择环境决定了其围绕着消费者偏好进行知识搜索的方向和绩效。本章主要通过构建仿真模型，对消费者产品更换频率、消费者分布特征、消费者学习能力的市场选择机制进行仿真。其中，对消费者产品更换频率的考察，加深关于快周期和短周期产品市场上颠覆性创新与产业组织演化的差异的认识；消费者分布特征和消费者学习能力两个因素分别与消费者产品更换频率进行结合分析，进一步揭示消费者分布特征和消费者学习能力在不同技术周期的产品市场上的选择作用。

产品由 n 个产品特征组成，使用（x_1，x_2，…，x_n）表示，企业针对每个产品特征通过研发可以提高该产品特征的性能水平。产品的整体性能水平受到两个（模块）组件之间的兼容性的影响。消费者遵循“扩散模型”（contagion model）依次进入市场，即在第一期，假定市场上存在一个消费者购买产品，在接下来的时间内，该消费者会向其亲人朋友宣传该产品，并在每期吸引χ个新的消费者进入市场。这一假设的现实依据是：潜在消费者的数量是有限的，潜在消费者变为真实的消费者的人数越多，被介绍进入市场的消费者人数越少。市场上消费者的总人数（市场规模）取决于消费者的朋友人数，假定每个消费者的朋友人数是一定的，用参数 N 表示。因此，在每一期，消费者能介绍进入市场的朋友数目为：$N_t = N_{t-1} - \chi$。

消费者根据产品特征的实用性对所有产品进行排序。在该消费者认为最重要的产品特征上，消费者会选择该特征的值最大的产品，如果存在两个及以上产品的该特征的特征值相等，且是最大的，则消费者会使用第二重要的产品特征进行评价，以此类推，直到选出适合消费者的产品为止。当两个商品在某个产品特征方面表现相似时，消费者对该产品特征存在一定的“包容性”，即当两个产品的特征相差在一定范围内，消费者则会认为两个产品的该特征值是一样的。

主流市场的消费者可以相对精确地识别产品的各个特征，而在新兴市场，消费者在对产品的各个特征进行识别时，存在一些困难，即消费者在对每个产品特征进行评价时存在一定误差，但通过学习，可以不断提高对产品特征的识别能力。假定消费者在识别产品特征时得到的产品特征值服从正态分布，均值为产品的真实特征值，方差等于 $(1-L_{t-1}\times ML)\times DL$ ，其中，ML 代表消费者在购买产品时，所有消费者通过学习达到的最高水平。当 ML 等于 1 时，消费者通过学习达到一定水平之后，在识别产品特征时不会出现错误，当 ML 小于 1 时，消费者永远会出现判断失误，如果 ML 等于 0，则消费者被视为“无记忆者”，每次产品特征时得到的产品特征值服从正态分布，均值为产品的真实特征值，方差等于 DL。DL 代表消费者购买产品时，所有消费者的最大期望误差，L_t 代表消费者的学习能力，该变量从一个最低值开始，随时间不断提高，方差会不断下降，消费者对产品特征的识别会更加精确。

消费者购买产品之后，经过一段时间，会进行新产品购买。两次购买之间的时间间隔在区间 $[t_l, 2t_l]$ 中服从均匀分布。消费者进行多次购买的原因主要是：①随着技术的不断更新换代，新的产品不断推出，消费者尝试购买新的产品来替代旧产品，以适应新的功能需求和基础设施；②随着产品的使用，每到一段时间需要进行重新更换，如一些电子产品。Keun Lee 在其著作《经济赶超的熊彼特分析》中指出，后发企业通过开发短周期产品可以实现技术赶超。这里所说的短周期产品实际上就是消费者更换频率较快的产品。

消费者偏好由产品特征排序和企业的市场分布（需求结构）决定。其中，产品特征的排序由企业供给决定，企业可以通过研发行为或者营销行为影响消费者对产品特征的排序，而市场份额可以作为产品质量的代理变量，即如果消费者很难辨别产品质量时，该消费者做决策的主要参考是其他消费者的购买行为。假定由于企业 k 通过对产品特征 h 进行营销投入，消费者对特征 h 的排序为 $[RK_h^k\times MS^k\times(1-RR^k\times U)]^\theta$ ，其中，RK 代表企业 k 对特征 h 进行的营销投入，取值范围为 $[0, 1]$ ，MS 是企业的市场份额，RR 是决定消费者偏好随机变动的全局参数，U 在区间 $[-0.5, 0.5]$ 内服从均匀分布，θ 代表消费者的需求结构，其取值范围为 [0，∞] ，当 θ 较大时，说明消费者受到市场领导企业的营销努力的影响较大，需求结构趋向同质；相反，θ 接近 0 代表消费者对每一个产品特征的偏好是相同的，需求结构的异质性最高。当消费者偏好确定后，每一个产品特征被赋予一个值，AR 。排序最高的特征的 AR 值等于 1，排序最低的产品特征的 AR 值等于 0，中间的产品特征值按照排序依次递减。当消费者购买产品之后，对每个产品特征进行一次修正，使用 AK 表示，其中，$AK = AR \times (1 - \xi) + \xi \times RK$ ，ξ 为偏好修正的速度。

企业层面的模型设定与第 5 章相同，在此不做赘述。

6.3 消费者偏好内生与产业组织演化市场选择

本章主要考察消费者偏好内生在颠覆性创新与产业组织演化中的市场选择机制，具体而言，本章主要考察消费者更换产品的频率、消费者分布特征和消费者学习能力等指标的市场选择作用。主要仿真参数设置如下：产品由 10 个产品属性特征组成，其中运行期间为 0 到 600，企业进入市场的概率参数 α 等于 0.3，技术溢出系数 l 等于 2，知识搜索速度 ω 等于 0.9。

6.3.1 消费者产品更换频率

消费者在购买某产品之后的一段时间 $[t_I, 2t_I]$ 进行新的一次产品购买决策。图 6.1 展示了当 t_I 分别等于 10，20，40，80 时，各企业市场占有率的演化结果。由图 6.1 可知，当消费者对产品的更换频率较快时，颠覆性创新企业进入市场的可能性更大，当消费者对产品的更换频率非常慢时（$t_I = 80$），维持性创新企业形成各自的细分市场，颠覆性创新企业难以进入市场，因此，在这种条件下，难以发生市场破坏现象。随着消费者产品更换频率加快，颠覆性创新企业进入市场更加容易，对维持性创新企业的颠覆替代更加显著。有趣地是，当消费者产品更换频率非常快时（$t_I = 10$），在产业发展很长的一段时间，尽管颠覆性创新企业进入市场并对其他企业进行颠覆的现象很明显，但市场领先企业的市场份额并未受到太大影响。这说明在这段时间颠覆性创新企业尚未能够进入领先企业所主导的高端细分市场。这一仿真结果也说明了，尽管消费者产品更换频率加快有利于颠覆性创新企业的进入，但是，更换频率的加快也使得颠覆性创新企业很容易丧失前期的知识积累，不利于其形成具有影响力的技术创新成果，难以与具有多年研发积累经验的市场领先企业进行竞争。当然，仿真结果显示，当较大的不连续性技术出现时，市场领先企业的技术能力也会受到摧毁，其市场份额急剧下降。

图 6.2 展示了以上结果对应的赫芬达尔指数等同数的市场演化结果。由图 6.2 可知，在消费者更换产品频率较慢（$t_I = 80$）的情况下，在模型仿真的第 200 期以前，市场竞争比较激烈，这种市场竞争状态相比于其他情况下维持时间相对较长；但是，第 200 期之后，伴随着产品主导设计的出现和消费者对产品质量识别能力的提高，市场结构趋于稳定，并且市场处于相对集中的状态。在消费者更换产品频率较快的情况下（$t_I = 10$），市场竞争程度相对激烈，市场集中度的变动幅度也相对较高，这是因为在这种情况下产品更新换代加速，企业领导地位和市场占有率在不断变化的结果。

图 6.3 展示了在不同消费者产品更换频率条件下，各企业的研发集中度的平均数的市场演化结果。由图 6.3 可知，随着消费者产品更换频率的加快，企业会更加关注较少的产品属性进行研发，即专业化程度更加明显。这说明，在产品更新换代速度快的情况下，企业会其熟悉的技术领域或消费者更加关注的技术领域加大研发投资，以保持其在特定领域的竞争力；相反，当消费者更换频率较慢时，企业会进行不同领域的技术搜索，以满足消费者对产品整体性能的需求。

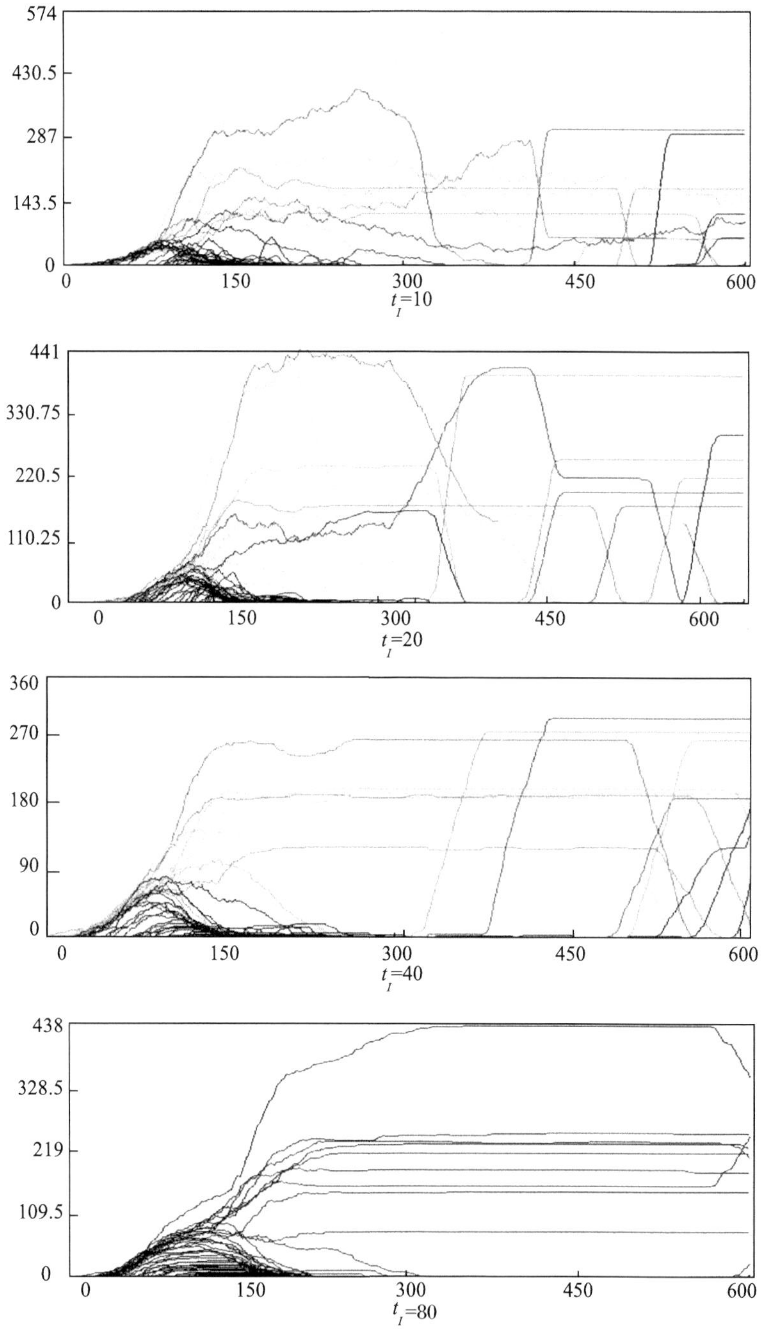

图 6.1　消费者产品更换频率不同时企业市场份额演化

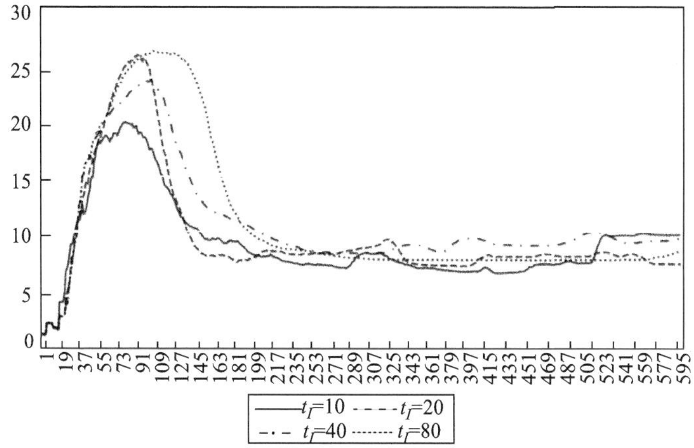

资料来源：笔者根据仿真数据整理得到。

图 6.2　消费者产品更换频率不同时赫芬达尔指数等同数演化

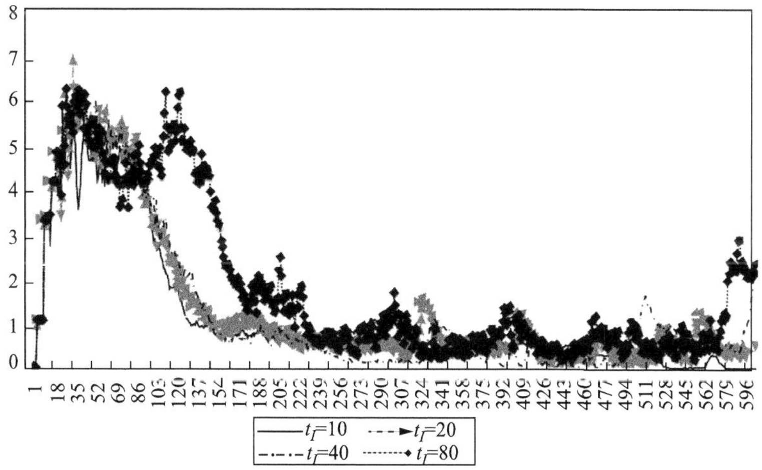

资料来源：笔者根据仿真数据整理得到。

图 6.3　消费者产品更换频率不同时平均研发集中度演化

由以上分析可知，当消费者更换产品的频率加快时，颠覆性创新企业进入市场相对更加容易。这一结论与 Lee（2013）在分析后发企业进行技术赶超时强调的短周期技术论点不谋而合。Lee 指出，在技术或产品更新换代频率较高的短周期市场，后发企业不必极大地依赖于在位企业主导的现有技术，因为在这样的市场中，在位企业的主导优势更容易被打乱，而且不断出现的新技术总是能给后发企业带来机遇，这种对现有技术的低依赖性和新技术带来的机遇可以使后进入企业建立其知识创造机制；另外，Keun Lee 进一步指出，在这样的市场中，后发企业进入门槛更低，可以减少与在位企业的技术碰撞，使用更少的专利费用，甚至后进入企业可以具有先发/快发优势，实现产品差异化，进而具备较高的赢利能力。Lee（2013）进一步指出，当后进入企业尚未积累一定技术能力时，技术更新换代的频率加快将成为阻碍后发企业成长与赶超的因素。Lee 等（2012）通过对比电信行业中实现技术赶超比较成功的中国和韩国与不太成功的巴西和印度，得到了技术更新频率对后进入企业的双重影响的结果。本章的仿真模型进一步证实了这一观点。

Lee 等（2016，2017）在其最新的研究中指出，尽管快周期市场上为后发企业实现技术赶超提供了窗口，但是，这并不意味着后发企业一定能够把握住这一技术赶超机会。例如，在消费者需求同质化显著的中国存储卡芯片市场，技术更新换代速度较频繁，但是，主导这个市场的在位企业一直是跨国公司，这是因为，同质化的市场需求特征没有给后发企业提供低端细分市场，因此，国内企业难以进入市场，也就难以与外资企业进行竞争。本章在以上仿真的结果基础上，进一步从消费者偏好分布特征、消费者学习能力等方面考察消费者偏好的市场选择机制。

6.3.2 消费者偏好分布特征

消费者偏好的异质性决定了其在市场上的分布的差异性，由此产生了不同的细分市场。在本章中，θ 代表消费者的需求结构（消费者分布特征），其取值范围为 $[0, \infty]$，当 θ 较大时，说明消费者受到市场领导企业的影响较大，需求结构趋向同质；相反，θ 接近 0 代表消费者对每一个产品特征的偏好是相同的，需求结构的同质性最高。

本章对比了在消费者产品更换频率系数分别在 10 和 80 的情况下，当消费者分布特征参数 θ 分别取值 0.1 和 2 的情况下，市场演化结果。图 6.4 展示了不同企业市场占有率的演化结果。由图 6.4 可知，在消费者分布比较同质的情况下（$\theta=2$），市场结构趋于寡头垄断，而在消费者分布相对异质性的情况下（$\theta=0.1$），容易形成不同的细分市场。在消费者更新换代频率较快的市场，消费者需求结构异质性可以为颠覆性创新企业进入市场提供条件，颠覆性创新企业进入市场可能性提高，进入之后会很快颠覆维持性创新企业，但是，由本章的仿真结果可以看出，并不是所有的维持性创新企业都容易被新进入企业颠覆。市场主导企业在这种市场动态中容易保持市场主导地位，难以被新进入企业迅速颠覆。随着技术的不断扩散，加之主导企业的市场依赖和技术锁定，较晚进入市场的企业可以凭借其后发/快发优势，迅速颠覆主导企业。而在需求同质化的情况下，颠覆性创新企业难以进入市场，因此，市场结构趋于寡头垄断，但是，随着技术的扩散或者新的技术范式的出现，能够凭借其技术和资源优势进入市场的颠覆性创新企业，可以短时间内迅速取代领导企业的领导地位。这也是 Lee（2013）所指出的，在技术短周期且需求同质化的市场中，后发企业需要采取路径创造或路径跳跃的技术追赶模式，忽略原有在位企业的技术发展路径，跳跃特定的技术发展阶段或路径，或者重新确定新的技术发展路径和发展标准，实现技术赶超。在消费者产品更换频率较慢但需求结构异质性较高的市场，在发展初期，企业进入市场比较频繁，但是，随着消费者对产品质量识别能力的提高，主导设计的形成，企业在各自的细分市场容易形成稳定的消费群体，市场结构不易发生变化。但是，新的进入企业如果能够找到其利基市场，并不断地发展，将不断侵蚀在位企业市场份额，对原有市场造成颠覆。而在市场需求同质的情况下，市场结构趋于垄断，在发展初期，在位企业市场份额此消彼长，在技术生命周期末期，新进入企业凭借新的技术迅速进入市场，颠覆原有的在位企业，但是，在此之前，新进入企业进入市场并对在位企业进行颠覆的现象基本没有。

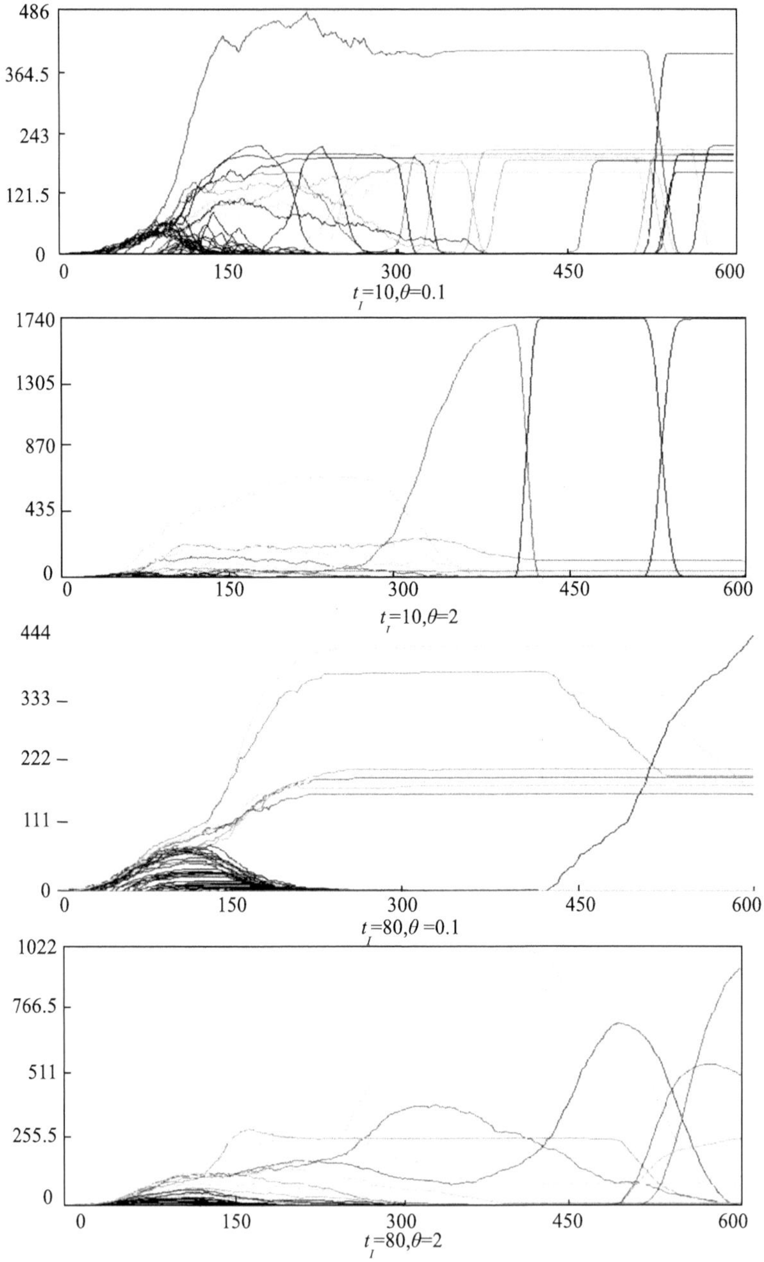

图 6.4　消费者产品更换频率和消费者分布不同时市场份额演化

6.3.3 消费者学习能力

消费者在产品市场上是有限理性的，因此，在对产品特征进行评估时会出现“判断失误”，进而做出“错误”的选择。尤其是在产品更新换代比较频繁时，消费者对新产品的认识能力会大大减弱。本书假定消费者可以通过学习，不断提高对产品质量和特征的识别能力。在本章中，*ML* 代表消费者在购买产品时，所有消费者通过学习达到的最高水平，当 *ML* 等于 1，说明消费者通过学习达到一定水平之后，在识别产品特征时不会出现错误，当 *ML* 小于 1 时，消费者永远会出现判断失误，如果 *ML* 等于 0，则消费者被视为“无记忆者”，每次产品特征时得到的产品特征值服从正态分布，均值为产品的真实特征值，方差等于 *DL*。*DL* 代表消费者购买产品时，所有消费者的最大期望误差。

图 6.1 至图 6.3 展示的都是 *ML* 等于 0.99 时的演化结果。图 6.5 为当 *ML* 等于 0，且消费者更换频率系数分别等于 10 和 80 时各企业市场占有率的演化结果。由图 6.1 和图 6.5 可知，当消费者不存在学习能力的情况下，在产品购买时总会产生错误的购买决策的时候，颠覆性创新企业进入市场的机会增加，市场动态更加显著。在消费者产品更换频率较快时，企业进入与退出会更加频繁。可见，消费者产品更换频率加快和消费者对产品识别能力的降低对于颠覆性创新企业进入市场并对维持性创新企业进行颠覆创造了机会。随着消费者对产品特征识别能力的提高，产品性能水平较低的颠覆性创新产品被消费者接受的可能性相对下降，其进入市场的概率和成长的机会大大减少，此时，市场环境更利于维持性创新企业的成长。

图 6.6 展示了消费者产品更换频率和消费者学习能力不同时赫芬达尔指数等同数的演化规律。由图 6.6 可知，当消费者学习能力较低时，市场竞争趋于激烈，而当消费者对产品的识别能力较高时，可以很好地筛选出适合自己的高质量产品，因此，相比于缺乏识别能力的情况，市场结构相对集中。图 6.7 为消费者产品更换频率和消费者学习能力不同时平均研发集中度的演化情况。由图 6.7 可知，当消费者学习能力较低时，企业会在更多的技术领域进行研发投入。

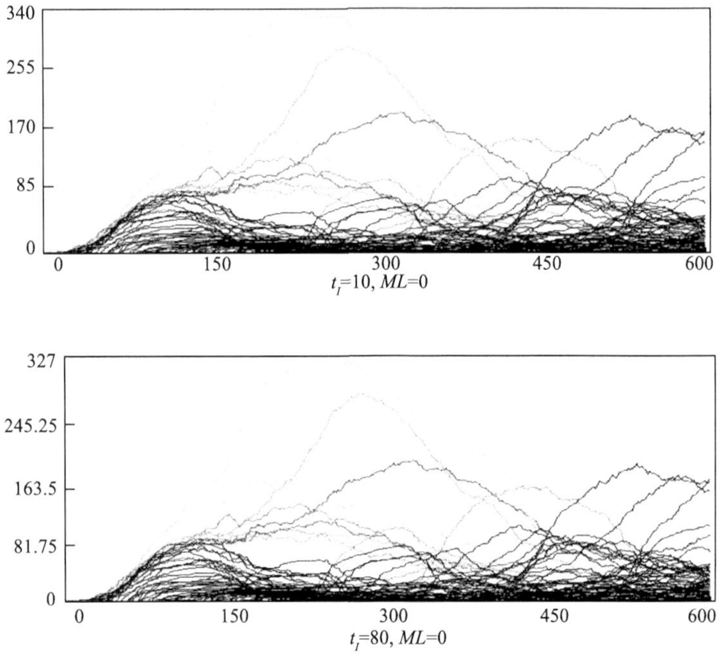

图 6.5　消费者产品更换频率和消费者学习能力不同时市场份额演化

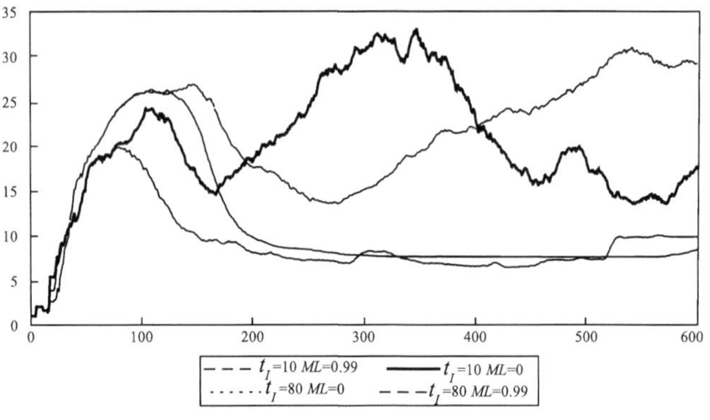

资料来源：笔者根据仿真数据整理得到。

图 6.6　消费者产品更换频率和消费者学习能力不同时赫芬达尔指数等同数演化

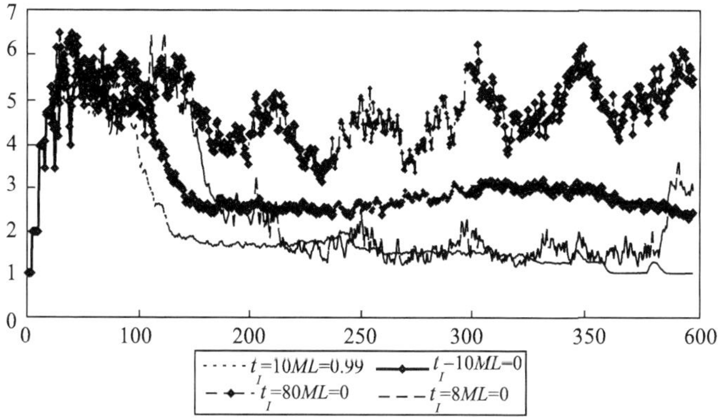

资料来源：笔者根据仿真数据整理得到。

图 6.7　消费者产品更换频率和消费者学习能力不同时平均研发集中度演化

本章分别从消费者产品更换频率、消费者偏好分布特征和消费者学习能力三个方面对颠覆性创新与产业组织演化进行分析，加深消费者偏好内生的市场选择机制的认识。通过仿真结果，本章发现消费者更换产品频率的加快，为颠覆性创新企业进入市场并对维持性创新企业进行颠覆创造了机会。消费者产品更换频率的市场选择作用还取决于消费者需求偏好的分布特征和消费者学习能力的影响。在消费者偏好分布比较同质的情况下，颠覆性创新企业市场进入与成长相对困难，市场结构趋于寡头垄断，而在消费者分布相对异质的情况下，各个企业容易形成各自的细分市场。在消费者更新换代频率较快的市场，消费者需求结构异质性可以为颠覆性创新企业进入市场提供条件，企业进入之后会很快颠覆维持性创新企业，但是，由本章的仿真结果可以看出，并不是所有的维持性创新企业都容易被颠覆性创新企业颠覆。

6.4　本章小结

本章首先对颠覆性创新市场选择环境进行分析，并分析了颠覆性创新市场选择环境下颠覆性创新行为特点，指出消费者产品更换频率、消费者偏好分布特征和消费者学习能力是颠覆性创新与产业组织演化的重要市场选择机制。其次，进一步构建了基于消费者偏好内生的颠覆性创新与产业组织演化市场选择机制仿真模型，考察了消费者产品更换频率、消费者分布特征、消费者学习能力等消费者偏好和需求特征在产业组织演化中的市场选择作用，从消费者偏好内生视角进一步揭示了颠覆性创新与产业组织演化市场选择机制。仿真结果显示，随着消费者产品更换频率加快，颠覆性创新企业进入市场更加容易，对维持性创新企业的颠覆替代更加显著。仿真结果也显示，当消费者产品更换频率非常快时，尽管颠覆性创新企业进入市场并对其他企业进行颠覆的现象很明显，但市场领先企业的市场份额并未受到太大影响。这说明在这段时间颠覆性创新企业尚未能够进入领先企业所主导的高端细分市场，即尽管消费者产品更换频率加快有利于颠覆性创新企业的进入，但是，更换频率的加快也使得颠覆性创新企业很容易丧失前期的知识积累，不利于其形成具有影响力的技术创新成果，难以与具有多年研发积累经验的市场领先企业进行竞争。这一结果与 Lee（2013）在分析后发企业进行技术赶超时强调的短周期技术论点不谋而合。另外，对消费者偏好分布特征和消费者学习能力的仿真结果显示，在消费者更新换代频率较快的市场，消费者需求结构异质性可以为后发企业进入市场提供条件，颠覆性创新企业进入市场可能性提高，进入之后会很快颠覆维持性创新企业。通过本章研究，加深了消费者偏好内生在颠覆性创新与产业组织演化中市场选择机制的作用机理的认识。

7 颠覆性创新与产业组织演化适应性机制

本章在颠覆性创新与产业组织演化动力机制、市场选择机制分析基础上，结合消费者偏好与颠覆性创新互动关系，进一步从适应性机制方面对颠覆性创新与产业组织演化机理进行揭示。适应性机制是建立在复制者动态基础上的群体选择机制，提高适应性机制的关键是企业不断地进行技术搜索发挥适应性学习机制。由于颠覆性创新是一个动态的创业过程，在不同的创业阶段，面临的市场环境和消费者偏好均存在很大差异，企业在不同创业阶段会采取不同的创新行为来满足目标消费者需求偏好进而提高适应性水平。本章构建基于消费者偏好内生的颠覆性创新行为与适应性模型，考察在不同创业阶段颠覆性创新行为与市场绩效关系，以揭示颠覆性创新与产业组织演化的适应性机制。

7.1 颠覆性创新市场竞争与适应性行为

7.1.1 种群竞争与适应性

种群可理解为在特定的时间内，占据一定空间的同种个体群。类似于生物学领域的种群概念，面对同一顾客群，并存在相互竞争关系的企业所提供的产品集合之间具有相互替代、交叉衍生的互动关系，这些关系直接决定着企业间竞争的结果（Darden and Cain，1989）。表 7.1 展示了产品种群与生物种群特征方面的相似性。演化经济学解释的是种群结构如何随时间的推移而变化，从相互作用和相互依赖中产生新结构等问题。因此，不可避免地涉及不同的扩展速率和种群中相互竞争、相互作用的成员的相对频率的变化。在激烈的市场竞争中，企业的产品数量和产品功能在不断优化，以更加适应顾客需求，更大程度上赢得市场竞争。

根据 Lotka-Volterra 竞争方程（如 Marasco et al.，2016），在短期内，竞争一方在产品种群中获取顾客资源的整体能力提高可能会对另一方产品种群规模造成不同的影响，如果一方认为企业核心竞争力来自于产品种群的规模，就会通过扩大产品种群规模对抗市场竞争；但如果该方认为企业核心竞争力来自于单个产品获利能力，便会通过优化产品结构对抗竞争，产品种群的规模可能变小。但是，随着一方获取顾客资源的能力不断增强，另一方的客户资源不断流失，必然会影响其产品种群的规模，原产品种群中那些未能满足客户需求的产品将被市场淘汰，产品种群规模变小。从长期看，获取顾客资源能力的增强会对另一方产品种群规模产生不利影响。因此，产品种群之间是一种竞争演化关系，这两个种群面对同一类顾客群，双方都有各自不同的目标市场，并存在一定程度的交叉；两个存在相互替代关系的产品种群在环境、技术和顾客等因素的驱动下，不断衍生出变革产品和创新产品，同时旧产品不断退出市场；双方产品种群获得顾客资源的能力随之变化，目标细分市场顾客数量也随之变化。

表 7.1　生物种群与产品种群特征比较

比较项	生物种群	产品种群
系统特征	具有一定的结构和组成。生活在同一场所的同种生物，捕食对象相同或相近，形成了极其精确和完善的系统，它们具有经济而精巧的结构、可靠而协调的功能，能高效率地使用物资和能量	面对同一顾客群，根据顾客的需求不同形成面对若干个细分市场的产品集合并不断地完善，企业在利润驱动下在各产品之间分配有限的资源，提高资源的利用率和获取顾客的能力
周期特征	有其自身的个体发育过程，表现出生长、分化和分工、生存、衰老以及死亡	产品个体同样需要经历研发期、投入期、增长期、成熟期、衰退期等过程直至退出市场
遗传特征	具有遗传性。起源于同一或相近的祖先，其祖先的某些特征经过数代繁衍仍能够较好地保存，隔代越近保存的特征就越多。	来自同一个或相近的产品定制平台，产品种群中的绝大多数产品来自于同一个或几个母产品，产品经过更新换代仍保留着母产品的某些特征

续表

比较项	生物种群	产品种群
系统特征	具有一定的结构和组成。生活在同一场所的同种生物，捕食对象相同或相近，形成了极其精确和完善的系统，它们具有经济而精巧的结构、可靠而协调的功能，能高效率地使用物资和能量	面对同一顾客群，根据顾客的需求不同形成面对若干个细分市场的产品集合并不断地完善，企业在利润驱动下在各产品之间分配有限的资源，提高资源的利用率和获取顾客的能力
进化特征	种群像一个有机体一样，作为一个整体单位而接受其环境影响，这种影响导致了种群发生变化，而种群最终也会改变其生存环境	各产品种群受市场环境的影响而变化，同时产品的推陈出新也影响顾客价值趋向和购买行为
差异化特征	即使是同一种群，其个体在生活习性、身体结构、后代繁衍上也存在明显的差异，其差异程度因环境和自身特性不同而不同	产品种群内的产品在成本、功能、技术等因素方面随着顾客个性化需求的变化而变化，其差异化主要取决于顾客需求的变化和产品本身特征

复制者动态理论是由 Taylor 和 Jonker（1979）第一次提出，是基于 Fisher 原则（Fisher，1930）提出来的，描述的是异质性经济主体在市场选择作用下，因其适应性不同而引起的市场份额差异化变化：适应性高的经济主体的基因（行为、技术、产品、惯例等）被复制，市场份额增加，适应性低的基因逐渐减少甚至被淘汰，市场份额不断减少。在有关适应性的研究中，常常使用利润率、生产率、单位生产成本和产品价格等来分析经济主体的适应性（Nelson and Winter，1982；Metcalfe，1994；Bottazzi et al.，2008）。

在市场选择的主导作用下，经济主体表现出不同的适应性。适应性被定义为对给定外部环境的适应程度（Saviotti，1995）。任何一个实体的适应性不仅是自身特征和行为的函数，而且是种群中所有其他竞争者特征和行为的函数（Sober，2013）。适应性包含两个方面，一是指过程，即企业适应性学习，使自身能适合于市场选择标准的过程；二是指结果，群体中个体之间相互作用的结果，如个体元素（平均成本、生产率等）的转型与变迁等。由于市场选择标准作为外生性因素，并不是恒定不变的，因此，企业的适应性学习是贯穿一个企业整个生命周期的动态调整机制。不确定性是经济发展的一个普遍现象，因此，企业应该不断地学习，以增加对迅速变化的外界环境的适应性（Nelson，1961）。适应性学习可以尽量增加其行为的理性（Simon，1966；Dolan，2012）。适应性学习机制可以不断提高企业的创新能力和模仿能力，公司通过内部积累不断地加强与现有技术的差距（Sober，2013）。另外，产业组织演化伴随着企业惯例的不断改进和修正，因此，不断地进行组织学习可以获得知识、经验和技能等，促进企业优秀惯例被复制。企业的适应性学习机制主要表现在以下几个方面：

1. 基于惯例的利用式学习机制

“惯例”是指企业固定的行事方式，包括正式的和非正式的（Nelson and Winter，1982）。这些行为方式体现在投资、生产、采购、研发等各方面，“惯例”可以类比日常生活中所提到的“习惯”一词。不同企业会采用不同的惯例，这些惯例之中，既有相同又有差异。对于一些存在差异的惯例，其他企业是难以模仿的，如企业文化、领导者风格等。这些惯例上的差异构成市场在不同企业之间的选择特征，而惯例上的差异又会导致遵循不同惯例的企业赢利能力差异，不同惯例赢利能力的差异将被转换成市场份额的差异化增长。行业内部不同的生产率和技术水平代表了不同企业的惯例。但是，市场机制不会直接对惯例进行选择，而是对惯例组合中得到的特定产品属性的选择，该选择决定了公司或者产品在群体竞争中的命运（王永伟和马洁，2011）。企业除了会保持惯例，也会在内部沟通中不断地学习。内部沟通是把个体知识通过语言交流、实践、观察等方式转化为整个企业共同的知识，从而达到内部之间的相互学习，从而增加新知识。演化经济学强调满意解而非最优解，当企业认为目前的惯例可以达到自己满意时，企业会继续选择基于惯例的内部学习方式，当基于惯例的内部学习不能够使企业满意时，企业会选择基于搜寻的外部学习，包括模仿和试错（Naidoo et al.，2007；Mackenzie，2014；彭华涛和王敏，2012）。

2. 基于外部搜寻的探索式学习机制

企业通过探索式技术搜索可以不断将其竞争领域之外的知识进行内部化，不断增加企业技术多样化水平（March，1991；Katila and Ahuja，2002）。探索式技术搜索往往涉及新技术和新商业机会的搜寻以及新选择方案的试验

（March，1991；Hamel and Prahalad，1994），通过向现有知识库加入新颖的异质性知识和提高整合搜索能力（recombinatory search）促进企业的新产品开发（Katila and Ahuja，2002），而且可能孕育一些对行业具有重大影响的创新，这些创新旨在帮助企业推出全新产品、创造全新市场或重塑现有市场以及满足顾客尚未知晓的需求（Yannopoulos et al.，2012）。其中，这种全新产品可能是能够为新市场顾客或低端市场顾客提供其所重视的新性能的颠覆性创新产品。而对于顾客尚未知晓需求的满足，则更有可能开发出适合新兴或潜在顾客需求的产品（Hamel and Prahalad，1994；Christensen，1997；Frenken and Boschma，2007；Saviotti and Pyka，2004）。另外，技术知识多样化的优势在于企业可以通过分摊技术创新风险来进一步提高其适应环境的能力，即企业可以运用其多样化的知识和技术协调适应外部环境，强化了企业抵御外部风险的能力。企业适应新环境并生存下来，使得相应的知识与固定资本实现积累，并进而维持其增长的路径，这将最终为企业带来动态收益。模仿是通过对现有的成功者行为的一种仿效，是一种非常有效的探索式学习手段。当模仿行为不是单一的模仿，而是与自身所拥有的知识或经验相结合时，有可能形成新的创新模式（Alchian，1950）。因此，Alchian（1950）认为“模仿”会促进“创新”，并不是所有的模仿都可以成功，当模仿失败时也有可能形成新的创新，在市场选择的作用下模仿将导致以下情形：成功企业的行为、产品、技术或惯例等会引致其他企业的模仿和学习，导致有效率的复制因子的扩散。模仿也存在一定的缺陷，如模仿的表面性和滞后性。模仿的成功与否取决于技术溢出的程度和企业自身的吸收能力，技术溢出程度取决于技术知识的公开程度，不完全信息和技术知识的不对称导致技术溢出程度不同。在没有成功企业可以模仿时，企业会采取试错行为（Alchian，1950），因此，试错就成为一种新的有意识的适应性行为。试错行为有可能成功，也有可能失败，当试错行为成功时，就形成新的创新，从而再次引起其他企业的模仿（彭华涛和王敏，2012）。

7.1.2 颠覆性创新适应性学习机制

新市场颠覆行为和低端市场颠覆行为在于企业能够提供具有廉价、便捷等属性的产品，并通过进一步的技术改进，对原有主流市场进行侵蚀，甚至颠覆。企业创新源自科学家在知识领域内的不断搜索。在颠覆性创新发生之前，维持性创新企业沿着原有技术轨迹，围绕其目标客户的要求，进行不断的知识搜索，这样的搜索具有目的性和方向性，并且也容易得到市场的回报（Christensen，1997；Adner and Zemsky，2005）。然而，维持性创新企业技术搜索的方向是围绕着能给其带来（短期）潜在收益的目标客户，这往往忽略了一些边缘客户或新兴市场客户的需求。维持性创新企业会在其熟悉的领域，围绕着主流客户看重的传统属性，不断地进行技术搜索，提高传统属性的性能水平，这种搜索表现出持续性创新的特点，这种学习机制更侧重于基于"惯例"的利用式学习机制；而新进入企业由于知识积累相对较少，引入的新产品往往在主要产品属性上难以与原有的维持性创新企业进行竞争，很难在主流市场立足。新进入企业通过创新或模仿，整合现有产品的属性，强化附属属性性能，先满足边缘市场或者新兴市场消费者的需求，并进一步强化主流属性的性能水平，不断侵蚀主流市场，与维持性创新企业形成竞争。在新进入企业的技术搜索过程中，既有在现有技术领域内的利用式搜索过程，也有整合外部知识领域探索式搜索过程。例如，传统产业的企业通过引入 ICT 技术、纳米等最新通用技术或者新材料，对该产业中使用传统技术的企业造成颠覆性打击。在不同技术领域进行知识搜索时，需要企业与很多不同的非本领域（Non-local）的个人（如科学家、消费者）和组织（如供应商）进行合作，这些个人或组织的文化、习惯、规则与企业本身存在很大的差异性，需要企业采取新的措施来确保搜索的成功（Prahalad，2002）。

不同的学习机制决定了不同企业的技术创新行为的异质性。企业学习机制和知识搜索表现为在不同技术轨迹的发展（Dosi，1982）。在同一技术范式下，技术轨迹有很多种选择，企业在不同技术轨迹上的搜索及搜索结果决定了企业创新结果的差异化和企业创新行为的多样化。大量的多样化知识为企业选择不同的技术路径进行搜索提供了机会。可供选择的机会与方法越多，实现产品性能提高或降低成本的可能性越大。维持性创新企业会在其熟悉的领域，围绕着主流客户看重的传统属性，不断地进行技术搜索，提高传统属性的性能水平，这种搜索表现出持续性创新的特点；而新兴市场和低端市场为新进入企业提供了创业平台，通过不断满足这部分群体的需求偏好，颠覆性创新企业可以获得利润，为接下来进一步的技术搜索提供资金支撑，并且，通过与目标客户的不断互动，更加了解他们的需求偏好，这种学习机制使得颠覆性创新企业在技术搜索方面更具目的性。在不断的技术积累中，颠覆性创新企业通过不断地提高传统属性的技术性能水平，并进入主流市场与维持性创新企业进行竞争（Christensen，1997）。导致技术搜索差异的另一个原因在于技术存在累积性特点，维持性创新企业由于在相关技术领域投入了大量的前期研发支出，更倾向于在其熟悉的技术领域进行创新搜索，这既能降低搜索成本，也能更好地获得创新成果（Lucas and Goh，2009）。企业的技术搜索结果，又反过来为其他企业进一步创新提供了模仿的对象。新进入企业对现有技术的整合能力，决定了该企业能否进入市场以及进入市场之后的目标客户群体的规模。当新进入企业可以很好地整合现有产品的各种尖端技术时（模仿能力较强），该企业进入市场之后，对原有的大型在位企业造成的破坏性威胁更加严重；相反，如果企业的整合能力较差，企业只能进入一个较小的细分市场，甚至直接不能进入市场（Valente，1999）。当维持性创新企业面临颠覆性威胁的时候，维持性创新企业会考虑采用模仿、与新兴技术拥有企业进行联盟合作等方式（Sadowski et al.，2003；Marx et al.，2014），获取颠覆性创新技术，或者比颠覆性创新技术更利于企业生存的技术。另外，维持性创新企业拥有大量的技术积累，拥有在新技术领域的搜索能力，因此，维持性创新企业也有可能在新的技术领域获得成功搜索，维持性创新企业创新的扩散进一步也会为其他企业模仿提供对象。企业在外界环境改变时，会不断的通过适应性学习包括基于惯例的内部学习（惯例保持和内部沟通）和基于搜寻的外部学习（模仿和试错），以提高自身对市场的适应性，从而提高自身的市场份额。

7.1.3 颠覆性创新行为选择与适应性

颠覆性创新是一个动态的创业过程，在企业的不同生命周期，面临不同的战略目标、消费者类型等因素，其创新行为也有不同特点，面对不同的市场选择环境，企业需要不同的知识搜索、创造和积累能力和适应性学习机制。

例如，在颠覆性创新的初创期，其战略重点在于开发新市场，培养新兴市场消费者的需求偏好，将其潜在需求转化为现实需求，因此，在初创期，颠覆性创新企业主要采取一些偏好培育行为和产品改进行为（Bell and Eisingerich，2007；黄海洋和陈继祥，2011；Prahalad，2002，2012）；而在成长期，颠覆性创新企业产品性能已经突破主流市场的进入门槛，进入主流市场与维持性创新企业进行产品竞争，颠覆性创新企业在这一阶段面临着主流市场消费者对产品性能的苛刻要求以及如何降低产品开发成本的现实，根据现有研究，产品改进行为和战略业务单元建立行为有助于颠覆性创新企业实现在成长期的战略目标（Hansen，1999；Govindarajan et al.，2011；Chandy and Tellis，1998；Anthony，2009）。

在初创期，颠覆性创新企业面对的是新兴市场或低端市场的消费者，大多数情况下，这些消费者的偏好一般具有如下特点：①偏好产品的实用性；②偏好价格低廉性；③偏好产品的附属性能复杂性。由于低收入消费者所处的独特的消费环境（如基础设施不完善，政治法律不健全等），企业需要借助能够影响消费者偏好的独特创新行为来增强企业与消费者之间的关系嵌入度，这类行为中比较典型的有偏好培育行为和产品改进行为（Bell and Eisingerich，2007；黄海洋和陈继祥，2011；Prahalad，2002，2012），其中，偏好培育行为主要分为渠道创新和顾客教育：①渠道创新。颠覆性创新企业在初创期的重大创业机遇在于重新界定与基础设施相适应的流通渠道。在为低端市场或新兴市场创造产品和服务时，渠道创新是一个关键步骤。例如，企业可以与政府、非营利性组织等第三方组织合作开发金字塔底层市场，既大大提高市场嵌入度，培育消费者的信任感与认同感，又降低企业的创业风险（e.g.，Ruan et al.，2014；Delemarle，2014）。另外，由一家公司控制整个生产系统的情况非常罕见，几乎每家公司都有供应商、合作伙伴和一个接触终端客户的渠道，这些价值链参与者在公司创业过程中也能成为重要的创新合作伙伴。渠道创新可以降低企业成本，大大提高消费者对产品的获得性，进而影响消费者需求偏好（Prahalad，2002，2012）。②顾客教育。顾客教育是消费者感受到的企业提供产品知识和技能的教育的程度，是企业让渡顾客价值、提升顾客信任的重要创新行为，并已成为企业树立差异化形象获取竞争优势的战略行为之一（Bell and Eisingerich，2007）。颠覆性创新企业在初创期需要教育顾客去合理地使用产品和服务，如果接近顾客的基础设施不理想，顾客教育的创新行为更为重要。顾客教育可以降低顾客的感知风险，提高消费者的服务质量感知、顾客的互惠倾向和信任（Bell and Eisingerich，2007），提高消费者与企业之间沟通的质量与效率，从而有利于消费者满意度和忠诚度的形成，提高创新有效性（Bos and Economidou，2013；朱凌等，2013）。以上偏好培育行为均大大提高了颠覆性创新企业与消费者之间的关系嵌入度，增加消费者与企业之间信息共享的意愿，增加信息交换频率和密度，增强复杂知识的转化，也有利于消费者与企业一起努力解决产品开发中面临的难题；另外，偏好培育行为可以大大降低企业的创业成本，提高消费者的产品价值感知，提高创业成功率，形成成本优势和差异化优势。另外，颠覆性创新产品改进的主要目的是通过引进新产品、新服务或进入新市场，利用公司现有创新生产能力，投资于潜在的、未被发现的市场机会，形成差异化的竞争优势。在初创期，根据消费者需求偏好特点，产品改进行为更加侧重于产品附属性能的增加，以影响消费者对产品复杂性与实用性的偏好程度。

在成长期，颠覆性创新企业随着产品性能的不断提高，颠覆性创新企业面临的主要对象是主流市场消费者，一般情况下，主流市场消费者的偏好具有以下特点：①偏好产品主流性能。②在产品主流性能相似的情况下，消费者更加偏好价格低廉性。主流市场低端消费者为性能提高的支付意愿较低，在产品性能基本相似的情况下，更偏好价格低廉的产品。另外，这部分消费者追求产品的技术标准，但一般不愿意为产品所增加的性能支付更高的价格。在成长期，颠覆性创新行为主要有产品改进行为和战略业务单元建立行为。其中，①颠覆性创新企业通过对产品性能的持续性改进，尤其是主流市场消费者看重的产品属性的性能，与主流市场维持性创新企业进行竞争。因此，产品改进行为对于颠覆性创新企业成长具有决定性的战略意义。另外，产品改进行为也可以降低企业的生产成本。在将新产品或新服务引入新市场的同时，公司也会利用产品生命周期进行技术管理，剔除原有的产品和服务，努力提高整体竞争能力。颠覆性创新的产品改进过程实际上也是一个自我替代的过程（Hansen，1999；Anthony，2009）。②颠覆性创新企业战略业务单元的建立是企业成长阶段重要的管理创新行为，不仅可以促进新产品商业化的速度和质量，还可以降低成本，从而降低产品价格，给消费者带来更大效用。另外，战略业务单元的建立可以提高创新的有效性，大大降低生产成本分散创新负担，降低创业风险。在成长期，随着颠覆性创新企业的不断壮大，尤其是在进入主流市场与维持性创新企业进行竞争时，庞大的机构将导致企业效率的下降，不利于新产品开发。战略业务单元的建立可以大大提高企业的组织效率（Govindarajan et al.，2011；Chandy and Tellis，1998）。

本章进一步构建基于消费者偏好内生的颠覆性创新与产业组织演化适应性机制模型，考察在不同创业阶段颠覆性创新行为内生影响消费者偏好进而提高市场绩效的作用机理，揭示颠覆性创新与产业组织演化的适应性机制。

7.2 仿真模型构建

本章将颠覆性创新创业阶段分为初创期和成长期，分别构建颠覆性创新企业在初创期和成长期进行创新创业的市场均衡模型，并根据效用函数中消费者偏好分布特征（或收入分布特征），对两个阶段的消费者群体进行区分；同时，通过将企业行为引入效用函数中，得到企业行为与市场绩效关系，考察颠覆性创新企业在不同创业期针对消费者偏好采取不同创业行为的激励机理，揭示颠覆性创新与产业组织演化的适应性机制。

假设市场上存在两个企业（$i=1,2$），分别是颠覆性创新企业1和维持性创新企业2。企业的产品性能s_i在［0，1］内服从均匀分布。企业单位产品的成本函数是$c(q_i)=\gamma_i s_i^2$，即单位成本随着性能提升而以递增的速度增加。单位产品定价为p_i，企业的目标函数为$\max\pi_i=(p_i-\gamma_i s_i^2)q_i$，其中，$q_i$为企业$i$的市场需求量。

消费者偏好是可识别的且随着其收入M的变化而变化，消费者效用函数可以表示为$U(p,q)=\theta s-p$，其中，消费者收入与θ的概率分布是相同的，并假设消费者收入水平服从均匀分布。

在颠覆性创新企业的初创期，维持性创新企业在主流市场进行产品销售，颠覆性创新企业进入新市场进行创业。因此，主流市场与新市场之间存在一个临界消费者，将该消费者定义为θ_M，由维持性创新企业在主流市场进行垄断性定价，易得 $\theta_M = (1 + \gamma_2 s_2)/2$。

在 $[0, \theta_M]$ 内存在一无差异消费者 θ_1，该消费者购买颠覆性创新产品与不购买产品带来的效用相等，即 $\theta_1 s_1 - p_1 = 0$。因此，颠覆性创新产品的市场需求函数为 $q_1 = (1 + \gamma_2 s_2)/2 - p_1/s_1$。由颠覆性创新企业利润最大化条件，可得其在初创期市场进入均衡时的均衡定价、产量与利润分别为

$$p_1^* = \frac{s_1 + \gamma_2 s_1 s_2 + 2\gamma_1 s_1^2}{4} \tag{7.1}$$

$$q_1^* = \frac{1 + \gamma_2 s_2 - 2\gamma_1 s_1}{4} \tag{7.2}$$

$$\pi_1^* = \frac{s_1 (1 + \gamma_2 s_2 - 2\gamma_1 s_1)^2}{16} \tag{7.3}$$

在颠覆性创新企业的成长期，假设存在一无差异消费者 θ_2，该消费者购买颠覆性创新产品与维持性创新产品所带来的效用相等，即 $\theta_2 s_1 - p_1 = \theta_2 s_2 - p_2$。由此可得 $\theta_2 = (p_2 - p_1)/(s_2 - s_1)$。

因此，颠覆性创新企业和维持性创新企业的需求函数分别为

$$q_1 = \frac{s_1 p_2 - s_2 p_1}{s_1 s_2 - s_1^2} \tag{7.4}$$

$$q_2 = 1 - \frac{p_2 - p_1}{s_2 - s_1} \tag{7.5}$$

两企业在产品市场上进行伯川德价格竞争，由两企业利润最大化条件，得到成长期市场竞争均衡时的均衡定价、产量与利润分别是

$$p_1^{**} = \frac{2r_1 s_1^2 s_2 - s_1^2 + r_2 s_1 s_2^2 + s_1 s_2}{4s_2 - s_1} \tag{7.6}$$

$$p_2^{**} = \frac{r_1 s_1^2 s_2 - 2s_1 s_2 + 2r_2 s_2^3 + 2s_2^2}{4s_2 - s_1} \tag{7.7}$$

$$q_1^{**} = \frac{s_2(r_1 s_1^2 - 2r_1 s_1 s_2 - s_1 + r_2 s_2^2 + s_2)}{(s_2 - s_1)(4s_2 - s_1)} \tag{7.8}$$

$$q_2^{**} = \frac{s_2(r_1 s_1^2 + r_2 s_1 s_2 - 2s_1 - 2r_2 s_2^2 + 2s_2)}{(s_2 - s_1)(4s_2 - s_1)} \tag{7.9}$$

$$\pi_1^{**} = \frac{s_1 s_2 (r_1 s_1^2 - 2r_1 s_1 s_2 - s_1 + r_2 s_2^2 + s_2)^2}{(s_2 - s_1)(4s_2 - s_1)^2} \tag{7.10}$$

$$\pi_2^{**} = \frac{s_2^2 (r_1 s_1^2 + r_2 s_1 s_2 - 2s_1 - 2r_2 s_2^2 + 2s_2)^2}{(s_2 - s_1)(4s_2 - s_1)^2} \tag{7.11}$$

由于两企业进行伯川德价格竞争，并且由两个企业的价格反应函数的斜率都大于0，可得，当两企业进行价格竞争时，存在策略性互补关系，即当某企业的价格提高时，竞争企业提高价格带来的边际收益会提高，这与 Adner 和 Zemsky（2005）得出的有时存在策略性互补关系，有时存在策略性替代关系结论不同。但是，Adner 和 Zemsky（2005）认为，两企业存在策略性互补关系的时候，恰恰是颠覆性创新企业刚刚进入主流市场的时候，这与本研究结论一致，即当企业进入主流市场进行创业时，由于策略性互补关系的存在，维持性创新企业会提高产品价格，且逐渐减少对获利较少的低端市场消费者的关注，并且，由于颠覆性创新产品的主流性能表现较差，在位企业没有将这种新产品的供给作为一种严重的竞争威胁，并忽视了市场需求的变化。另外，在维持性创新企业利润来源中，高端客户的盈利率通常最高，因此，维持性创新企业一般将资源集中于高端客户的需求，这种内部资源的分配导致维持性创新企业集中力量改进现有产品。以上有利因素恰恰为颠覆性创新企业在低端市场提供了成长机会。

7.3 消费者偏好内生与颠覆性创新适应性行为

7.3.1 初创期颠覆性创新适应性行为

在初创期，偏好培育行为主要分为渠道创新和顾客教育。其中，流通渠道的建立可以大大提高颠覆性创新企业在新兴市场或低端市场的市场嵌入度，降低创业风险，另外，渠道创新还可以大大降低产品的边际成本，从而降低产品的均衡定价，为消费者带来更大效用。图 7.1 展示了颠覆性创新企业在初创期随着渠道创新投入的增加，其定价、产量及利润的变化情况的数值模拟（其中，相关参数分别设定为 $r_2=0.6$，$s_2=0.7$，$s_1=0.3$，$r_1=1-0.5D$，D 为渠道创新投入）。由图 7.1 可知，随着渠道创新的投入，颠覆性创新企业的市场定价在不断下降，消费者效用水平相应提高，因此，颠覆性创新企业的均衡产量在不断增加，但是，价格变动的幅度小于产量变动的幅度，因此，随着渠道创新的投入，颠覆性创新企业的市场利润在不断提高。

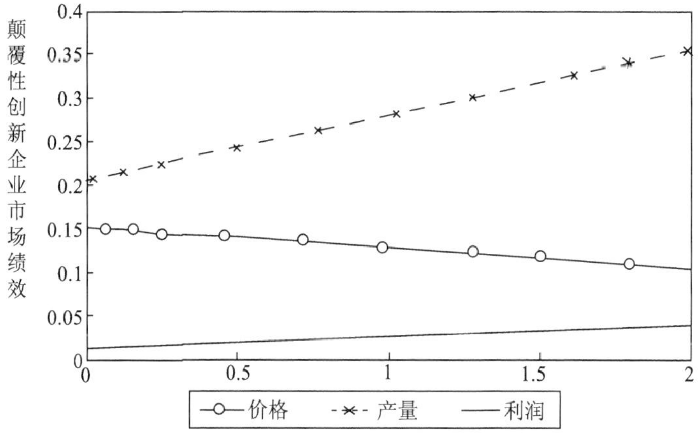

图 7.1　渠道创新投入与颠覆性创新企业初创期市场绩效

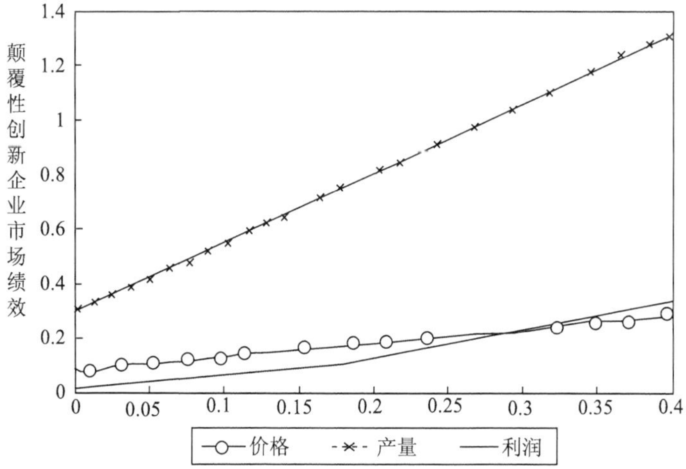

图 7.2　顾客教育与颠覆性创新企业初创期市场绩效

顾客教育可以提高消费者对颠覆性创新产品主流性能的偏好程度。图 7.2 展示了随着顾客教育投入的提高，颠覆性创新企业在初创期市场绩效的变化情况的数值模拟（其中，相关参数分别设定为 $r_1=0.5$，$r_2=0.5$，$s_1=0.2$，$s_2=0.8$，无差异消费者 θ_1 变为 p_1-F/s_1，F 为渠道创新投入）。随着顾客教育水平的提高，产品的定价和产量会相应提高，因此，利润也会随着顾客教育水平的提高而提高。通过以上分析，在初创期，颠覆性创新企业的渠道创新、顾客教育等偏好培育行为均通过影响消费者偏好进而提高产品的均衡利润。

虽然，在初创期，颠覆性创新企业有激励进行渠道创新、顾客教育等偏好培育行为，并且，都是通过影响消费者偏好而受到激励，但是，不同创新行为对企业市场绩效的影响机理不同。渠道创新是通过降低企业成本，导致价格下降，使更多的消费者愿意购买或者能够购买到商品。而顾客教育主要是通过提高消费者对颠覆性创新产品性能的偏好程度，进而影响市场绩效。与渠道创新不同，顾客教育可以使得定价、产量与利润同时增加。

在颠覆性创新初期，随着企业产品改进，增加了产品的种类，可以不断满足不同消费者的偏好需求。由于颠覆性创新企业在初创期产品改进行为与顾客教育对消费者偏好的影响类似，因此，随着颠覆性创新企业产品改进行为的不断进行，产品的定价与产量不断提高，利润不断增加。

7.3.2 成长期颠覆性创新适应性行为

随着颠覆性创新产品性能的不断提高，低端市场消费者开始接受颠覆性创新产品，颠覆性创新企业开始侵入到主流市场，并与维持性创新企业展开竞争。图 7.3 展示了随着颠覆性创新产品性能的持续改进，颠覆性创新企业与维持性创新企业利润变化情况（其中，相关参数分别设定为 $r_1=0.5$，$r_2=0.5$，$s_2=0.8$）。通过数值模拟，可以得到随着颠覆性创新产品不断改进，颠覆性创新产品的市场定价在不断上升，维持性创新企业产品定价在不断下降，但维持性创新企业的产品定价始终高于颠覆性创新产品；颠覆性创新产品和维持性创新产品的市场份额都在下降。在偏好内生的条件下，由于主流市场消费者更加看重产品主流性能，颠覆性创新企业提高产品主流性能可以提高主流市场对颠覆性创新产品的认可度。

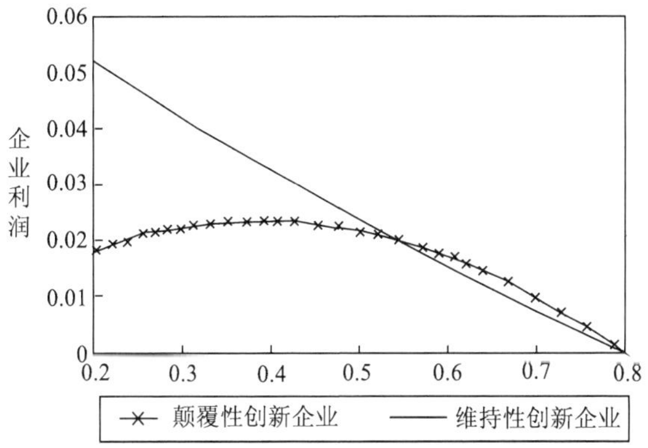

图 7.3 产品持续性能改进与成长期市场均衡利润

另外，在产品改进的过程中，根据产品生命周期，企业会不断地淘汰原有产品，努力提高整体竞争力。在产品性能的不断更新与企业产品的自我替代过程中，企业的生产、管理等效率也会随着企业的不断壮大而提高。产品性能的持续改进会伴随着边际成本的下降。当产品性能改进与边际成本降低同时发生时，颠覆性创新企业的均衡利润会随着性能的提高而提高，这与只有性能改进情况形成了鲜明的对比，与此同时，维持性创新企业均衡利润下降的幅度更大。因此，产品性能持续性改进对丁颠覆性创新企业在主流市场进行竞争时具有重要的战略意义，尤其是当产品性能与成本下降同时发生时，将对维持性创新企业造成颠覆性的威胁更大。

随着颠覆性创新企业不断成长壮大，庞大的管理体系将大大增加产品开发的成本，甚至影响产品开发的质量，战略业务单元的建立将缓解这种弊端(Sethi et al.，2012)。战略业务单元的建立是企业成长阶段重要的管理创新行为，不仅可以促进新产品商业化的速度和质量，还可以降低成本，从而降低产品价格，给消费者带来更大效用。另外，战略业务单元的建立可以提高创新的有效性，大大降低生产成本分散创新负担，降低创业风险。在成长期，随着破坏性性创新企业的不断壮大，尤其是在进入主流市场与在位企业进行竞争时，庞大的机构将导致企业效率的下降，不利于新产品开发，大大提高企业的组织效率（Govindarajan et al.，2011；Chandy and Tellis，1998）。图 7.4

展示了随着颠覆性创新企业战略业务单元自治能力的增强，颠覆性创新企业与在位企业利润变化情况的数值模拟（其中，相关参数分别设定为 $r_2 = 0.5$，$s_1 = 0.4$，$s_2 = 0.7$，$r_1 = 1 - 0.4B$，B 为战略业务单元自治能力）。由图 7.4 可知，随着颠覆性创新企业战略业务单元自治能力的增强，两企业的市场均衡价格均会下降，颠覆性创新企业的市场份额不断提高，而维持性创新企业的市场份额急剧下降，由于颠覆性创新企业市场份额增加的程度大于均衡价格下降的幅度，因此，颠覆性创新企业的市场利润随着战略业务单元自治能力的不断提高而提高，维持性创新企业的市场利润随着颠覆性创新企业战略业务单元自治能力的不断提高而下降。

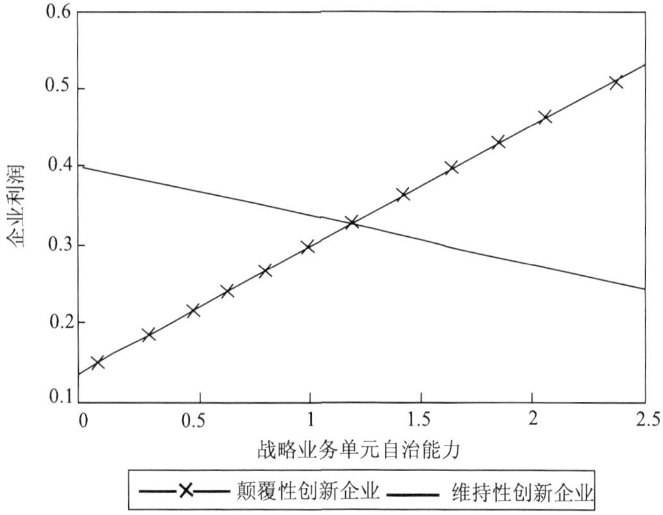

图 7.4　战略业务单元自治能力与成长期颠覆性创新企业均衡利润

在不同的市场选择环境中，企业会选择不同的创业行为以提高其环境适应能力。由于颠覆性创新企业在初创期和成长期面临的创业挑战、市场目标以及消费者类型等不同，颠覆性创新行为通过满足消费者偏好进而提高生存适应能力的选择也存在很大差异。在初创期，低端市场或新兴市场一般为在位企业关注不到、或者不愿关注的市场，颠覆性创新企业以第一进入者的身份获得“先动优势”，基于消费者偏好伺机而动，形成其利基市场。另外，企业采取一定的创新行为影响甚至改变消费者的需求偏好，将大大降低创业风险。例如，渠道创新可以大大提高市场嵌入度，大大降低产品的边际成本，从而降低产品的均衡定价，为消费者带来更大效用，与此同时，企业的均衡产量相应增加，均衡利润也随之增加。另外，企业可以通过顾客教育、产品改进等创新行为提高消费者对产品性能的感知程度。由于新兴市场消费者更加关注产品的价格以及产品的可获得性，而对产品主流性能的要求相对较低，因此，在初创期，颠覆性创新企业在产品改进方面，更加侧重于附属性能的增加，以增加不同的产品种类，满足不同消费者的需求。在初创期，企业产品改进可以增加消费者的购买量，提高消费者的认可度，增加企业利润。在成长期，主流市场消费者的需求偏好特点为颠覆性创新企业提供了创业成长的机会。首先，主流市场低端的消费者对价格要求比较苛刻，产品的主流性能只要满足其要求门槛即可，不愿为多增加的性能支付更高的价格，属于维持性创新企业不愿关注的微利群体，并且，当颠覆性创新企业进入主流市场后，两个竞争企业之间存在策略性互补关系，这也进一步降低了维持性创新企业对主流市场低端消费者的关注，这为颠覆性创新企业进入主流市场创造了机会，颠覆性创新产品主流性能不断提高，突破性能门槛，并借助成本优势，可以满足该群体消费者的需求偏好。面对主流市场消费者的需求偏好特点，企业必须持续改进产品主流性能，在市场上获得差异化优势，同时，借助成本优势与维持性创新技术企业进行竞争。随着颠覆性创新企业产品改进，颠覆性创新产品的市场定价不断上升，维持性创新企业产品定价不断下降。并且，当产品性能改进与边际成本降低同时发生时，对在位企业造成颠覆性打击。随着企业不断壮大，庞大的管理体系将大大增加产品开发的成本，甚至影响产品开发的质量，企业有激励建立战略业务单元。战略业务单元的建立可以大大降低产品成本，提高产品开发的速度与质量，有助于企业在成长期获得成本优势。随着战略业务单元自治能力的不断提高，颠覆性创新企业的市场份额和市场利润会不断增加。

7.4 本章小结

本章在对种群竞争和适应性进行介绍的基础上，分析了颠覆性创新适应性学习机制，在此基础上，指出在不同的创业阶段颠覆性创新企业采取不同的创新创业行为可以提高其适应性。通过构建基于消费者偏好内生的颠覆性创新行为与适应性模型，揭示了在不同创业阶段颠覆性创新行为通过影响消费者偏好进而提高企业绩效的作用机理，进一步加深了基于消费者偏好内生视角的颠覆性创新与产业组织演化适应性机制的认识。模型结果显示，在初创期，渠道创新可以大大提高市场嵌入度，大大降低产品的边际成本，从而降低产品的均衡定价，为消费者带来更大效用，企业的均衡产量相应增加，均衡利润也随之增加。另外，企业可以通过顾客教育、产品改进等创新行为提高消费者对产品性能的感知程度，增加消费者的购买量，提高消费者的认可度，增加企业利润。在成长期，随着颠覆性创新企业产品改进，颠覆性创新产品的市场定价不断上升，维持性创新企业产品定价不断下降。并且，当产品性能改进与边际成本降低同时发生时，对维持性创新企业造成颠覆性打击。战略业务单元的建立可以大大降低产品成本，提高产品开发的速度与质量，有助于企业在成长期获得成本优势。随着战略业务单元自治能力的不断提高，颠覆性创新企业的市场份额和市场利润会不断增加。本章进一步从消费者偏好内生视角加深了颠覆性创新与产业组织演化适应性机制的认识。

8 考虑技术体制和需求结构异质性的颠覆性创新与产业组织演化

本章是基于消费者偏好内生视角下颠覆性创新与产业组织演化机理基本研究理论模型基础上，进一步扩展考察不同技术体制与需求结构下产业组织演化问题。具体而言，本章采用历史友好模型分析方法，以中国手机市场产业组织演化为例，识别中国手机市场产业组织演化过程中的主要特征事实，构建基于消费者偏好内生的颠覆性创新与手机产业组织演化历史友好模型，结合历史友好仿真分析与历史差异化仿真分析，对不同的技术体制与需求结构条件下，颠覆性创新与产业组织演化机制进行分析。

8.1 中国手机市场产业组织演化理论分析与描述

8.1.1 技术积累阶段

由于在手机制造方面缺乏技术积累，在1G时代到2G时代早期，我国手机市场主要由跨国公司主导。20世纪90年代中期，爱立信最先在中国推出GSM数字手机。随着数字网络的投入使用，人均可支配收入和消费支出的增加，移动通信用户数量稳步增长，以摩托罗拉、诺基亚、爱立信为主导的国际厂商迅速占领市场，以高昂的价格出售有限的机种。由于我国企业在手机制造领域缺乏技术积累，跨国企业对关键技术一直处于封锁状态，国产手机的质量不稳定，难以与跨国企业的产品媲美。最终，跨国企业在中国形成寡头市场：诺基亚、摩托罗拉等跨国企业拥有90%的市场份额。为了保护本土企业和防止跨国企业垄断，中国政府 1998 年开始进行政策干预，给手机生产者发放生产许可证，并要求外资企业出口份额要占其生产量的 60% 以上。1999 年底，中国政府停止向外资企业发放许可证，自 1998 年到 2005 年，分别向本土企业和外资企业颁发 35 张和 14 张手机牌照。事实上，由于国产手机质量较低，这一政策对于减少跨国公司的垄断势力是无效的，国产手机在 2001 年的市场份额仍然低于 10%。

最初手机的消费者主要是一些收入水平相对较高的商人，手机的使用为这部分消费者带来了业务上的便利。更重要的是，拥有品牌手机能够成为这部分消费者身份的象征，尤其是使用跨国公司的手机产品往往可以给他们带来更多自信。随着个人可支配收入和消费水平的提高，越来越多的消费者购买手机产品，消费者在初次购买手机产品时，缺乏对产品质量或者品牌的识别能力，同时，由于企业的营销活动的影响，消费者在购买产品时，可能做出“错误”决策，这导致的一个结果就是各个手机品牌在市场上都会拥有一定的市场份额。尽管如此，本土企业的市场份额仍然相对较低，一方面是由于国产手机质量相对较低；另一方面是因为手机价格相对较高，消费者主要是商人或其他高收入群体，攀比心理原因也促使消费者购买跨国公司的手机产品。

中国手机市场是一个新兴的大市场，较高的利润驱使国内外企业进入，同时，政府鼓励本土企业与外资企业竞争与合作，因此，大量企业进入市场。另外，由于在产业发展初期，消费者对产品质量的识别能力有限，消费者的“错误”决策也为企业生存带来了有利条件。尽管本土手机生产企业的市场份额在逐年增加，其主要依靠整机引入、大散件组装或者使用手机通信模块的方式进行生产，缺乏在手机技术尤其是关键技术方面的积累。另外，不同省份手机频率的差异对手机芯片要求较高，而进口贴牌手机的通话质量往往表现较差，影响消费者购买意愿。这一阶段，手机市场的进入壁垒相对较低，大量企业依靠政策优势进入手机市场，但是，部分企业由于缺乏技术积累，在技术不断升级中被迫退出市场。

未获得销售许可的国外企业难以进入中国市场，而国产手机质量较低，难以与跨国企业的手机产品媲美，这为国产手机生产企业与未获得销售许可的国外企业进行合作提供了机会。例如，TCL最早从韩国和台湾进口手机，然后贴上自己的商标再以低价卖出。这些企业通过明星代言、与渠道商进行利润分享等形式，将产品销售到农村市场或二、三线城市。2003年，国产手机的市场份额达到55%，同时，获得可观的利润，如2002—2003两年TCL净利润高达24.7亿元。然而，本土企业主要依靠整机引入、大散件组装或者使用手机通信模块的方式进行生产，缺乏在手机技术尤其是关键技术方面的积累，仅2003年，包括康佳、科健、TCL、波导、南方高科、联想等企业在内，在韩国采购量高达8000多万部，超过当时国内市场的需求总量。另外，一些企业依靠出租手机牌照获取高额利润。

在此过程中，本土手机产业链及其配套体系逐渐健全。2001年第一家手机设计公司成立，2003年，形成了珠三角、长三角和京津地区三个主要手机产业基地，已具备从系统软件到应用软件、从关键零部件到性能测试等环节的生产能力。在GSM手机技术不断成熟和手机芯片需求量不断增长的情况下，2003年底，台湾联发科公司推出了“交钥匙”方案，该方案通过测试，保证了系统的稳定性，完工率在60%以上，相比欧美、韩国芯片而言，为本土企业提供了高集成度、低成本的集成芯片，为手机制造企业提供了核心技术支持。该方案推动了贴牌机、杂牌机、小品牌机和高仿机等形式手机的发展，其生产方式基本相似，都是由联发科的集成芯片（或购买模块或仿制正品手机的操作界面）再加上畅销外壳加工而成。从产品设计、修改、测试、开模到交货大约需要1.5个月，而正品手机则需要6个月甚至更长时间。

2005年，政府放松生产许可证政策，发改委取消了审批制，改为核准制，大大降低了进入市场的政策门槛，这导致很多企业可以通过租借生产许可证的形式生产手机。核准制的实施为以往部分非法租借牌照企业转正提供了条件，奥克斯、华为、大显泛泰等企业先后获得牌照，实现了从贴牌、冒牌到品牌手机的转变。一些中小企业，尤其是深圳的中小企业，凭借着租借生产许可证而不断成长，从此，山寨手机制造企业不断发展起来。由于缺乏创新能力，一些依靠出租许可证或贴牌的企业破产，而真正进行研发的生产企业最终存活下来。

由于价格低廉、功能（喇叭大、多卡、手电筒、待机时间长）齐全、外观新颖等优势，冒牌、杂牌和贴牌等形式的手机销量从2005年的3700万部增加到2006年的1亿部，占手机销量的40%，这几类手机迅速在边远地区和三、四线城市发展起来，在三线城市的市场占有率高达50%以上。2006年开始，联发科逐步解决以往芯片出现的问题，提升芯片的集成度和质量，大大提高手机的性能和稳定性。同时，2007年10月，国务院取消核准制，至此，功能手机的生产、销售政策门槛不复存在。部分厂商与联发科合作推出诸如诺基亚、摩托罗拉、三星和苹果等高仿机，从手机外观到操作界面与正品手机相似度高达90%以上。杂牌机、小品牌机和高仿机迎合了中低端消费群体的时尚消费需求，逐渐进入一、二线城市，挤占品牌手机中低端市场。其中，在一线城市的市场占有率为25%~30%，二线城市的占有率约为40%。

与此同时，本土品牌手机的市场份额迅速下滑，2005年，波导、夏新、中科健、东方通信等手机全面亏损，2006年无实质性改善，2007—2008年绝大部分本土品牌手机陷入艰难困境，波导、夏新惊现巨亏；另外，诺基亚、摩托罗拉等外资品牌手机也受到冲击，诺基亚逐渐降低产品售价，摩托罗拉手机业务出现大幅亏损，2008年底市场份额不足7%。在严酷的竞争形势下，品牌手机也开始选择集成度更高、成本更低的“交钥匙”方案，包括波导、TCL、联想、康佳等，之后市场业绩有所改善，如长虹手机2007年收入达到25.41亿元。

这一阶段产业组织演化的主要原因是本土企业借助我国台湾地区、韩国等企业提供的整机、芯片以及“交钥匙”方案。通过这样的方式与外资企业合作，本土企业可以获得较高质量的芯片及其他核心技术部件，并且，由于市场专业化程度的不断提高，交易成本、生产成本大大下降，研发时间大大缩短，因此，本土企业也获得了成本优势和时间优势。另外，随着中低收入群体消费能力的提高，手机产品网络效应的存在，二、三线城市以及边远地区对（廉价）手机的需求量在不断增加，这为本土企业的发展创造了有利的市场条件。尽管廉价手机的出现对外资品牌手机也带来了冲击，产品纷纷降价，诺基亚也率先推出了廉价手机、老年手机等业务。

8.1.2 技术赶超阶段

2009 年，中国工信部通过了最新的3G 标准：TD-SCDMA，标志着中国手机市场开始由 2G 向 3G 转变。2012 年底，中国智能手机使用量已经超越美国，并成为世界最大的智能手机消费国。图 8.1 展示了移动手机从 2G 向 3G 转换中的市场动态情况。由图 8.1 可知，2G 手机的市场份额从 2009 年的 98.4%骤降到 2013 年的 32.7%。由 2G 向 3G 转型是中国手机市场的转折点。一方面，交钥匙芯片提供商（e. g. , MediaTek）不能迅速的转向 3G 网络并提供匹配良好的芯片，导致很多山寨手机企业退出市场或者被迫转型。另一方面，中国自有品牌的手机开始崛起，如小米、魅族、Vivo 等。这些手机企业通过购买跨国公司的芯片，组装成 3G 手机并在市场上销售。一些本土品牌，如中兴、华为，逐渐成为全球领先的手机制造商。联想、酷派等企业也逐渐成为手机制造业的著名品牌。

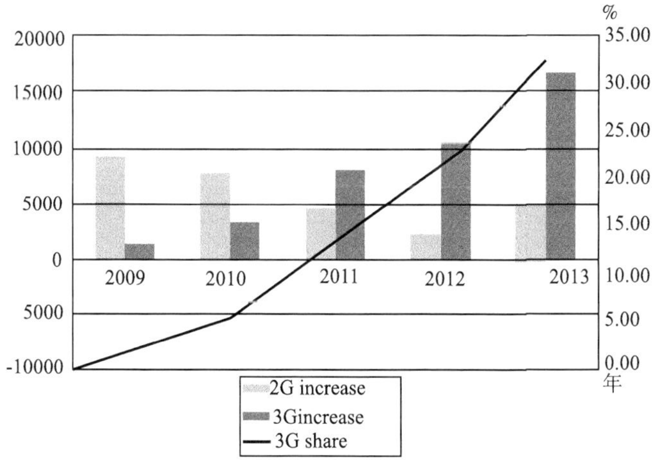

资料来源：笔者根据中国工业和信息化部统计公报整理得到。

图 8.1 中国移动手机市场规模与 2G 手机市场份额（2009—2013 年）

表 8.1 展示了不同品牌手机制造商市场份额的变化。跨国企业市场份额由 2008 年的 66.42% 降至 2014 年的 25.86%。曾经的领先企业诺基亚被逐出

市场，摩托罗拉被联想收购。同时，国内手机厂商迅速成长：华为和中兴的市场份额从 2008 年的 1.5% 迅速上升为 2014 年的 14.66%。大量山寨手机退出市场或进入较小的利基市场。大型的多样化生产企业凭借着其互补性资产也开始进入市场。

8.1.3 中国手机市场产业动态演化特征

1. 异质性技术体制

本章从技术专有性和技术机会两方面对异质性技术体制的作用机制进行分析。技术专有性是指竞争对手对创新成果进行模仿的可能性（Malerba and Orsenigo, 1993）。高技术专有性会增加企业独占其创新成果的可能，低技术专有性强化了其他公司从这些成果中获利的机会（Levin and Reiss, 1988）。从 2G 到 3G 的过渡中，由于模块化程度不断提高，可得到的组件或模块越来越多。移动通信制造业的技术专有性相对较低，这为产业中的公司提供了许多技术机会（Funk, 2008）。在低技术专有性的条件下，涌现了大量能够通过模仿或逆向工程战略来实现对产业领

表 8.1 主要手机企业市场份额变化情况

企业类型	2G		3G	
	主要业务	市场份额（2008Q1）	主要业务	市场份额（2014）
跨国公司				
三星	手机	11.77%	智能手机	14.38%
诺基亚	手机	30.6%	退出	—
索尼	手机	10.12%	智能手机	少于 1%
摩托罗拉	手机	9.77%	被联想兼并	—
多普达	手机	8.31%	被 HTC 兼并	—
苹果	手机	1.32%	智能手机	11.48%
LG	手机	2.84%	智能手机	少于 1%
总计		66.42%		25.86%
中国跨国企业				
华为	手机	少于 1%	智能手机	10.18%
中兴	手机	少于 1%	智能手机	4.48%

续表

企业类型	2G		3G	
	主要业务	市场份额（2008Q1）	主要业务	市场份额（2014）
总计		大约 1.5%		14.66%
低端				
天语	手机	1%	智能手机	少于 1%
金立	手机	1.2%	手机	少于 1%
酷派	手机	少于 1%	智能手机	9.88%
山寨制造企业	手机	10%	退出	—
总计		12%		不确定
多样化企业				
联想	电脑	2.76%	智能手机	11.65%
Vivo	音乐播放器		智能手机	6.72%
Oppo	音乐播放器		智能手机	6.28%
总计		12%		49.5%
新进入企业				
小米	—	—	智能手机	14.97%

资料来源：根据手机市场商业咨询报告整理得到。

导企业追赶的新兴企业（Lee and Huang，2014）。在 3G 来临之前，中国企业已经能够利用技术机会并通过评估关键组件（芯片）来组装手机。在 2G 时代，Media Tek 提出的交钥匙方案大大促进了本土企业的成长，促生了大量山寨手机制造商。终极解决措施已经促进了本土企业尤其是山寨企业的成长。在 3G 时代，竞争变得更加激烈。

不同公司采用了不同技术发展轨迹：技术锁定（山寨手机）、技术累积（跨国企业等）和打破技术锁定（华为、中兴等）。一些中国的跨国企业，如华为、中兴，借助其前期在国外的技术积累，在 2G 向 3G 转换过程中，成功打破技术锁定。例如，华为在生产高质量手机 CPU 方面积累了大量的知识，并且也具备一定的竞争力，因此，华为制造的 3G 手机使用其自主研发的芯片，使其生产成本大大下降。其他企业借助于高通等公司提供的高质量芯片在市场上也受到了消费者的欢迎。以前曾被称为“山寨王”的天语手机，也借助其前期的知识积累和其与上游模块/组件供应商的良好关系，实现了由2G到3G的成功转型。多样化公司利用互补性资产来获得市场竞争优势。例如，步步高、魅族等手机制造企业以前主要生产音乐播放器。联想是世界上最大的电脑生产厂商，借助其庞大的电脑销售渠道与对摩托罗拉公司的技术兼并，大大利用了摩托罗拉公司的技术、品牌、专利等优势。小米公司通过为其“米粉”同时提供硬件、软件和互联网服务，赢得了消费者尤其是年轻消费者的欢迎。小米手机的成功进入得益于手机零部件与相关模块的获得更加容易（如孙启贵等，2016）。像苹果、三星等跨国公司借助其在2G时代积累的技术能力与技术资产，由2G向3G顺利转型，并继续成为行业的技术领导企业。一些山寨手机制造企业，由于技术锁定于芯片提供商如MediaTek的技术和服务中，而这些芯片提供商在短时间内没有顺利的转型为3G芯片提供商，导致大量山寨手机制造企业不得不退出市场。换句话说，在技术不断变化的产业竞争中，成功取决于在核心技术方面的不断积累，这样才能使企业在面临不断变化和日益复杂的市场条件时反应迅速。

2. 异质性需求结构

消费者在手机市场的分布是高度不平衡的：70%的低收入人口聚集在边远农村，而只有30%的高收入群体在城市。中国市场按照收入水平、消费者行为、商业环境等可以分为三个层次（e. g. , Zhu et al. , 2006）：第一层次是包括发达省份的省会城市、四个直辖市，以及一些副省级城市如青岛、苏州、深圳等。第二层次包括欠发达省份的省会城市，如贵阳，副省会城市，如保定，以及一些较富裕的海边城市。第三层次包括一些欠发达的县城和城镇。不同市场的需求条件决定了技术或者产品能否在特定市场成功销售（Lee et al. , 2009）。这些细分市场的作用为本土手机生产企业提供了无形的保护（Lee et al. , 2009；Mu and Lee，2005）。在这种情形下，低质量的后进入企业可以抓住机会窗口进入细分市场，并通过不断的发展关键技术，与领导企业进行竞争。多样化的需求偏好和“试验用户”的存在，为企业尤其是后进入企业的创新创业提供了机会（Malerba et al. , 2007）。

除了“试验用户”的作用，消费者偏好的内生改变在市场转型中也起到了重要的作用。图 8.2 展示了基于智能性和通话质量两个维度的无差异曲线和产品空间。在 2G 时代，相比于智能性，消费者关注产品的通话质量。企业围绕着通话质量提高这一价值轨迹不断提高产品质量。在低端 2G 市场，消费者选择廉价的且通话质量较差的手机，山寨手机厂商通过从上游芯片提供商处获得的廉价低质量的芯片，进而可以在该市场上提供廉价手机。在其他细分市场，跨国企业，如诺基亚、摩托罗拉等，提供通话质量较好且价格高昂的产品，消费者通过其预算约束曲线和效用曲线决定产品购买；与 2G 时代不同，消费者在 3G 时代更偏好产品的智能性。根据 Adner（2002），新的产品或技术能否成功颠覆原有产品或技术，取决于需求结构的特征。他使用偏好重叠和偏好对称的概念来描述需求结构特征。消费者由通话质量向智能性的不连续性偏好转变导致了一个非对称的偏好重叠，并出现竞争性破坏的结果。这种偏好变化为没有 3G 技术积累的企业（通过购买核心芯片）进入市场并与原有在位企业进行竞争及实现技术赶超提供了机会。接下来的模型部分，本章使用描述这种偏好重叠特征的指标作为需求结构的代理变量。

8.2 模型构建

通过以上理论分析，技术体制和需求结构的异质性在中国手机产业组织演化中起到了重要的作用。本节通过构建考虑技术体制和需求结构的异质性存在的产业组织演化模型，借助历史友好和历史差异化分析，对技术体制和需求结构的作用机制进行仿真。

假定市场上存在两类企业：在位企业和新进入企业。其中，在位企业进行维持性创新，沿特定技术轨迹提高产品性能，新进入企业进行颠覆性创新，破坏或重新定义性能改进模式（轨道）。假定每个企业在每一期提供并销售一种产品，每个产品由不同的产品维度（组件、模块、技术）组成，称为产品特征，其性能由产品特征值表示。企业可以通过研发投入提高其产品的特征值，从该角度讲，产品特征值的隐喻是产品在该特征上的技术水平，代表了企业在该产品特征上的研发投入。不同企业按照一定的“惯例”进行研究与开发、营销等行为，其行为存在一定的异质性。考虑到企业行为与消费者偏好的互动作用是本模型的关键，本章在模型构建时，主要以（Valente 1998，

2012）以及 Marengo 和 Vallente（2010）关于市场需求及其与企业行为互动的模型为基础①。

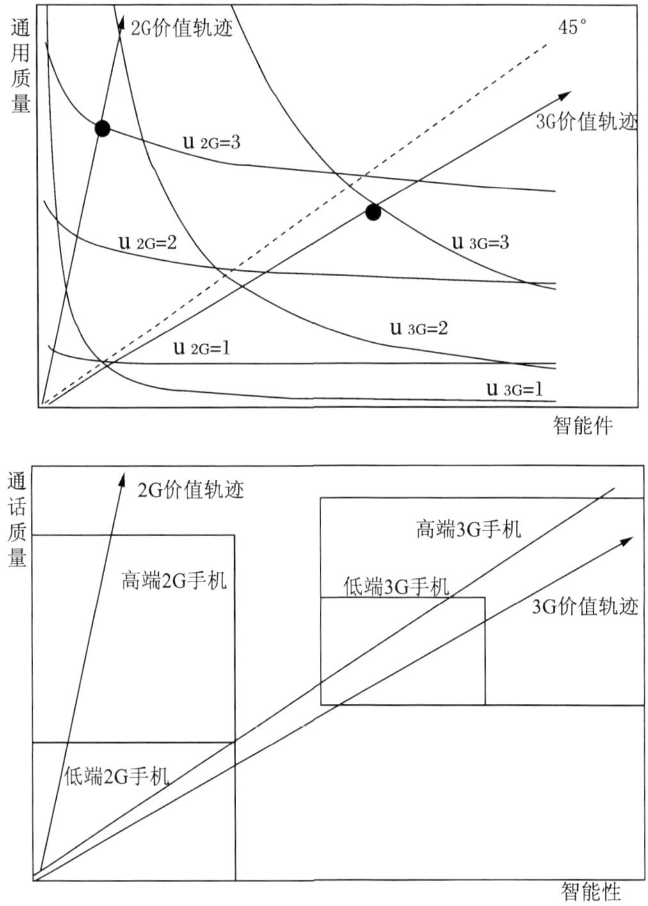

资料来源：作者根据中国手机产业发展历史整理得到。

图 8.2　手机产品无差异曲线与产品空间

① 具体仿真程序请参考 Valente（1999）。

8.2.1 在位企业研发行为

在位企业进行维持性创新，目的是更好地满足当前客户的需要。由于在位企业引领着行业创新的方向，并且通常会最早使用新技术来改善产品性能，因此，在位企业的技术改进既包括渐进性改进也包括突破性改进，具体的改进幅度是随机的。由于在位企业在前期获得的市场成功，在位企业在研发投入方面存在更多资源，假定企业研发产出与研发资源的投入存在正相关关系。考虑到产品的各个模块（组件或技术）之间的连接机制，企业在单个产品特征方面的改进幅度受到一定的限制。不断提高技术性能的方式是沿着不同的技术维度进行研发投入，但这样成本会相对较高或者比较耗时。产品性能通过研发得到的提升水平的理论值为 $X = \max\{ms \times V_{t-1}^{i} \times RDC_{t}^{i} \times C_{i},\ \bar{X}\}$ ，其中，ms 是指当前使用该产品的消费者人数，该变量作为企业可获得的研发资源的代理变量，V_{t-1}^{i} 代表前一期特征 i 的值，RDC_{t}^{i} 是企业投入到特征 i 上的研发份额，代表企业在特征 i 上的研发集中度，这个值会根据市场销售量的变动而发生微调，即某个特征被认为是决定销量的关键特征，则 RDC_{t}^{i} 的值就越大。$\bar{X}$ 表示企业在产品特征 i 方面的技术上限，为保证模型构建更加科学，本文假定在位企业的技术改进幅度是在上一期技术水平的 1.5 倍范围内。技术水平值为 $V_{t}^{i} = (1 - \nu) V_{t-1}^{i} + \nu X$ ，ν 是一个全局参数，表示创新调整的速度。

在位企业会根据目标客户的需求，确定进行研发投入的技术领域。企业在特定的产品特征上进行研发投入时存在两种研发策略行为：激进型和防御型。激进型研发策略是指企业会在市场上最受欢迎的产品特征上进行研发投资，而防御型研发策略是指在不是太重要的产品特征上进行投资。具体而言，在每一期，所有进入市场的消费者选择完产品之后，系统会对每个产品特征进行一次统计，使用 p 代表消费者因为该特征而选择该产品的次数，使用 n 代表消费者因为该特征而放弃该产品的次数。企业在进行研发策略选择时，会根据产品特征值与 p 和 n 的加权和，在激进型和防御型两种研发策略中选择适合企业发展的研发策略。

8.2.2 新进入企业研发行为

与在位企业相比，新进入企业具有研发积累少，经济实力弱等特点，新进入企业在进入市场时主要进行颠覆性创新，即新进入企业并不涉及特别复杂的技术变革，其技术表现形式是将产品元件组装在一起，但相比以前的产品更加简单、使用更方便或者更廉价。由于新进入企业在单个产品性能上都劣于市场上的领先的在位企业，因此，颠覆性创新首先发生在主流市场的可能性较小；相反，新进入企业提供的是一种完全不同的产品组合，只有远离主流市场或对主流市场没有太大意义的新兴市场，客户才会重视这些产品组合的属性。在模型中，新进入企业通过对在位企业进行模仿，并将在位企业在每个产品特征上的优势进行整合。假定新进入企业在单个产品特征方面获得的特征值在零和市场上该特征的最大特征值之间服从均匀分布，其值为在位企业最大特征值减去一个随机值，即

$$V_E^i = \bar{V} - l(\bar{V} - RG) \times U[0,\ 1] \tag{8.1}$$

尽管新进入企业在单个特征方面不如领先的在位企业，但如果新进入企业在所有产品特征上均被赋予较高的值时，新进入企业的产品整体性能会表现良好，在进入市场时，可能会获得更大的市场份额。

新进入企业在每一期随机进入市场，使用概率 α 表示。α 越大，代表企业进入市场越容易。由于新进入企业通过对在位企业进行技术模仿进入市场，在技术专有性较低的市场，在位企业技术创新难以受到有效的保护或技术溢出明显，市场进入的频率会相对较大，因此，企业进入市场的概率 α 表示了市场的技术专有性水平，α 越大，说明技术专有性越低。

企业进入市场后，通过模仿在位企业，不断缩小其与在位企业的技术差距，其技术水平由公式（8.2）决定。

$$RG_t = (1 - \tau)RG_{t-1} + \tau\bar{V} \tag{8.2}$$

其中，$\bar{V}$ 代表在位企业在某特征上的最高值，因为 $\bar{V}$ 是不断增加的，因此，RG 的值小于 $\bar{V}$，但不断接近 $\bar{V}$。现实中，这个公式表示新企业进入市场之后的时间越长，对最佳技术的模仿更容易。τ 是新进入企业追赶在位企业的速度，

其值越大，说明企业可利用的技术机会越多，越有利于新进入企业发展，因此，本书使用变量 τ 表示颠覆性创新企业面临的技术机会。

随着企业不断积累研发知识（显性知识和隐性知识），研发能力不断提高。使用 IC 与 AC 分别表示企业研发能力的最小值与最大值，企业在某个特定的产品特征上的技术能力从 IC 开始，通过不断的研发投入，以速度 β 不断提高，不断达到所有企业中最大的研发能力 AC 。研发能力的公式为。

$$C = IC + (1 - \beta)(AC - IC) + \beta(AC - IC)RD \tag{8.3}$$

其中，RD 为企业的研发投入量。

企业在特定特征上投入的资源越多，则企业在该产品特征方面开发的知识就越多，这些知识反过来增强了企业在该特征方面的技术进步，在研发资源投入一定的情况下，技术能力高的企业会获得更高的研发成果。因此，企业技术能力具有积累性特征。但是，当企业在一段时间内不对该特征进行研发投资时，其技术能力也会受到摧毁。技术能力并不代表技术水平的绝对值，只是代表企业提高产品特征技术水平的可能性。例如，颠覆性创新企业在进入市场时在某个（些）产品特征上的技术水平可能相对较高，但是，在位企业技术能力较高，而新进入企业的技术能力相对较低的时候，在位企业比新进入企业在该特征上的技术进步速度更快。

8.2.3 营销行为

新进入企业和在位企业会根据目标客户的需求特点，借助营销行为，改变或强化目标客户的需求偏好。企业的营销行为是建立在对其目标客户选择行为的基础上，例如，如果90%的消费者选择产品特征 3，10%的消费者选择产品特征 5，则企业会通过营销行为建议消费者通过第三个特征做选择决策，搁置第五个产品特征。因此，营销投入反映了消费者对产品特征的看重程度，例如，在位企业会强调主流性能所代表的产品特征，而新进入企业会强调附属性能所代表的产品特征。不同企业在产品特征 i 上的营销投入使用 RK 表示。

$$RK_t^i = RK_{t-1}^i \times (1 - \vartheta) + \vartheta \times ps^i \tag{8.4}$$

其中，ps^i 表示消费者因特征 i 而被选择的次数 p 的份额，ϑ 为营销投入调整的速度。

8.2.4 需求结构与消费者偏好内生

本书考察一个新产品市场的演化情况，假定消费者遵循“扩散模型”(contagion model) 依次进入市场。即在第一期，假定市场上存在一个消费者购买产品，在接下来的时间内，该消费者会向其亲人朋友宣传该产品，并在每期吸引χ个新的消费者进入市场。这一假设的现实依据是：潜在消费者的数量是有限的，潜在消费者变为真实的消费者的人数越多，被介绍进入市场的消费者人数越少。市场上消费者的总人数（市场规模）取决于消费者的朋友人数，假定每个消费者的朋友人数是一定的，用参数 N 表示。因此，在每一期，消费者能介绍进入市场的朋友数目为：$N_t=N_{t-1}-\chi$。

产品由 ψ 个产品特征组成，消费者根据产品特征的实用性对所有产品进行排序。在该消费者认为最重要的产品特征上，消费者会选择该特征的值最大的产品，如果存在两个及以上产品的该特征的特征值相等，且是最大的，则消费者会使用第二重要的产品特征进行评价，以此类推，直到选出适合消费者的产品为止。

主流市场的消费者可以相对精确地识别产品的各个特征，而在新兴市场，消费者在对产品的各个特征进行识别时，存在一些困难，即消费者在对每个产品特征进行评价时存在一定误差，但通过学习，可以不断提高对产品特征的识别能力。假定消费者在识别产品特征时得到的产品特征值服从正态分布，均值为产品的真实特征值，方差等于$(1-L_{t-1}\times ML)\times DL$，其中，$ML$代表消费者在购买产品时，所有消费者通过学习达到的最高水平，DL代表消费者购买产品时，所有消费者的最大期望误差，L_t代表消费者的学习能力，该变量从一个最低值开始，随时间不断提高，即随着消费者学习能力的提高，方差会不断下降，消费者对产品特征的识别能力会更加精确。其中，学习能力为

$$L_t=\rho L_{t-1}+(1-\rho)(2-L_{t-1}) \tag{8.5}$$

其中，ρ 是递减的学习系数。随着 ρ 不断下降，学习能力不断提高，最终接近 1。

消费者偏好由产品特征排序和企业的市场分布（需求结构）决定。其中，

产品特征的排序由企业供给决定，企业可以通过研发行为或者营销行为影响消费者对产品特征的排序，而需求结构的影响代表市场份额可以作为产品质量的代理变量，即如果消费者很难辨别产品质量时，该消费者做决策的主要参考是其他消费者的购买行为。假定由于企业 k 通过对产品特征 h 进行营销投入，消费者对特征 h 的排序为 $[RK_h^k \times MS^k \times (1 - RR^k \times U)]^\theta$，其中，$RK$ 代表企业 k 对特征 h 进行的营销投入，取值范围为［0，1］，MS 是企业的市场份额，RR 是决定消费者偏好随机变动的全局参数，U 在区间［-0.5，0.5］内服从均匀分布，θ 代表消费者的需求结构，其取值范围为［0，∞］，当 θ 较大时，说明消费者受到市场领导企业的营销努力的影响较大，需求结构趋向同质；相反，θ 接近 0 代表消费者对每一个产品特征的偏好是相同的，需求结构的异质性最高。当消费者偏好确定后，每一个产品特征被赋予一个值，AR。排序最高的特征的 AR 值等于 1，排序最低的产品特征的 AR 值等于 0，中间的产品特征值按照排序依次递减。当消费者购买产品之后，对每个产品特征进行一次修正，使用 AK 表示，其中，$AK = AR \times (1 - \xi) + \xi \times RK$，$\xi$ 为偏好修正的速度。

8.3 模型参数设定与结果分析

8.3.1 参数设定与主要观察指标

考虑到不同技术体制和需求结构条件下①，企业和消费者行为表现是存在较大差异性的，进而影响产业组织演化。本章首先在需求结构给定的情况下（需求结构参数 $\theta = 1$），考察颠覆性创新企业面临的技术体制（技术专有性和技术机会）在产业组织演化中的作用，然后，将颠覆性创新企业面临的技术体制进行分组，并考察需求结构的作用。在考察技术专有性时，假定技术机会参数 $\tau = 0.01$，技术专有性参数 α 分别等于 0.1，0.2，0.4，0.5，0.8，1；在考察技术机会时，假定技术专有性参数 $\alpha = 0.5$，技术机会参数 τ 分别等于

① 在不同的历史时期和社会发展阶段，技术体制和需求结构参数（可能）会发生改变。考虑到在中国手机产业组织演化中，技术专有性低、技术机会多、需求结构异质性强的特点，本书在整个手机产业组织演化中未对不同时期的参数进行改变处理。

0.001，0.002，0.005，0.01，0.02，0.05。在考察需求结构的调节作用时，通过对不同技术体制下产业组织演化结果，将颠覆性创新企业面临的技术体制分为两组，在不同组内调整需求结构参数 θ，考察不同需求结构下，不同组的产业组织演化差异。其他主要参数的初始值设定见表 8.2。同时，模型对其他相关参数进行了不同的赋值，并通过设置不同的种子值，以检验仿真结果的稳健性

表 8.2　模型主要参数初始值设定

参数	初始值	参数	初始值
N	6	χ	1
L_t	0.99	θ	1
ρ	0.01	RG	1
ML	0.99	IC	0.01
RR	1	AC	0.3
RK	0.5	β	0.2

本书考察的主要指标有赫芬达尔指数等同数（$InvH$），存活企业数目（Ns），在位企业存活数目（N_i）与市场份额（ms_i），企业平均年龄（AvA），平均研发集中度（AvC）。其中，赫芬达尔指数等同数是衡量产业集中度的指标，含义为：一个市场中有 N 个企业组成，每个企业的市场份额是随机的，据此可以计算出该市场的赫芬达尔指数。假定有 M 个市场份额相等的企业组成的市场的赫芬达尔指数也等于 H，那么由 N 个企业组成的市场的赫芬达尔指数等同数就是 M，其值大小等于赫芬达尔指数的倒数。另外，企业的研发资源主要投向了几个产品特征使用平均研发集中度（AvC）代表，该指标表示企业在研发时，主要关注单一产品特征还是同时关注更多的产品特征，使用 RDC_t^i 的加权平均数计算。每次运行 600 期，每次设定运行五次，以下将展示五次运行结果的平均值。

8.3.2　历史友好模型仿真结果

以中国手机市场产业组织演化历史特征事实为参考，本书引入一组参数

集，进行历史友好模型仿真。其中，技术专有性 α 等于 0.3，技术机会 τ 等于 0.01，需求结构 θ 等于 1。图 8.3 为历史友好模型的仿真结果。仿真区间为 0 到 600，对应于 2000 年到 2015 年的中国手机市场。

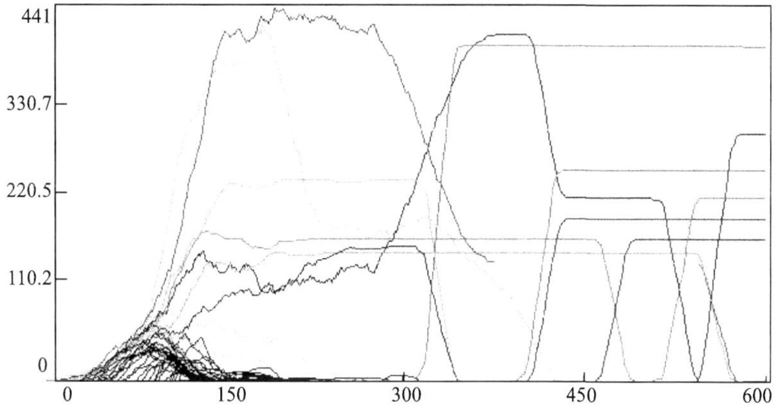

图 8.3　中国手机产业企业演化市场份额演化仿真结果

在由 2G 向 3G 转换过程，市场动荡发生，其中，有一些企业被迫离开市场，而另一些新的企业进入市场，有的甚至在一开始就能获得较高的市场份额。这与中国手机市场产业组织演化的实际结果是相符的。接下来，本章将通过历史差异化模型，进一步考察技术体制与需求结构在中国手机产业组织演化过程中的具体作用机制。

8.3.3　历史差异化仿真结果

通过对比不同参数下的产业组织演化结果，考察技术体制和需求结构的作用机制。技术体制和需求结构模型的参数如下所述。

首先，检验技术专有性参数（α）分别为 0.1、0.2、0.5 和 1 时的仿真结果。图 8.4 展示了不同技术专有性条件下的市场份额的动态变化。

在较高的技术专有性（α =0.1）条件下，进入市场的公司非常少，从而导致一个较集中的市场。这个结果表明越高的技术专有性使外部企业越难进入市场。因此，在位企业凭借其垄断地位占有更高的利润。当技术专有性很高时，成功孕育成功机制产生作用。然而，随着该参数值逐渐变大，市场竞争变得更激烈。这种情况下，在遇到技术不连续的情况时，新企业进入成长并颠覆在位企业的情况比较明显（时间段 450 ~500）。这个结果证实了——在某种程度上——较低的技术专有性条件为新进入企业提供了技术追赶的机会，尤其是面临由 2G 向 3G 的过渡阶段。

其次，分别对技术机会参数（ τ ）在 0. 001、0. 002、0. 005 和 0. 02 的取值下进行了考察，仿真结果见图 8. 5。在产业的早期阶段（在 300 时间段之前），丰富的技术机会允许新企业存活和/或进入。更大的技术机会可能加剧竞争，因为创新可以来自不同领域并且从创新中获得的优势会消失的很快。相反，当技术机会很少时，市场集中趋势有所增加，因为新企业在缺乏技术机会的情况下不能获得任何相关优势。在这些条件下，只有在早期加入市场的少数企业将享有成功孕育成功的优势。市场在没有新企业进入的情况下，即使是在后期和在技术不连续的条件下，在整个产业生命周期仍然是集中的。

由于路径依赖性，在位企业将在熟悉的技术领域分配更多资源，实现专业化生产。在这种情况下，如果一个新企业通过引入重大创新，很容易取代在位企业。

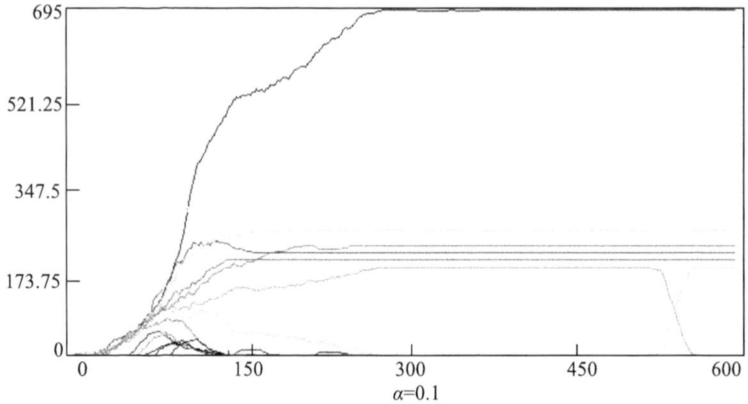

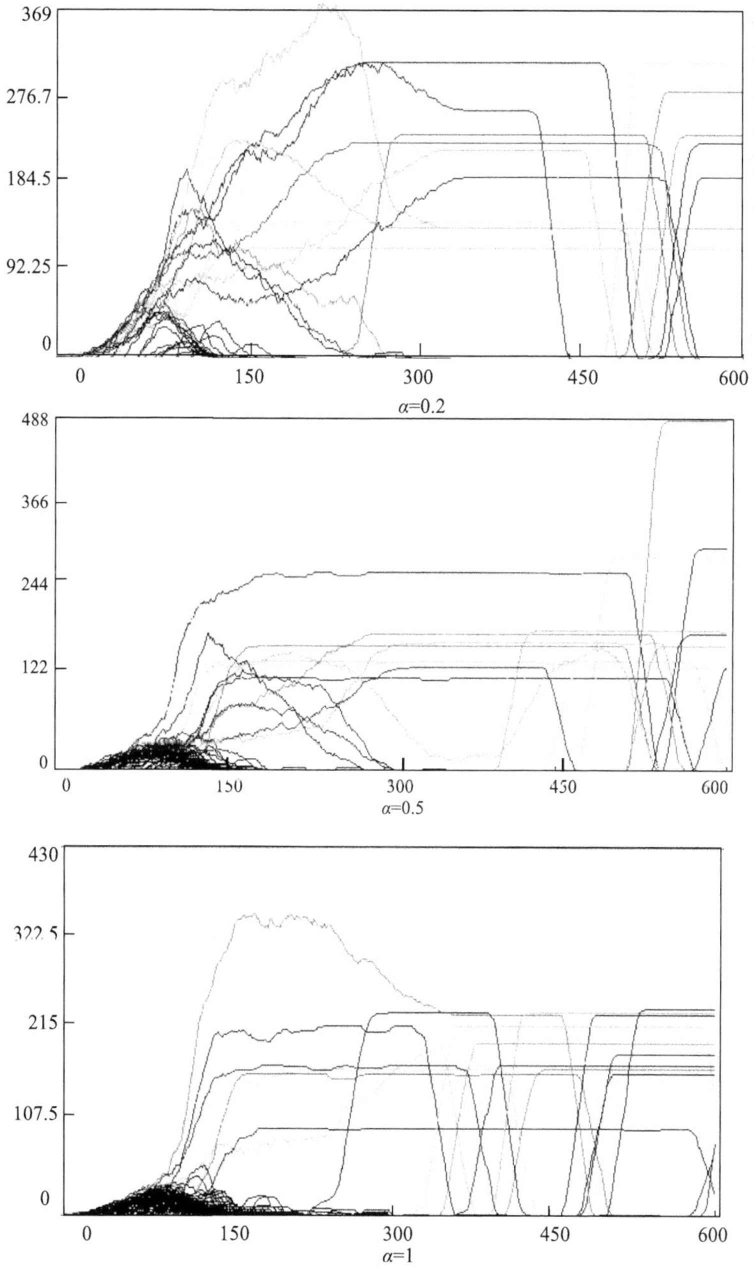

图 8.4 不同技术专有性条件下企业市场份额演化仿真结果

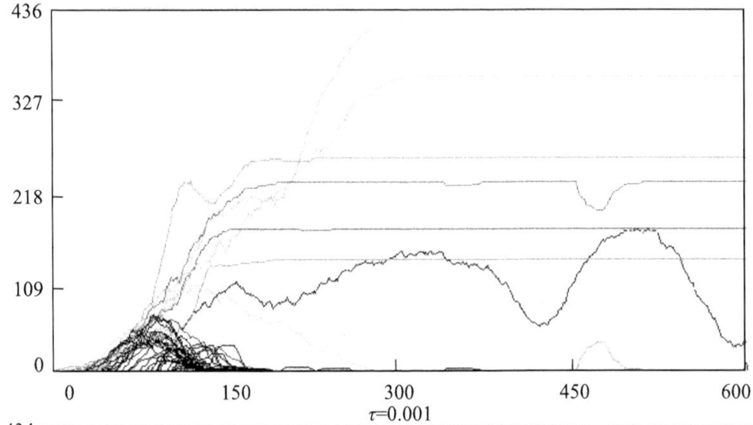

τ=0.001

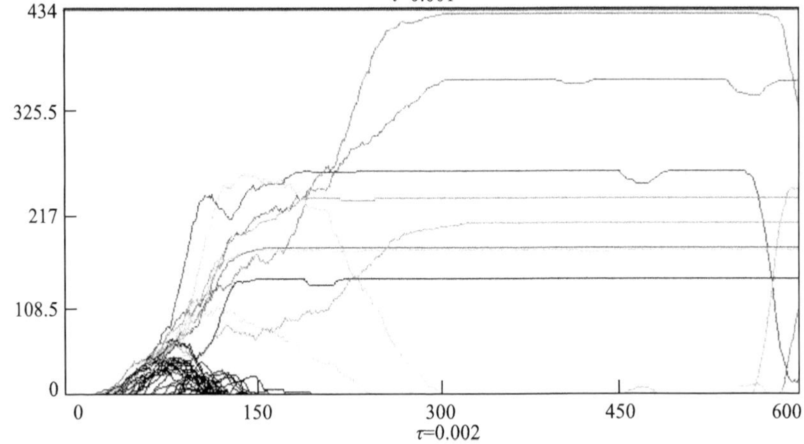

τ=0.002

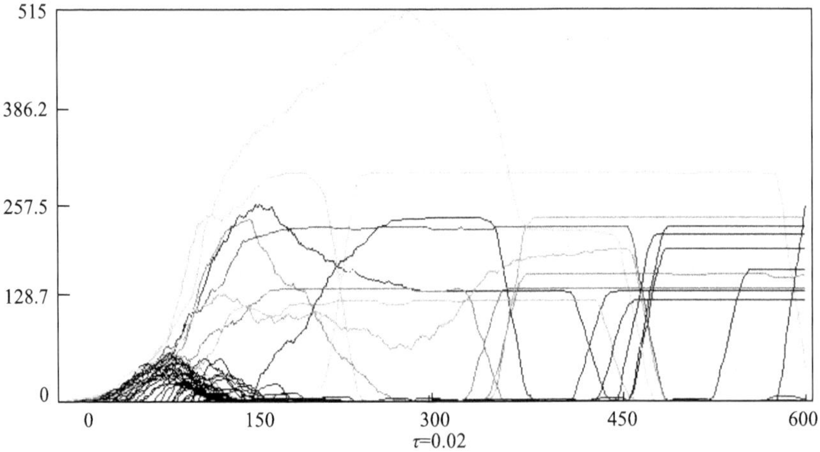

τ=0.02

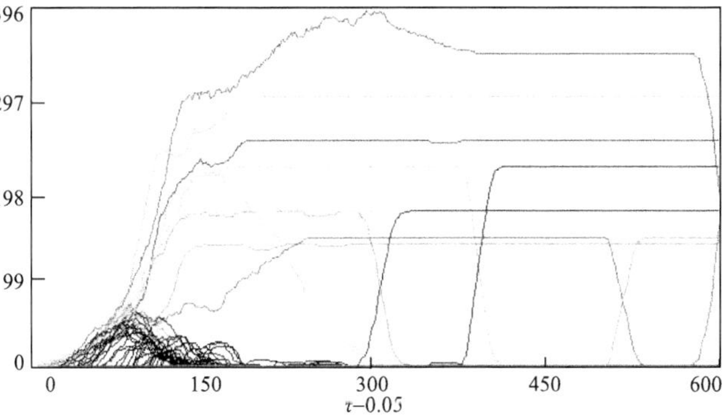

图 8.5 不同技术机会条件下企业市场份额演化仿真结果

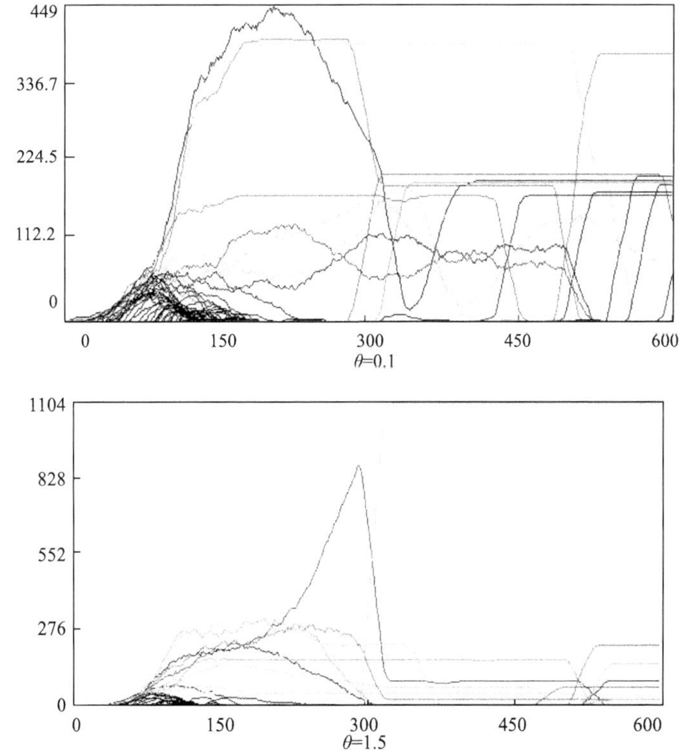

图 8.6 不同需求结构下的企业市场份额演化仿真结果

最后，通过 θ 参数分别取 0.1 和 1.5 检验了需求结构的作用。图 8.6 表示这两种情况下的仿真结果。当需求结构更趋向同质时（$\theta=1.5$），市场变得更加集中。在这种情况下，一些企业在初始阶段（如 300 时间段以前）进入市场并形成寡头市场结构。在 150~300 时期，大部分企业退出市场，最终一家企业控制整个产业。然而，如果一家新企业进入市场，它会迅速破坏在位企业的垄断地位。尽管在 2G 向 3G 过渡期间，在位企业的市场份额并没有明显受到小企业进入的影响，即便在技术不连续阶段。这一结果证实了异质性需求结构为后进入企业实现技术赶超创造了机会窗口，而同质性需求将导致一个大企业和一些小（边缘）企业的市场结构。相反，在一个更异质性需求结构的情况下会发生什么呢？在 $\theta=0.1$ 时，产业动荡明显：新企业频繁进入市场，在位企业领导地位变更明显，甚至容易被逐出市场。即使一家企业掌控市场，这种掌控也是不稳定的。

8.3.4 稳健性分析

本章进一步使用不同的参数、种子值设置，以验证历史友好模型和历史差异化模型分析结果的稳健性；同时，本章还采用不同的演化结果指标对以上分析结果进行稳健性分析，包括企业平均年龄、研发集中度等。

图 8.7 展示了技术专有性系数分别等于 0.4 和 0.8 时，各企业的市场销售额随时间演化的结果，将图 8.7 与以上分析结果结合，颠覆性创新企业在不同时期进入市场，会对市场上的在位企业造成不同程度的影响。一般而言，在第 500 期左右，具有颠覆性影响的颠覆性创新企业出现，并很快取代领导企业的地位。在具有颠覆性的颠覆性创新企业出现之前，当技术专有性较高的时候（$\alpha=0.2$），市场领导企业的领导地位容易保持，随着技术专有性的不断下降，领导企业的领导地位越难保持，并且，专有性条件越低，领导企业被颠覆的速度更快、可能性更大。随着专有性条件的下降，颠覆性创新企业进入市场的频率加快，对市场中的大型在位企业的颠覆效果更加明显。由于颠覆性创新对市场的颠覆程度随着专有性条件的下降而升高，因此，在专有性条件较高时，企业平均年龄相对较高，而在专有性条件较低的情况下，企业平均年龄相对较低，且在具有颠覆性的颠覆性创新企业出现之后，企业平均年龄开始下降（见图 8.8）。

图 8.9 展示了技术机会系数分别等于 0.005 和 0.01 时，各企业的市场销售额随时间演化的结果。将图 8.9 结合以上分析结果，在技术机会非

常少的情况下（τ = 0.001），颠覆性创新企业难以进入市场，在位企业最终形成各自的细分市场，因此，在位企业存活的数目较高（10个在位企业中存活3个），企业的平均年龄非常高（444.769）。随着技术机会的不断增加，颠覆性创新企业进入市场的机会增加，并对在位企业造成颠覆性的打击。在技术机会等于0.005时，早期进入的颠覆性创新企业没有存活下来，但随着企业在各产品特征上不断投入研发，各产品特征的性能不断提高，为后来进入的颠覆性创新企业整合不同产品特征的技术性能，并进入市场对在位企业进行颠覆奠定了基础，因此，颠覆性创新企业于第450期左右进入市场后，并不断提高各产品特征的产品性能很快对在位企业产生了颠覆性的打击。而技术机会参数等于0.01和0.05时，颠覆性创新企业面临的技术机会较多，技术进步速度较快，企业进入市场的频率增加，对在位企业进行颠覆的频率也相应提高，因此，在技术机会较高的情况下，市场上企业的平均年龄较低（见图8.10），在位企业存活的可能性极低。

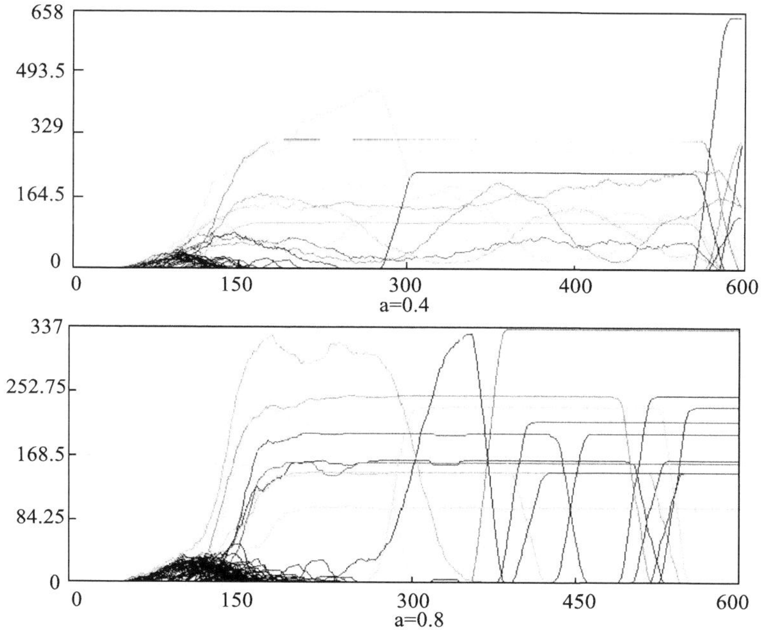

图8.7　不同专有性条件下市场份额演化稳健性分析

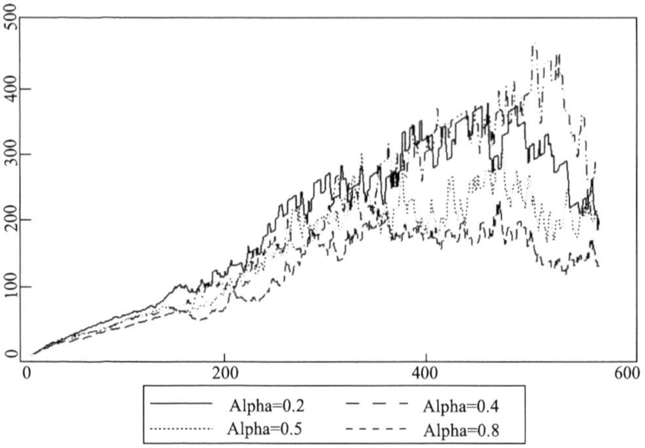

图 8.8　不同技术专有性下企业平均年龄演化

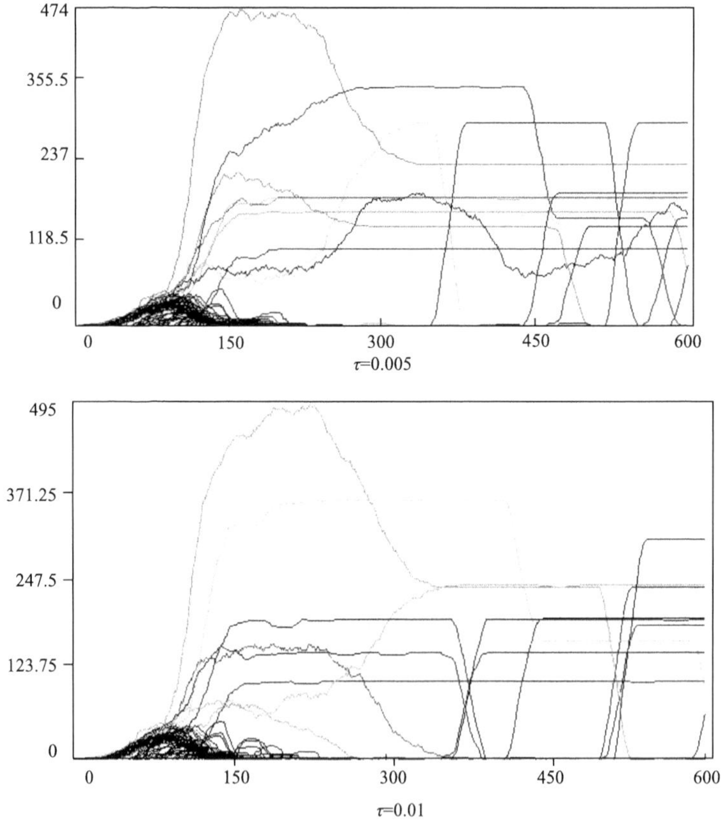

图 8.9　不同技术机会下市场份额演化稳健性分析

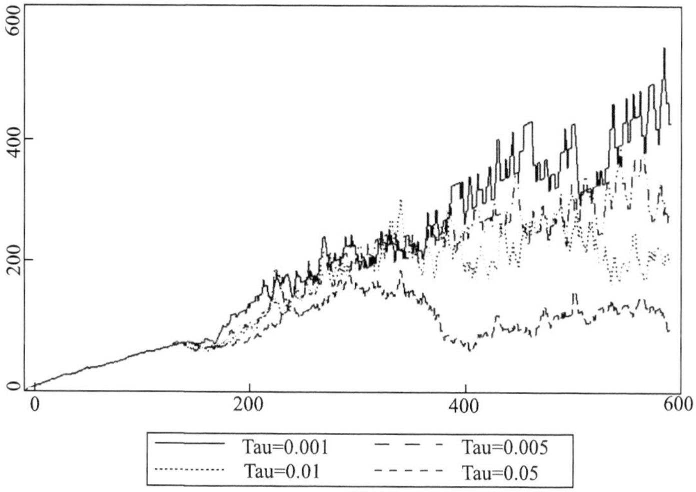

图 8.10 不同技术机会下企业平均年龄演化

表 8.3 展示了在不同技术体制与需求结构参数下，产业组织演化的结果。由表 8.3 可知，随着技术专有性水平不断下降，市场竞争激烈程度具有不断加剧的趋势（*InvH* 趋于增加），市场上存活的企业数目趋于增加，但在位企业的数目及市场份额趋于减少，企业的平均年龄趋于减小，平均研发集中度呈现倒“U”形特征。随着技术机会的不断增加，市场结构逐渐趋于集中（*InvH* 趋于下降），在位企业的数目及市场份额不断减少，企业的平均年龄不断减小，平均研发集中度不断提高。

平均研发集中度代表了企业在不同产品特征上的研发投入水平，研发集中度越低，说明企业会将研发资源集中于越少的技术领域。表 8.3 显示，随着专有性条件的下降，平均研发集中度呈现倒“U”形特征，这是因为在专有性水平较低时，新企业进入市场比较频繁，市场竞争趋于激烈，企业会在其熟悉的技术领域进行更多的研发投资，一方面，便于发挥技术优势，在该领域成为技术领导企业；另一方面，可以满足其细分市场消费者的需求，保持市场份额。这一结果也说明，在市场竞争激烈的情况下，将研发资源分散到不同的技术领域，不利于企业在市场上获得竞争优势。另外，在专有性条件非常高的情况下，新企业难以进入市场，在位企业容易保持其研发优势，且可以在其优势领域获得较高收益，在投资新技术领域方面缺乏激励，因此，在专有性水平较高的情况下平均研发集中度相对较低，只有适当的引入竞争，才能激励市场上的企业不断探索新的技术领域。另外，表 8.3 表明，随着技术机会的不断增加，平均研发集中度不断提高。这说明，随着技术机会的不断增加，创新产出更加容易，企业在保持各自优势领域的同时，也会加大其他相关领域的技术投资，以实现产品质量的全面提高，同时防止现有客户的流失。但这反过来也为颠覆性创新企业的成长与发展提供了条件，新进入企业由于研发积累较少、研发基础薄弱等特点，在技术机会较多的情况下，市场上存在大量的研发成果，新进入企业可以很容易的实现技术进步（技术机会的增加为新进入企业进行模仿创新提供了便利条件），因此，在技术机会相对较高的市场中，颠覆性创新企业对在位企业的颠覆频率相对较高。在这样的情况下，在位企业不得不继续增加相关技术领域的研发，防止竞争企业的赶超。然而，企业专注于单一技术领域的研发投入，为企业带来了巨大收益，也为颠覆性创新企业的进入与成长创造了机会。一方面，在位企业专注于单一技术领域，而忽略在其他技术领域的研发投入，容易形成技术“锁定”，这也是颠覆性创新现有文献所证实的。另一方面，不同企业在不同技术领域进行研发投入，为颠覆性创新企业在进入市场时获得相对较高的“技术初始值”提供了可能，因此，在各企业的技术投资决策相对稳定时，颠覆性创新企业的进入将对在位企业造成颠覆性的打击，现有文献尚没有从这个方面对颠覆性创新进行解释。对比不同专有性条件下各企业市场份额的演化情况，可以看出，在专有性条件较低时，具有颠覆性的颠覆性创新企业出现之后，市场领导企业的市场份额急剧下降，市场竞争趋于激烈，而在专有性条件较高时，具有颠覆性的颠覆性创新企业出现之后，新企业取代原有企业成为市场领导企业，市场竞争程度变化相对较小。这是因为在专有性条件较高时，企业进入市场的概率下降，颠覆性创新企业进入市场之后，会更多地投入研发资源，保持其领导地位，而在专有性条件较低的情况下，企业进入市场的概率提高，大量企业可以通过被赋予相似的“初始值”进入市场，企业之间的研发投资受到限制，市场竞争趋于激烈。

按照演化经济学传统，将颠覆性创新技术体制进一步分为组 1（技术专有性高、技术机会少）和组 2（技术专有性低、技术机会多）①，并考察不同的需求结构参数下，不同技术体制组的演化结果。具体而言，技术体制分为 $\alpha = 0.2$、$\tau = 0.005$ 和 $\alpha = 0.8$、$\tau = 0.05$ 两组，需求结构参数分别 θ 为 0.1，0.5，1，1.5，2。

由表 8.3 可知，在组 1 的技术体制下（技术专有性高、技术机会少），在位企业相对容易生存，在运行结束时，在位企业存活数目和市场份额相对较多，企业平均年龄也高于组 2 的技术体制下企业的平均年龄，这进一步说明了“成功孕育成功”的积累机制在组 1 的技术体制下更容易发挥作用，而在技术机会较多、专有性较低的组 2 的技术体制下，颠覆性创新企业对在位企业的颠覆效应更加明显。另外，在需求结构参数相同的情况下，大多数组 2 的赫芬达尔指数等同数高于组 1 的赫芬达尔指数等同数，因此，在组 2 的技术体制下，市场竞争更加激烈。

在两组技术体制下，随着 θ 不断增加（需求结构趋于同质），赫芬达尔指数等同数具有下降的趋势，这说明在需求异质性较高时，市场竞争更加激烈，颠覆性创新企业的进入与成长更加容易，对产业组织演化影响更加显著，而在需求异质性较低的市场，不利于颠覆性创新企业的进入与成长，市场趋于寡头垄断，颠覆性创新企业对在位企业的颠覆程度大大下降。这说明，在需求趋于同质的情况下，企业的研发与营销资源会更加集中于单一技术领域，而该技术领域的领先者更容易保持竞争优势，不断提高技术进入壁垒，颠覆性创新企业难以引入“激进型”创新，对市场的颠覆作用不明显，因此，市场趋于集中，而在市场需求趋于异质的情况下，企业在不同的技术领域进行研发投资（平均研发集中度较高），形成各自的利基市场，因此，市场趋于竞争。

① 根据演化经济学相关研究，组 1 类似于惯例型技术体制，组 2 类似于创业型技术体制。

表 8.3　不同技术体制与需求结构参数下产业组织演化结果

a	τ	θ	InvH	Ns	Ni	ms_i	AvA	AvC
0.2	0.01	1	7.134	12	2	0.09	213.917	1.197
0.4	0.01	1	5.103	13	4	0.154	281.385	2.05
0.5	0.01	1	9.961	15	0	0	216	1.42
0.8	0.01	1	9.057	16	0	0	140.938	1.015
0.5	0.001	1	8.391	13	3	0.303	444.769	1.176
0.5	0.005	1	10.331	15	2	0.08	297.933	1.344
0.5	0.05	1	5.282	19	0	0	102.579	2.116
0.2	0.005	0.1	10.778	12	8	0.62	483.5	1.437
0.2	0.005	0.5	6.156	10	8	0.816	502.1	1.662
0.2	0.005	1	8.853	11	9	0.807	503.091	1.176
0.2	0.005	1.5	1.835	8	4	0.145	392.375	1.192
0.8	0.05	0.1	9.996	15	0	0	125.867	1.006
0.8	0.05	0.5	8.26562	14	0	0	126.286	1.424
0.8	0.05	1	9.783	17	0	0	122.353	1.747
0.8	0.05	1.5	5.643	16	0	0	92.875	1.054

资料来源：根据不同参数下仿真结果整理的得到。

综上所述，较低的技术专有性和较高的技术机会等技术体制特点为后发企业市场进入和成长提供了有利的创业环境。在这样的技术体制中，后发企业更容易对在位企业造成颠覆性影响，市场结构趋于竞争；而较高的技术专有性和较低的技术机会容易导致一个较集中的市场结构，新企业进入困难，在位企业可以享受“成功孕育成功”机制带来的益处。另外，在需求结构异质性强的市场中，颠覆性创新发生更加频繁，市场竞争激烈，而在需求结构同质性强的市场中，后发企业进入市场或成长变得更加困难，此时有利于在位企业成长，市场结构趋于集中。

8.4　本章小结

本章通过对中国手机产业组织演化特征事实进行理论分析和描述，指出技术体制和需求结构异质性是驱动该产业组织演化的动力基础。通过构建基于中国手机产业组织演化的历史友好模型，借助历史友好和历史差异化仿真分析，揭示考虑技术体制和需求结构异质性的颠覆性创新与产业组织演化机理。仿真结果显示，较低的技术专有性和相对较高的技术机会以及异质性的需求结构为颠覆性创新企业进入市场和成长提供了机会，在这样的技术体制和需求结构下，颠覆性创新企业进入市场和成长更加容易，对维持性创新企业的颠覆更加频繁，市场竞争激烈。

9　连续性颠覆性创新影响下技术搜索与产业组织演化研究

颠覆性创新与消费者偏好互动是产业组织演化的动力和重要的微观基础。颠覆性创新与消费者偏好互动的过程实际上是企业围绕着消费者需求偏好特征不断进行技术搜索和知识创造的过程。在颠覆性创新发生频率较高的产业，颠覆性创新企业技术搜索加速，不仅需要在其相近的技术领域进行利用式技术搜索，还需要在其他技术领域进行探索式技术搜索。企业通过利用式学习或探索式学习的方式，不断进行技术搜索，增加知识积累或者提高知识多样性，进而提高企业在市场中的适应度，产业组织演化中保持（技术）领导地位。从产业组织演化的微观层面来讲，在不断的颠覆性创新影响下，企业能否得以生存取决于其不断创新和适应新环境的能力，并且如果企业能够形成影响技术发展方向的专利，将进一步提升其创新能力和生存能力。然而，由于路径依赖和组织惯例的存在，企业的技术搜索特点往往具有稳定特征。有关颠覆性创新的大量案例也说明，维持性创新企业由于技术锁定以及在适应新环境方面的核心刚性，很难产生影响新技术发展方向的专利技术，最终被新进入企业颠覆。在连续性颠覆性创新影响下，技术搜索的稳定性特征能否适应新的竞争环境有待于进一步考察。本章采用电子交换机行业的专利引用数据，研究在面对连续的颠覆性技术创新时，利用式技术搜索与探索式技术搜索对企业创新持续性和技术影响力的影响，加深对连续性颠覆性创新影响下产业组织演化的理论认识。

9.1 颠覆性创新影响下企业技术搜索与企业创新绩效

9.1.1 利用式技术搜索与企业创新绩效

企业通过利用式技术搜索可以不断地增加企业在竞争领域的知识积累（March，1991；Stuart and Podolny，1996；Cheng and Van de Ven，1996），往往涉及对现有技术、惯例和能力的投资，以及当前产品、渠道和顾客相关能力的优化和利用（Greve，2007；March，1991），能够提高企业知识识别和关联能力，进而创造一种新的方式去使用和拓展既有知识资产，推动开展相关市场的颠覆性创新（Katila and Ahuja，2002；Ghemawat，1993）。在特定领域拥有的知识积累较多时，企业对该产业的发展认识更具前瞻性，可以使得企业更早的发现特定技术领域的颓势，为企业尝试选择其他技术轨迹提供必要的吸收能力（Sadowski et al.，2016）。拥有较多知识积累的企业具有一定水平的吸收能力，在有效地将企业擅长的现有技术领域边界之外的知识进行内部化方面更具优势（Cohen and Levinthal，1990）。换句话说，企业需要足够的知识深度才能在相关技术领域的技术溢出中得到更多好处。另外，知识深度代表着企业在该领域研究的领先程度，高知识深度的企业在核心技术上积累了丰富的经验和技术，提高了企业深入探索同一领域知识的能力，加深了企业对核心知识的认识，从而更加精准地把握核心技术的发展趋势，发现更有价值的知识，产生高水平的创新成果（Sadowski et al.，2016）。高知识深度意味着企业对该领域知识的运用更加熟练，这有利于企业的创新灵感得以实践，提高了企业的创新效率。同时，较多知识积累的企业专利复杂程度更高，需要充分的知识储备才能有效的利用其创新成果，这也有利于企业独占其创新成果，防止竞争对手进行模仿，提高技术专有性，以及企业在该研究领域的核心地位。在技术搜索过程中，企业的知识深度水平越高，研发团队和合作伙伴在同一领域的研究越深入，越有利于企业内外部研发成员之间形成默契，提高了隐形知识在企业内外部传递的效率，提升了企业的创新效率（Yannopoulos et al.，2012）。

相反，由于组织惯例和路径依赖的存在，在利用式技术搜索方面的前期投资对新的变化可能产生抵制，当这种投资被认为是沉没成本的时候，这种抵制倾向更加明显（Lee and Malerba，2017）。例如，企业在其主流客户看中的产品属性上不断地进行投资，最终形成技术锁定，在面临新的技术变革或者颠覆性创新威胁时，尤其是当企业的前期投资很高且在短时间内仍然享有较高利润的情况时（Christensen，1997），在位企业难以实现技术转型。因此，很难预测企业在特定技术领域的利用式技术搜索与企业创新绩效（企业创新持续性和技术影响力）的关系，可能为正相关，也可能是负相关，或者呈倒“U”形关系。因此，本章提出一个一般化的研究假设 1。

假设 1：在连续性颠覆性创新影响下，利用式技术搜索影响企业创新的可持续性和技术影响力。

9.1.2 探索式技术搜索与企业创新绩效

企业通过探索式技术搜索可以不断将竞争领域之外的知识进行内部化，不断增加企业技术多样化水平（March，1991；Katila and Ahuja，2002）。探索式技术搜索往往涉及新技术和新商业机会的搜寻以及新选择方案的试验（March，1991；Hamel and Prahalad，1994），通过向现有知识库加入新颖的异质性知识和提高整合搜索能力促进企业的新产品开发（Katila and Ahuja，2002），而且可能孕育一些对行业具有重大影响的创新，这些创新旨在帮助企业推出全新产品、创造全新市场或重塑现有市场以及满足顾客尚未知晓的需求（Yannopoulos et al.，2012）。其中，这种全新产品可能是能够为新市场顾客或低端市场顾客提供其所重视的新性能的破坏性产品。而对于顾客尚未知晓需求的满足，则更有可能开发出适合新兴或潜在顾客需求的产品（Hamel and Prahalad，1994；Christensen，1997；Frenken and Boschma，2007；Saviotti and Pyka，2004）。另外，技术知识多样化的优势在于企业可以通过分摊技术创新风险来进一步提高其适应环境的能力，即企业可以运用其多样化的知识和技术协调适应外部环境，强化企业抵御外部风险的能力。企业适应新环境并生存下来，使得相应的知识与固定资本实现积累，并进而维持其增长的路径，这将最终为企业带来动态收益。同时，企业知识多样性水平越高，其研发团队与合作伙伴越多样化，这为企业提供了互补性的创新资源，有利于企业利用多领域创新资源进行持续的创新，缩短企业创新活动周期，提高企业创新成功的概率（Frenken et al.，2007；Teece et al.，1994；Breschi et al.，2003）。随着时间的推移，企业通过探索式技术搜索不断引入的新知识，将不断扩展和丰富现有知识基础，使企业在新一轮的技术竞争和知识搜索中显现出更强的竞争力和包容性（Levinthal and March，1993；Montgomery and Lieberman，1998；Neffke and Henning，2013），从而帮助企业以更快的速度发现更多的破坏性技术或利基市场。具体来讲，这种加速促进作用主要来自两个方面：一方面扩充的多元知识基础提高了企业发现破坏性技术或利基市场的概率，即相比以前，企业可以在同样的时间内在更多的领域去搜寻破坏性技术或利基市场；另一方面探索式学习的自我强化效应提高了企业的整合搜索效率。除此之外，企业具有多领域的知识储备，提高了企业与不同的研发组织间的对话能力，从而为企业获得多样化和异质性的外部知识，为企业开拓新的研究领域、加入新的产品市场提供机会（Chen et al.，2017）。基于此，本章提出研究假设2。

假设2：在连续性颠覆性创新影响下，探索式技术搜索有利于企业长期保持创新性与技术影响力。

9.1.3 利用式和探索式技术搜索的交互效应

探索式技术搜索与利用式技术搜索对于企业生存发展都非常重要，但由于资源的有限性，企业需要考虑这两种学习模式的平衡（March，1991）。探索式技术搜索和利用式技术搜索在各个阶段都存在相互依赖和补充的重要反馈机制（Filiou，2005；Zollo and Winter，2002；Katila and Ahuja，2002）。一方面，在特定技术领域不断地进行探索，有利于企业实现技术积累，增强其核心竞争力。相关技术的引入有利于企业进一步在该领域进行深入的探索，产生能够影响产业技术发展方向的专利，这也反过来提高了企业长期生存的能力（Katila and Ahuja，2002）。另一方面，企业拥有广泛的知识，意味着企业具有多领域的知识储备。当企业掌握了多个领域的异质性知识时，能够提高企业与外部不同组织的对话能力，从而有利于企业从外部组织那里获取多样化和异质性的知识（e. g. Chen et al.，2017）。多样化和异质性的外部知识能够为企业增加知识深度提供基础。首先，随着企业知识宽度的增加，企业能够更好地将相关领域的知识进行整合，这有利于企业加深对各方面知识的认识程度，选择更适宜企业发展的技术领域进行探索（Sadowski et al.，2016）；其次，随着知识宽度增加，企业可以从不同的角度理解所需要的深度知识，提高了企业对知识的利用效率，从而有利于企业对深度知识的转化和利用。当企业在某一领域发起颠覆性创新时，必然要经历颠覆性产品的开发、利基市场的搜寻以及产品的主流性能改进和主流市场侵蚀等过程（Cohen and Levinthal，1990）。而这些过程本质上就蕴含了组织学习的不同内容。其中，对于潜在的颠覆性技术的扫描及其可能存在的应用市场领域的分析，强调对不同于现有技术和市场的异质性知识的追求，与搜索、发现、实验等活动相关，属于探索式学习的范畴。而在颠覆性产品立足利基市场后，企业会进一步通过有计划地利用式学习活动寻找现有技术与颠覆性技术的关联知识，提升颠覆性产品吸引主流顾客所重视的属性性能，强调对现有知识的拓展与延续，与效率、持续改进、实施等活动相关，属于利用式学习的范畴。由此可见，这两种组织学习相互依赖补充，在颠覆性创新影响下共同提高企业技术创新绩效。

企业在特殊领域知识的深入积累，能够为企业识别和获取核心业务领域的专业性知识。随着企业对其核心业务领域知识掌握的深入，企业与该领域的其他组织的知识基础的相似性会提高，共同的知识基础能够促进企业与外部组织间的深度合作，从而利于形成互动频繁、联系紧密的知识网络，这种紧密的知识联系将进一步促进企业从外部组织那里获取多样化和异质性知识，增加企业知识的多样化程度（Filiou，2005）。另外，企业的知识累积程度越高，企业的研发团队的专业性程度越高、吸收能力越强，这有利于企业利用多样化的知识并转化为适应市场需求的新产品。在高新技术产业中，开发适应市场需求的复杂产品是企业维持其市场竞争优势的有利手段，产品的复杂程度越高，企业越需要深入理解多样化知识，这需要企业共同开发知识深度和知识广度以维持企业对多样化知识的认识程度和掌控能力。

综上所述，企业在不同相关领域的知识搜索与在特定技术领域的知识探索形成了互补，有利于企业创新的可持续性和增强技术影响力。一方面，企业共同开发知识深度和知识广度提高了企业对广泛知识的识别能力和认知程度，为企业创造了新的技术机会；另一方面，企业可以利用多样化知识对专有知识领域的技术进行完善，提高企业的创新持续性和影响力。因此，本章提出假设3。

假设3：在连续性颠覆性创新影响下，利用式技术搜索和探索式技术搜索的交互效应为正，即利用式技术搜索和探索式技术搜索在促进企业保持创新持续性和技术影响力方面存在互补作用。

9.2 数据、变量定义

本书使用欧洲专利数据库的电子交换机产业的专利引用数据［国际专利代码（IPC）为H04L和H04W］。一方面，该数据为荷兰埃因霍温理工大学创新科学学院购买并经过欧洲专利局专家整理的最新全球专利统计数据库（截至2015年），可以尽可能地减少专利数据使用时的“噪声”问题；另一方面，本书考察在连续性颠覆性创新影响下的技术搜索，而电子交换机行业在过去几十年的发展中经历了多次颠覆性创新（Martinelli and Nomaler，2012；Martinelli，2014）。为了使得网络连接性更强和防止遗失关键引用信息，本书保留在电子交换机领域的专利引用中起到关联作用的非H04L/W专利（以下称为相关专利），并使用这些数据建立专利引用网络，根据Verspagen（2007），得到最大的专利引用成分（component）作为本书的主要数据分析基础。该成分含有从1978年到2014年的55840个专利节点与66305个引用-被引用边，以下将这些专利称之为核心专利，因为这些专利在电子交换机领域的技术演进中，起到了重要的作用。其中，21210个专利隶属于H04L，33424个专利隶属于H04W（9291个专利既属于H04L又属于H04W），10498个专利是相关专利。图9.1展示了不同技术子领域的专利申请趋势。由图9.1可知，2000年以前，专利申请数量增长较慢，2000年之后增长迅速，并且在2010—2011年达到极点。2007年以后，相对于传统的电子信息交换专利（H04L），无线通信网络专利（H04W）的数量增长显著。这与无线通信在不断成为主导设计的历史事实是一致的。紧接着，本书参考Verspagen（2007），采用搜索路径结点对方法（Search Path Node Pair，SPNP）对核心专利的技术路径进行识别。通过计算，每个专利对应的遍历权值的对数值在 125 ~248 分布，本书将遍历权值的对数值大于 200 的专利称为关键专利，因为这些专利在该产业的技术发展中起着举足轻重的关键作用，专利数量为 2159，占总样本的 3.87%。

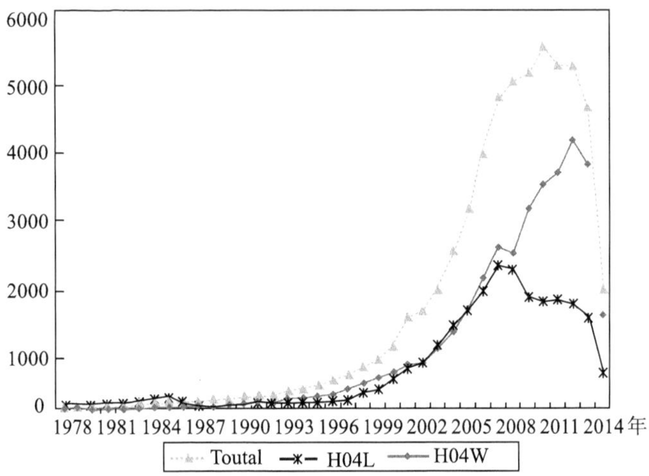

资料来源：全球专利统计数据库（1978—2015 年）。

图 9.1　电子交换机产业核心专利申请趋势

通过进一步对专利与其申请人进行匹配，可以得到本书的主要观察对象包含 3885 样本企业，并将这些企业称为核心企业。其中位于遍历权值的对数值大于 200 的专利对应的企业称为主路径企业，一共 312 个。本书将时间分为四个阶段，分别是 1978—1984 年、1985—1994 年、1995—2004 年、2005—2015 年，表 9.1 展示了核心企业和主路径企业在不同时间段的企业数目分布情况。由表 9.1 可以看出，企业数目呈现指数型增长态势。

表 9.1　不同时间段的企业及其专利数目分布

时间段	1978—1984 年	1985—1994 年	1995—2004 年	2005—2015 年
核心企业	115	415	1280	2633
主路径企业	34	71	101	172

资料来源：根据专利名和专利申请人进行匹配后整理得到。

以下为本书的主要变量及其衡量。

创新持续性（Cntnxt）。企业能否在不断的技术变动的环境中维持生存，在于企业创新的能力和适应新环境变化的能力。因此，本书使用创新存活这一概念来描述创新持续性，具体而言，本书按照专利申请时间和该产业技术变迁历史，将时间分为四个阶段，每个阶段大约 10 年，创新持续性指标用下一期该企业的核心专利数目表示。

技术影响力（Mcont）。创新持续性代表了企业创新的能力和适应新环境的能力，然而，如果企业的专利对整个产业的技术发展方向影响更深，则该企业的适应能力更强。在主路径上的专利代表了该产业技术发展方向，在主路径上的专利数目越多，该企业的技术影响力越大。因此，本书使用企业在主路径上的专利数目作为技术影响力的衡量指标。

知识宽度（Width）。企业在不同的相关技术领域的探索式技术搜索有利于企业更多的接触不同领域的技术知识，了解技术前沿，以及促进不同技术领域的科学家之间进行知识尤其是隐性知识的传播，进而对企业技术创新起到促进作用。本书采用知识宽度来描述企业进行探索式技术搜索得到的技术积累存量。知识宽度一般采用企业在不同技术领域的专利分布的集中度表示（Brusoni & Geuna, 2003; D' Este, 2005; Brusoni et al. , 2005; Xu, 2015），这样的衡量方式包含了大量的非有效专利，或者这种方法难以表达企业探索式技术搜索。比如，某企业在其他领域的专利很多，但在电子交换机领域的最大专利引用成分中出现的专利数量较少，甚至这些专利尚未或难以在任何领域进行应用，说明这些专利在电子交换机领域知识宽度积累不高。与以上方法不同，本书采用电子交换机行业的核心企业（该领域技术引用网络中的最大成分对应的企业）作为观察对象，并使用其在引用网络中的专利构建知识宽度指标。在该网络中，既包括电子交换机产业的专利（IPC 为 H04W 和 H04L），也包括连接这些专利的相关专利（本书称为 Non-H04W/L）。使用该企业 Non-H04W/L 专利的专业化程度表示该企业在电子交换机领域的知识宽度，其计算公式如下：

$$Width = \frac{Non - H04W/Lfirm}{Non - H04W/Lall} / \frac{Num\ firm}{Num\ all} \tag{9.1}$$

其中，$Non - H04W/Lfirm$ 是指企业的非 $Ho4W/L$ 的专利数量；

$Non - H04W/Lall$ 是所有非 $Ho4W/L$ 的专利数量；

$Num\ firm$ 是指企业的专利数量；

$Num\ all$ 是所有企业的专利数量。

知识深度（*Depth*）。企业在特定领域内的利用式技术搜索将促进企业更深入地了解或解决产业组织演化过程中的技术难题，增加企业在该领域的知识深度。知识深度一般采用企业在特定领域的专利数目（Xu，2015）或者企业在基础科学和应用科学领域进行专业化研究的领域数目来衡量（Brusoni et al.，2005）。与知识宽度衡量方式类似，本书采用企业在电子交换机产业技术领域的专利申请的专业化程度代表企业的知识深度，其计算公式如下：

$$Depth = \frac{H04W/Lfirm}{H04W/Lall} / \frac{Num\ firm}{Num\ all} \tag{9.2}$$

其中，$H04W/Lfirm$ 是指企业的 $H04W/L$ 的专利数量；$H04W/Lall$ 是所有 $H04W/L$ 的专利数量。

9.3 回归方程与实证结果分析

本书主要考察知识宽度和知识深度对企业创新持续性和技术影响力的影响，以及知识宽度和知识深度的交互作用。考虑到知识深度对因变量影响的不确定性，本书将知识深度指标的平方项也纳入方程，考察其对创新可持续性与创新影响力方面的非线性影响。本书的数据为面板数据，采用随机效应进行回归。由于因变量是离散型数据，本书采用面板数据泊松分布进行回归。具体的回归方程如下：

$$Cntnxt = EXP(Width\ \alpha + Depth\ \beta + \varepsilon) \tag{9.3}$$

$$Cntnxt = EXP(Width\ \alpha + Depth\ \beta + Width \times Depth\ \theta + \varepsilon) \tag{9.4}$$

$$Cntnxt = EXP(Width\ \alpha + Depth\ \beta + Depth \times Depth\ \delta + \varepsilon) \tag{9.5}$$

$$Mcont = EXP(Width\ \alpha + Depth\ \beta + \varepsilon) \tag{9.6}$$

$$Mcont = EXP(Width\ \alpha + Depth\ \beta + Width \times Depth\ \theta + \varepsilon) \tag{9.7}$$

$$Mcont = EXP(Width\alpha + Depth\ \beta + Depth \times Depth\ \delta + \varepsilon) \tag{9.8}$$

表 9.2 展示了知识宽度与知识深度对创新持续性的影响，其中每个方程的第一列为面板数据泊松分布随机效应回归结果，第二列是对应的边际效应。

结果显示，知识宽度和知识深度与企业创新持续性存在正相关关系，并且在0.01统计水平下显著，这说明企业无论是在同一技术领域进行利用式技术探索，还是在不同领域进行探索式技术搜索，均有利于企业在长期内保持创新性。两者的交互作用为正，说明企业在不同相关领域的知识搜索与在特定技术领域的知识探索形成了互补，有利于企业创新持续性。方程（9.5）的回归结果显示，知识深度与企业创新持续性存在倒“U”形关系，即在一定范围内，随着知识搜索深度的增加，企业可以保持创新的可持续性，然而，超过一定门槛之后，随着知识深度的增加，企业在长期内的创新持续性将不断下降，很有可能是因为超过一定门槛之后，企业陷入技术锁定困境，在不断技术变革和破坏性技术创新发生的情况下，这样的企业面临核心刚性，难以转向新技术。颠覆性创新的大量案例也说明了企业在特定领域进行持续性创新，将面临破坏性技术的颠覆，这方面最典型的案例为柯达相机。

表9.3展示了知识宽度和知识深度对技术影响力的影响。由回归结果对应的边际效应，知识宽度和知识深度与技术影响力存在正相关关系，并且在0.01统计水平下显著，这进一步说明企业无论是在同一技术领域进行利用式技术探索，还是在不同领域进行探索式技术搜索，均有利于企业形成具有技术影响力的专利。两者的交互作用为正，说明企业在不同相关领域的技术搜索与在特定技术领域的技术探索形成了互补，有利于企业形成具有影响力的专利。创新是现有技术、方法等方面的组合，在特定技术领域不断的进行探索，有利于企业实现技术积累，增强其核心竞争力，不断的引入外界的相关技术，将有利于企业进一步在该领域进行深入的探索，并产生影响产业技术发展方向的专利，这也反过来提高了企业长期生存的能力。方程（9.8）的回归结果显示，知识深度与企业技术影响力存在倒“U”形关系，即在一定范围内，随着知识深度的增加，企业具有影响力的专利数量在不断增加，然而，超过一定门槛之后，随着知识深度的增加，企业具有影响力的专利的数量会不断下降，与表9.2类似，很有可能是因为超过一定数量门槛之后，企业陷入技术锁定困境，即便企业在该领域能产生大量专利，但在不断技术变革和颠覆性技术创新发生的情况下，这些专利侧重于维持性创新，难以在新技术领域产生相关专利，加之这样的企业面临核心刚性，难以转向新技术，因此，

也难以形成更多的具有技术影响力的专利。结合表 9.2 和表 9.3 的回归结果，在不断的技术变革和颠覆性创新的影响下，企业要不断在该技术领域进行利用式技术探索和在相关领域进行探索式技术搜索，两者相互促进，才能保持创新的持续性，产生具有引领技术发展方向的专利技术，进而巩固其适应新环境的能力和竞争优势。相反，在特定领域的技术研发投入过度，可能会出现“技术锁定”困境，甚至被颠覆性创新企业颠覆。

表 9.2　技术搜索与创新持续性回归结果

因变量：创新持续性（*Cntnxt*）					
方程	(9.3)		(9.4)		(9.5)
	Poisson	Margin Effect	Poisson	Margin Effect	Poisson
Width	0.997***	0.997***	-0.018	1.540***	1.109***
	(0.042)	(0.042)	(0.057)	(0.048)	(0.416)）
Depth	3.206***	3.206***	1.625***	3.234***	12.114***
	(0.158)	(0.158)	(0.177)	(0.171)	(0.270)
Width * *Depth*			1.564***		
			(0.035)		
Depth * *Depth*					-5.167***
					(0.119)
_cons	-1.287***		0.343+		-4.089***
	(0.223)		(0.235)		(0.209)
lnalpha	2.955***		2.783***		2.821***
	(0.052)		(0.053)		(0.538)
Alpha	19.205		16.175		16.791
Waldchi2	609.11		2975.32		2643.03
Prob > chi2	0.0000		0.0000		0.0000
N	1809	1809	1809	1809	1809

注：Standard errors in parentheses

+ $p<0.2$，* $p<0.1$，** $p<0.05$，*** $p<0.01$

表 9.3 技术搜索与技术影响力回归结果

因变量：技术影响力（*Mcont*）						
方程	(9.6)		(9.7)		(9.8)	
	Poisson	Margin Effect	Poisson	Margin Effect	Poisson	Margin Effect
Width	0.470***	0.470***	-0.447***	1.340***	0.968***	0.968***
	(0.108)	(0.182)	(0.130)	(0.125)	(0.128)	(0.128)
Depth	1.732***	1.732***	0.299	2.132***	16.659***	0.564
	(0.376)	(0.376)	(0.417)	(0.408)	(1.171)	(0.456)
Width * *Depth*			1.793***			
			(0.114)			
Depth * *Depth*					-8.075***	
					(0.496)	
_ cons	-3.384***		-2.043***		-9.858***	
	(0.479)		(0.519)		(0.820)	
lnalpha	3.355***				2.953***	
	(0.072)		2.972***		(0.796)	
Alpha	28.642		(0.080)		19.169	
Wald chi2	21.42		267.79		275.60	
Prob > chi2	0.000		0.0000		0.0000	
N	4442	4442	4442	4442	4442	4442

注：Standard errors in parentheses

$^{+}p<0.2$, $^{*}p<0.1$, $^{**}p<0.05$, $^{***}p<0.01$

通过以上实证分析，在颠覆性创新技术不断推出和技术创新频率不断加快的背景下，探索式技术搜索和利用式技术搜索在促进企业创新持续性和技术影响力方面存在互补效应。不断地进行探索式技术搜索，可以丰富企业产品种类，降低颠覆性创新导致的负面影响，也会提高研发人员的创造性。利用式技术搜索在一定范围内可以提高企业创新持续性和技术影响力，然而，利用式技术搜索的作用存在一定门槛效应，当利用式搜索带来的知识深度超过这一门槛时，进一步的利用式搜索可能会带来对旧技术的锁定，导致其在连续性的颠覆性创新影响下难以成功转型到新技术，进而在创新持续性和技术影响力方面受到影响。

9.4 本章小结

本章是在颠覆性创新技术不断推出和技术创新频率不断加快的背景下，考察企业技术搜索在颠覆性创新驱动产业组织演化过程中有利于企业保持创新持续性和技术影响力。首先，根据组织学习理论，对探索式技术搜索和利用式技术搜索的作用机制进行理论阐述，提出理论研究假设。其次，以电子交换机产业的专利引用数据，构建专利引用网络和技术主路径网络，构建创新持续性、技术影响力、探索式技术搜索和利用式技术搜索指标，建立泊松分布回归方程，对探索式技术搜索和利用式技术搜索影响创新持续性和技术影响力的关系进行实证分析。实证结果显示，在颠覆性创新技术不断推出和技术创新频率不断加快的背景下，探索式技术搜索和利用式技术搜索在促进企业创新持续性和技术影响力方面存在互补效应。不断地进行探索式技术搜索，可以丰富企业产品种类，降低颠覆性创新导致的负面影响，也会提高研发人员的创造性。利用式技术搜索在一定范围内可以提高企业创新持续性和技术影响力，然而，利用式技术搜索的作用存在一定门槛效应，当利用式搜索带来的知识深度超过这一门槛时，进一步的利用式技术搜索可能会带来对旧技术的锁定，导致其在连续性的颠覆性创新影响下难以成功转型到新技术，进而在创新持续性和技术影响力方面受到影响。本章为企业面临连续性颠覆性创新影响下如何进行技术搜索和技术选择来促进其创新持续性和技术影响力提供了参考，为加深连续性颠覆性创新背景下颠覆性创新与产业组织演化机理的认识提供了理论依据。

10　研究结论与研究展望

10.1　研究结论

产业组织演化是在市场选择的作用下，优秀惯例被复制，相应企业市场份额或利润不断增加，而不适应环境的惯例被逐渐淘汰，相应企业市场份额不断下降并最终退出市场的过程。产业组织演化的动力源于产业内市场主体的异质性。颠覆性创新的出现加大了市场主体的异质性，颠覆性创新行为与消费者偏好互动关系进一步加强了市场主体异质性特征，使得产业组织演化备受关注。颠覆性创新相较于维持性创新更好地满足了目标市场消费者需求偏好，甚至创造了新的市场需求，颠覆性创新行为不断改变、影响消费者偏好，消费者偏好的变动也反作用于企业行为。消费者偏好的变动与颠覆性创新行为形成互动。消费者需求偏好与颠覆性创新行为的互动关系影响到颠覆性创新企业在群体竞争中的适应能力，并进而在市场选择机制作用下，引发产业规模和企业市场份额的改变、产业竞争格局的演化。与消费者偏好既定不变的假设相比，颠覆性创新行为与消费者偏好在产业组织演化中是一个内生互动过程。在此背景下，本书基于消费者偏好内生视角，揭示颠覆性创新与产业组织演化机理，加深颠覆性创新带来的剧烈影响的认识，并据此制定相应的竞争策略提供决策参考。

本书对颠覆性创新行为和消费者偏好进行了分析，研究了颠覆性创新行为与消费者偏好的互动关系，形成了消费者偏好内生的理论认识，研究了颠覆性创新与产业组织演化涉及的市场主体及其行为，构建了基于消费者偏好内生的颠覆性创新与产业组织演化理论模型，揭示了促进市场主体互动的三大演化机制：动力机制、市场选择机制和适应性机制，考察了技术体制和需求结构异质性条件下颠覆性创新和产业组织演化，分析了连续性颠覆性创新影响下企业技术搜索与产业组织演化，加深了颠覆性创新与产业组织的共生演化关系的认识，揭示了基于消费者偏好内生视角的颠覆性创新与产业组织演化机理。主要研究结论为：

（1）形成颠覆性创新行为与消费者偏好互动关系的理论认识。颠覆性创新企业通过低端破坏或新兴市场破坏行为满足目标细分市场需求偏好，并通过不断的技术改进，提高主流属性性能，满足主流市场消费者需求偏好，并与维持性创新企业形成竞争。不同细分市场消费者偏好的异质性为颠覆性创新企业的建立、成长乃至对维持性创新企业的颠覆奠定了市场基础。颠覆性创新企业在不同创业阶段采取不同的创新创业行为，来满足、影响甚至改变消费者偏好；消费者偏好的变动进一步通过其购买行为以及市场份额相对变动反馈给企业，进而反作用于企业行为。伴随着新的主导技术的出现，消费者偏好从传统属性转向附属属性，或者在传统属性达到消费者最低需求标准的时候，新的附属属性成为消费者关注的焦点属性，即消费者偏好伴随着技术的发展发生变化。消费者偏好的内生变化决定了消费者购买行为的变化，消费者购买行为进一步反馈给企业，企业通过对消费者购买行为的分析，调整研发策略。因此，颠覆性创新行为与消费者偏好形成了双向互动关系，这种消费者偏好内生机制促进了技术创新的扩散。

（2）提出基于消费者偏好内生视角的颠覆性创新与产业组织演化理论模型。颠覆性创新行为可以更好地捕捉新兴消费市场或者低端消费市场消费者的需求偏好，并不断地满足、适应甚至创造市场需求。消费者偏好也通过市场机制不断地反馈给颠覆性创新企业，影响颠覆性创新行为。颠覆性创新行为和消费者偏好之间的互动关系为颠覆性创新导致的市场规模变动、企业市场份额变动、市场竞争程度演化和竞争格局改变带来了动力源。在认识到颠覆性创新行为与消费者偏好互动关系的基础上，进一步阐述了颠覆性创新与产业组织演化的三大演化机制：动力机制、市场选择机制和适应性机制，从消费者偏好内生视角深化了颠覆性创新导致的企业市场份额相对变动、市场竞争结构的变化和从长期看颠覆性创新导致的产业颠覆等产业组织演化机理的理解。

本书对基于消费者偏好内生的颠覆性创新与产业组织演化模型进行了计算机仿真，进一步揭示了颠覆性创新与产业组织演化中的消费者偏好内生机制。仿真结果显示：①消费者对不同产品特征的评价不同，为不同细分市场的形成奠定了基础，也为企业针对不同市场的消费者需求偏好进行知识搜索和产品设计提供了市场基础。②消费者偏好的内生变动驱动了产业组织演化。其中，购买决策的转换代表了消费者需求偏好的内生变动。在技术轨迹或技术范式转换的时候，消费者从从一个企业的产品向另一个企业的产品进行转换的概率增加，即当大多数消费者从一个产品转向另一个产品时，给原有产品市场造成极大地颠覆效果。③随着产业组织演化，各个企业更加注重专业化生产，企业在特定技术领域的投资容易形成路径依赖，在与目标客户的互动中，这种路径依赖特征会得以强化，最终形成在特定技术轨道上的技术锁定。当消费者偏好发生变动时，如果企业难以进行技术转型，技术锁定将使企业难以应对新技术企业的挑战。

（3）企业知识整合能力和知识搜索速度为产业组织演化提供了动力。产业组织演化动力源于市场主体创新行为的异质性。颠覆性创新企业通过知识整合和知识搜索，不断满足目标消费者需求偏好，其整合能力和搜索速度决定了市场主体创新行为的异质性，进而决定了颠覆性创新与产业组织演化的动力。由模型仿真结果可知，在颠覆性创新企业进入市场时，能够从在维持性创新企业那里得到更多的知识溢出时，企业在进入市场时可以获得较高的技术水平，可以短时间内获得一定的市场份额。此时，颠覆性创新企业进入市场并对维持性创新企业的颠覆现象明显，企业进入与退出更加频繁，企业的平均年龄较短。另外，当企业知识搜索速度加快时，可以迅速地调整研发策略，提高其市场适应性。此时有利于颠覆性创新企业的发展；如果知识搜索速度减慢，企业调整速度比较慢，说明企业倾向于采取稳定的研发策略，此时有利于维持性创新企业的发展。

（4）消费者产品更换频率、消费者偏好分布特征和消费者学习能力是产业组织演化重要的市场选择机制。本书从消费者产品更换频率、消费者偏好分布特征和消费者学习能力三个方面对颠覆性创新与产业组织演化的市场市场选择机制进行了研究，发现消费者产品更换频率的加快，为颠覆性创新企业进入市场并对维持性创新企业进行颠覆创造了机会。在消费者分布比较同质的情况下，市场结构趋于寡头垄断，而在消费者分布相对异质性的情况下，各个企业容易形成各自的细分市场。在消费者产品更换频率较快的市场，消费者偏好分布异质性可以为颠覆性创新企业进入市场提供条件，颠覆性创新企业进入市场可能性提高，进入之后会很快颠覆维持性创新企业。但是，市场领导企业在这种市场动态中容易保持市场主导地位，在短时间内难以被新进入企业迅速颠覆。随着技术的不断扩散，加之主导企业的市场依赖和技术锁定，较晚进入市场的颠覆性创新企业可以凭借其后发/快发优势，迅速颠覆主导企业。而在需求同质化的情况下，颠覆性创新企业难以进入市场，市场环境有利于维持性创新企业发展，市场趋于寡头垄断，但是，能够凭借其技术和资源优势进入市场的颠覆性创新企业，可以短时间内迅速取代领导企业的领导地位。当消费者不存在学习能力的情况下，在产品购买时总会产生错误的购买决策的时候，颠覆性创新企业进入市场的机会增加，市场动态更加显著，如果在消费者产品更换频率较快的情况下，企业进入与退出会更加频繁。

（5）为提高颠覆性创新企业适应性水平，颠覆性创新企业在不同创业阶段针对目标消费者需求偏好采取不同的创新行为。

在不同的市场选择环境中，企业会选择不同的创业行为以提高其环境适应能力。由于颠覆性创新企业在初创期和成长期面临的创业挑战、市场目标以及消费者类型等不同，颠覆性创新行为通过满足消费者偏好进而提高生存适应能力的选择也存在很大差异。在初创期，低端市场或新兴市场一般为在位企业关注不到、或者不愿关注的市场，颠覆性创新企业以第一进入者的身份获得“先动优势”，基于消费者偏好伺机而动，形成其利基市场。另外，企业采取一定的创新行为影响甚至改变消费者的需求偏好，将大大降低创业风险。例如，渠道创新可以大大提高市场嵌入度，大大降低产品的边际成本，从而降低产品的均衡定价，为消费者带来更大效用，与此同时，企业的均衡产量相应增加，均衡利润也随之增加。另外，企业可以通过顾客教育、产品改进等创新行为提高消费者对产品性能的感知程度。由于新兴市场消费者更加关注产品的价格以及产品的可获得性，而对产品主流性能的要求相对较低，因此，在初创期，颠覆性创新企业在产品改进方面，更加侧重于附属性能的增加，以增加不同的产品种类，满足不同消费者的需求。在初创期，企业产品改进可以增加消费者的购买量，提高消费者的认可度，增加企业利润。在成长期，主流市场消费者的需求偏好特点为颠覆性创新企业提供了创业成长的机会。首先，主流市场低端的消费者对价格要求比较苛刻，产品的主流性能只要满足其要求门槛即可，不愿为多增加的性能支付更高的价格，属于维持性创新企业不愿关注的微利群体，并且，当颠覆性创新企业进入主流市场后，两个竞争企业之间存在策略性互补关系，这也进一步降低了维持性创新企业对主流市场低端消费者的关注，这为颠覆性创新企业进入主流市场创造了机会，颠覆性创新产品主流性能不断提高，突破性能门槛，并借助成本优势，可以满足该群体消费者的需求偏好。面对主流市场消费者的需求偏好特点，企业必须持续改进产品主流性能，在市场上获得差异化优势，同时，借助成本优势与维持性创新技术企业进行竞争。随着颠覆性创新企业产品改进，颠覆性创新产品的市场定价不断上升，维持性创新企业产品定价不断下降。并且，当产品性能改进与边际成本降低同时发生时，对在位企业造成颠覆性打击。随着企业不断壮大，庞大的管理体系将大大增加产品开发的成本，甚至影响产品开发的质量，企业有激励建立战略业务单元。战略业务单元的建立可以大大降低产品成本，提高产品开发的速度与质量，有助于企业在成长期获得成本优势。随着战略业务单元自治能力的不断提高，颠覆性创新企业的市场份额和市场利润会不断增加。

（6）技术体制与需求结构在颠覆性创新与产业组织演化中起到了重要作用。

颠覆性创新技术体制特点是较高的技术机会和较低的专有性，这样技术体制特点的市场更容易引入连续的“激进型”技术，但由于容易技术溢出，创新企业很难独自占有熊彼特创新租金，因此，后进入企业更容易通过模仿、学习或创新实现赶超。基于中国手机产业组织演化的历史友好模型研究发现，随着专有性条件不断下降，赫芬达尔指数等同数呈现不断增加的趋势，市场上存活的企业数目不断增加，但在位企业的数目及市场份额不断减少，企业的平均年龄不断减小，平均研发集中度不断下降；随着技术机会的不断增加，市场结构逐渐趋于集中，在位企业的数目及市场份额不断减少，企业的平均年龄不断减小。另外，在产业发展的不同阶段，专有性条件与技术机会的作用表现不一样，在产业发展初期，较低的专有性条件和较高的技术机会有利于新企业进入与成长，在产业发展的中后期，较低的专有性条件和较高的技术机会为颠覆性创新企业颠覆在位企业提供了条件。当需求异质性较大时，市场竞争更加激烈，颠覆性创新企业的进入与成长更加容易，对产业组织演化影响更加显著，而当需求异质性较低时，不利于颠覆性创新企业的进入与成长，市场趋于寡头垄断，颠覆性创新企业对在位企业的颠覆程度大大下降。因此，颠覆性创新行为与消费者偏好互动关系驱动产业组织演化的机理在不同的技术体制和需求结构条件下得到了进一步验证。

（7）在颠覆性创新技术不断推出和技术创新频率不断加快的背景下，探索式技术搜索和利用式技术搜索在促进企业创新持续性和技术影响力方面存在互补效应。

不断地进行探索式技术搜索，可以丰富企业产品种类，降低颠覆性创新导致的负面影响，也会提高研发人员的创造性。利用式技术搜索在一定范围内可以提高企业创新持续性和技术影响力，然而，利用式技术搜索的作用存在一定门槛效应，当利用式搜索带来的知识深度超过这一门槛时，进一步的利用式搜索可能会带来对旧技术的锁定，导致其在连续性的颠覆性创新影响下难以成功转型到新技术，进而在创新持续性和技术影响力方面受到影响。在颠覆性创新连续发生的背景下，通过对技术搜索策略和创新绩效之间关系的考察，进一步验证了理论模型中关于企业围绕着消费者偏好不断进行知识搜索和知识创造的消费者偏好内生关系在驱动产业组织演化中的作用依然成立。

本书从理论上阐释了颠覆性创新导致产业组织演化的内在规律，为观察颠覆性创新行为提供理论分析框架，为从理论上建立起颠覆性创新与产业组织演化联系提供了新的视角；为从市场需求方面深化颠覆性创新理论研究提供参考；本书构建同时考虑技术推动与市场需求两方面协同关系的颠覆性创新对产业组织演化长期影响的理论模型，为颠覆性创新与产业组织演化理论分析提供基本分析框架。另外，本书从消费者偏好内生视角，揭示颠覆性创新影响产业组织演化的作用机理，为企业认知颠覆性创新对产业竞争长期影响提供理论依据，为企业根据消费者内生偏好不断地调整知识搜索策略提供理论依据，为企业应对新一轮产业革命及其挑战而制定创新战略提供参考。另外，从消费者偏好内生视角对颠覆性创新与产业组织演化进行研究，可以加深对颠覆性创新带来的市场动态影响的认识，为政府从技术创新与需求互动关系出发制定动态的创新驱动政策提供决策参考，为政府根据不同技术体制和需求结构条件下产业组织演化规律制定相关产业竞争规制政策的提供决策参考。

10.2 研究展望

正如本书所指出的，颠覆性创新与产业组织演化是一个复杂的演变过程，在这一过程中，很多内生的和外生的因素都在起着作用。由于个人知识、能力的局限，以及其他客观条件的限制，本书难以全面地考察这些因素和相应的作用机制。本书从理论上经常被忽略，但又非常重要的消费者偏好内生视角对颠覆性创新与产业组织演化机理进行揭示。但是，由于企业与消费者等市场主体的有限理性，以及企业能力、技术路径等方面的差异，很难在一个模型或一篇文章中全面的将这些异质性展示出来，未来的研究有必要进一步考察市场主体行为异质性的来源及其影响，进一步揭开颠覆性创新与产业组织演化“黑箱”。

本书从消费者偏好内生视角构建了颠覆性创新与产业组织演化理论模型，并通过计算机仿真模型对产业组织演化的动力机制、市场选择机制和适应性机制进行了仿真。该模型基于 Lancaster 产品属性理论，假定产品由多个产品属性构成，企业技术创新行为围绕着提高产品属性性能水平，消费者偏好体现在对不同产品属性的评价。在本书的仿真模型构建中，消费者对不同产品属性评价后的购买决策采用了“采取最优”（Take-the-Best）仿真方法，即消费者会依据其最喜欢的产品属性进行优先选择，在优先考虑的产品属性相似的前提下，会考虑第二个重要的产品属性，以此类推。事实上，消费者对产品购买决策的方式有很多种，例如，按照 Lancaster（1968）的方式，根据消费者偏好对不同产品属性进行加权，来确定其最优产品选择。未来的研究可以进一步考察不同的消费者决策方式在产业组织演化中的作用，深化对消费者偏好内生的认识。

本书的一个研究局限在于假定一个企业在每个时间点只提供一种产品，并且是根据需求量提供。现实中，由于销售的滞后性，旧产品不可能在很快的时间内销售完毕，一个企业可能会同时提供不同产品特征组合的差异化产品。另外，一些大型的在位企业会在为主流市场消费者提供维持性创新产品的同时，也会引入颠覆性创新产品。当考虑企业提供差异化产品时，尤其是企业计划提供新产品时，新旧产品之间会出现一种“互博”。颠覆性创新理论研究对企业进行差异化产品生产销售的“互博意愿”进行了详细地考察。未来的研究中，可以进一步将这种情形引入到本书的模型中，考察消费者在不同企业以及同一企业的不同产品系列中的选择，进一步加深对消费者偏好内生的认识。

本书研究了不同技术体制和需求结构条件下的颠覆性创新与产业组织演化。指出特定的颠覆性创新技术体制和需求结构为颠覆性创新及其导致的产业组织演化奠定了外生条件。由于研究方法限制，本书重点关注了技术机会和技术专有性两个技术体制的衡量指标，未来的研究有必要进一步挖掘技术体制的其他维度（如技术累积、知识库基础、技术轨迹变动性等）在产业组织演化中的作用机制。另外，在未来的研究中，对更多的典型历史事实进行研究，进一步证实理论假设。在这一方面，本书的第二个扩展研究考察了探索式技术搜索和利用式技术搜索在颠覆性创新与产业组织演化中如何促进企业保持创新持续性和技术影响力，是从知识库基础角度对技术体制考察的一个补充。

参考文献

[1] 陈傲，柳卸林，高广宇．突破性技术发明的涌现轨迹——以心脏起搏器行业为例［J］．系统工程，2011，29（9）：1-8.

［2］黄海洋，陈继祥．颠覆性创新的扩散过程与中小企业的竞争策略［J］．工业工程与管理，2011，16（1）：123-129.

［3］黄凯南．企业和产业共同演化理论研究［D］．济南：山东大学，2007.

［4］黄鲁成，成雨，吴菲菲，苗红，李欣．关于颠覆性技术识别框架的探索［J］．科学学研究，2015，3（5）：654-664.

［5］李平，臧树伟．基于颠覆性创新的后发企业竞争优势构建路径分析［J］．科学学研究，2015，33（2）：295-303.

［6］林春培，黄海媚，吴东儒．基于作者共被引分析的颠覆性创新研究学术群类与脉络探析［J］．科学学与科学技术管理，2016，37（8）：68-81.

［7］罗仲伟，任国良，焦豪，蔡宏波，许扬帆．动态能力、技术范式转变与创新战略：基于腾讯微信“整合”与“迭代”微创新的纵向案例分析［J］．管理世界，2014（8）：152-168.

［8］彭华涛，王敏．创业企业社会网络演化的试错机理——基于群体案例研究［J］．科学学研究，2012，30（8）：1228-1236.

［9］孙启贵，范璐．基于颠覆性创新的后发企业竞争优势：以小米公司为例［J］．科技管理研究，2016，（4）：1-6.

［10］仝允桓，周江华，邢小强．面向低收入群体（BOP）的创新理论——述评和展望［J］．科学学研究，2010，28（2）：169-176.

［11］仝允桓，邵希，陈晓鹏．生命周期视角下的金字塔底层创新策略选择：一个多案例研究［J］．管理工程学报，2011，（4）：36-42.

［12］王家宝，陈继祥．颠覆性创新、生产服务业与后发企业竞争优势［J］．科学学研究，2010，28（3）：444-448.

［13］王俊娜，李纪珍，褚文博．颠覆性创新的价值系统分析：以广东省 LED 照明行业为例［J］．科学学研究，2012，30（4）：614-621.

［14］王永伟，马洁．基于组织惯例、行业惯例视角的企业技术创新选择研究［J］．南开管理评论，2011，14（3）：85-90.

［15］吴佩，陈继祥，史玉婷．颠覆性创新产品低端市场进入最优定价研究［J］．系统管理学报，2014，23（1）：149-152.

［16］熊鸿儒，吴贵生，王毅．需求和渠道要素驱动的市场轨道形成机理研究［J］．科研管理，2014，35（7）：13-19.

［17］徐久香，李华，王春元．基于颠覆性创新的企业成长模式研究［J］．科学学与科学技术管理，2014，35（2）：134-142.

［18］郁培丽，李明玉．企业知识库有效性问题初探［J］．科学学与科学技术管理，2005，26（5）：118-122.

［19］郁培丽，石俊国，窦姗姗．颠覆性创新企业市场进入与策略选择［J］．软科学，2013，27（8）：26-30.

［20］周振华．产业融合：新产业革命的历史性标志——兼析电信、广播电视和出版三大产业融合案例［J］．产业经济研究，2003，（1）：1-10.

［21］［荷］杰克．弗罗门．经济演化：探究新制度经济学的理论基础［M］．李振明，刘社建译．北京：经济科学出版社，2003.

［22］朱凌，高丽，潘宇．高介入度产品品牌原产地识别准确度研究——以中国市场电视机品牌为例［J］．系统管理学报，2013，22（2）：239-250.

［23］Abatecola G.. Research in organizational evolution. What comes next?［J］. Europea-n Management Journal, 2014, 32（3）: 434-443.

［24］Adams P., Fontana R., Malerba F.. The magnitude of innovation by demand in a sectoral system: The role of industrial users in semiconductors［J］. Research Policy, 2013, 42（1）: 1-14.

［25］Adams P., Fontana R., Malerba F.. User-industry spinouts: Downstream industry knowledge as a source of new firm entry and survival［J］. Organization Science, 2016, 27（1）: 18-35.

［26］Adner R.. Match your innovation strategy to your innovation ecosystem［J］. Harvard Business Review, 2006, 84（4）: 98.

［27］Adner R.. When are technologies disruptive: A demand-based view of the emergence of competition [J] . Strategic Management Journal, 2002, 23: 667-688.

[28] Adner R. , Csaszar F. A. , Zemsky P. B. . Positioning on a multiattribute landscape [J] . Management Science, 2014, 60 (11): 2794-2815.

[29] Adner R. , Levinthal D. . Demand Heterogeneity and Technology Evolution: Implicationsfor Product and Process Innovation [J] . Management Science, 2001, 47 (5): 611-628.

[30] AdnerR. , Snow D. . Old technology responses to new technology threats: demand heterogeneity and technology retreats [J] . Industrial and Corporate Change, 2010, 19 (5): 1655-1675.

[31] Adner R. , Zemsky P. . Disruptive Technologies and the Emergence of Competition [J] . Rand Journal of Economics, 2005, 36 (2): 229-254.

[32] Adner R. , Zemsky P. . A Demand-based Perspective on Sustainable Competitive Advantage [J] . Strategic Management Journal, 2006, 27 (3): 215-239.

[33] Agarwal R. , Buenstorf G. , Cohen W. M. , Malerba F. . The legacy of Steven Klepper: Industry evolution, entrepreneurship, and geography [J] . Industrial and Corporate Change, 2015, 24 (4), 739-753.

[34] Alchian A. A. . Uncertainty, evolution, and economic theory [J] . Journal of Political Economy, 1950, 58 (3): 211-221.

[35] Amburgey T. L. , Kelly D. , Barnett W. P. . Resetting the clock: The dynamics of organizational change and failure [J] . Administrative Science Quarterly, 1993, 38 (1): 51-73.

[36] Amsden A. , Chu W. . Beyond late development: Taiwan' s upgrading policies [M] . Cambridge, MA: MIT Press, 2003.

[37] Anderson J. , Billou N. . Serving the World' s Poor: Innovation at the Base of the EconomicPyramid [J] . Journal of Business Strategy, 2007, 28 (2): 14-21.

[38] Anderson P. , Tushman M. L. . Technological discontinuities and dominant designs: A cyclical model of technological change [J] . Administrative Science Quarterly, 1990, 35 (4): 604-633.

[39] Andriani P. , Cattani G. . Exaptation as source of creativity, innovation, and diversity: introduction to the Special Section [J] . Industrial and Corporate Change, 2016, 25 (1): 115-131.

[40] Ansari S. , Garud R. , Kumaraswamy A. . The disruptor´s dilemma: TiVo and the U. S. television ecosystem [J] . Strategic Management Journal, 2016, 37 (9): 1829-1853.

[41] Ansari S. S. , Krop P. . Incumbent performance in the face of a radical innovation: To-

wards a framework for incumbent challenger dynamics [J]. Research Policy, 2012, 41 (8): 1357-1374.

[42] Anthony S. . The silver lining: An innovation playbook for uncertain times [M]. Boston: Harvard Business Press, 2009.

[43] Antonelli C. . The digital divide: understanding the economics of new information and communication technology in the global economy [J]. Information Economics and Policy, 2003, 15 (2): 173-199.

[44] Arifovici J.. Genetic Algorithm Learning and Cobweb model [J]. Journal of Economic Dynamics and Control, 1984, 1 (8): 3-28.

[45] Arthur W. B. . The nature of technology: What it is and how ite volves [M]. Simon and Schuster, 2009.

[46] Arrow K. J. . Economic welfare and the allocation of resources for invention [C]. in National Bureau of Economic Research, The Rate and Direction of Inventive Activity, Princeton: Princeton University Press, 1962.

[47] Audretsch D. B.. New-Firm Survival and the Technological Regime [J]. Review of Economics & Statistics, 1991, 73 (73): 441-450.

[48] Arthur W. B. . Competing technologies, increasing returns, and lock-in by historicalevents [J]. The Economic Journal, 1989, 99 (394): 116-131.

[49] Bain J. S.. Industrial Organization [M]. New York: Harvard University Press, 1959.

[50] Baldwin J. R. , Gorecki P. K. . Plant creation versus plant acquisition: the entry process in Canadian manufacturing [J]. International Journal of Industrial Organization, 1987, 5 (1): 27-41.

[51] Bar-Isaac H. , Caruana G. , Cuñat V.. Search, design, and market structure [J]. The American Economic Review, 2012, 102 (2): 1140-1160.

[52] Baumol W. J. , Panzar J. C. , Willig R. D.. Contestable markets and the theory of industry structure [M]. New York: Harcourt Brace Jovanovich, 1982.

[53] Barnard C. , Simon H. A.. Administrative behavior. A study of decision making processes in administrative organization [M]. New York: Free Press, 1947.

[54] Bell S. J. , Eisingerich A. B.. The paradox of customer education [J]. European Journal of Marketing, 2007, 41 (5): 466-486.

[55] Benner M. J. , Tushman M. L. . Exploitation, exploration, and process management: The productivity dilemmarevisited [J] . Academy of Management Review, 2003, 28 (2): 238-256.

[56] Bekkers R. , Martinelli A. . Knowledge Positions in High-Tech Markets: Trajectories, Standards, Strategies and True Innovators [J] . Technological Forecasting & Social Change, 2012, 79 (7): 1192-1216.

[57] Bergek A. , Berggren C. , Magnusson T. , Hobday M. . Technological discontinuities and the challenge for incumbent firms: Destruction, disruption or creative accumulation? [J] . Research Policy, 2013, 42 (6-7): 1210-1224.

[58] Birchenhall C. . Modular Technical Change and Genetic Algorithm [J] . Compu tational Economics, 1995, (8): 233-253.

[59] Bohlmann J. D. , Spanjol J. , Qualls W. J. , Rosa J. A. . The interplay of customer and product innovation dynamics: an exploratory study [J] . Journal of Product Innovation Management, 2013, 30 (2): 228-244.

[60] Bos J. B. , Economidou C. , Sanders M. . Innovation over the industry life-cycle: evidence from EU manufacturing [J] . Journal of Economic Behavior & Organization, 2013, 86 (1): 78-91.

[61] Bottazzi L. , Da Rin M. , Hellmann T. . Who are the active investors? Evidence from venture capital [J] . Journal of Financial Economics, 2008, 89 (3): 488-512.

[62] Bower J. L. , Christensen C. M. . Disruptive Technologies: Catching the Wave [J] . Harvard Business Review, 1995, 73 (1) : 43-53.

[63] Brenner T. , Murmann P. . The use of simulations in developing robust knowledge about causal processes: methodological considerations and an application to industrial evolution [M] . Max-Planck-Inst. for Research into Economic Systems, 2003.

[64] Breschi S. , Lissoni F. , Malerba F. . Knowledge-relatedness in firm technological diversification [J] . Research Policy, 2003, 32 (1): 69-87.

[65] Breschi S. , Malerba F. , Orsenigo L. . Technological Regimes and Schumpeterian Patterns of Innovation [J] . The Economic Journal, 2000, 110 (463): 388-410.

[66] Bresnahan T. , Greenstein S. . The Economic Contribution of Information Technology: Towards Comparative and User Studies [J] . Journal of Evolutionary Economics, 2001, 11 (1): 95-118.

[67] Brusoni S. , Criscuolo P. , Geuna A. . The knowledge bases of the world' s largest phar-

maceutical groups: what do patent citations to non-patent literature reveal? [J] . Economics of Innovation and New Technology, 2005, 14 (5): 395-415.

[68] Brusoni S. , Geuna A. . An international comparison of sectoral knowledge bases: persistence and integration in the pharmaceutical industry [J] . Research Policy, 2003, 32 (10), 1897-1912.

[69] Brusoni S. , Sgalari G. . New combinations in old industries [J] . Journal of Evolutionary Economics, 2006, 16 (1-2): 25-43.

[70] Buenstorf G. . How useful is generalized Darwinism as a framework to study competition and industrial evolution? [J] . Journal of Evolutionary Economics, 2006, 16: 511-527.

[71] Cantner U. , Malerba F. . Innovation, Industrial Dynamics and Structural Transformation [M] . Springer, 2007.

[72] Capone G. , Malerba F. , Orsenigo L. . Are Switching Costs Always Effective in Creating First-Mover Advantage? The Moderating Role of Demand and Technological Regimes [J] . Long Range Planning, 2013, 46 (4-5): 348-368.

[73] Carayannopoulos S. . How technology-based new firms leverage newness and smallness to commercialize disruptive technologies [J] . Entrepreneurship Theory and Practice, 2009, (3): 53-69.

[74] Castellacci F. . Technological regimes and sectoral differences in productivity growth [J] . Industrial and Corporate Change, 2007, 16 (6): 1105-1145.

[75] Castellacci F, Zheng J. . Technological regimes, Schumpeterian patterns of innovation and firm-level productivity growth [J] . Industrial and Corporate Change, 2010, 19 (6): 1892-1865.

[76] Çevikarslan S. . Optimal patent length and breadth in an R&D driven market with evolving consumer preferences: an evolutionary multi-agent based modelingapproach [J] . Technological Forecasting &Social Change, 2017 , 118: 94-106.

[77] Chandy R. , Tellis G. J. . Organizing for radical product innovation: the overlooked role of willingness to cannibalize [J] . Journal of Marketing Research, 1998, 35 (4): 474-487.

[78] Chen J. , Zhu Z. , Zhang Y. . A study of factors influencing disruptive innovation in Chinese SMEs [J] . Asian Journal of Technology Innovation, 2017, 25 (1): 140-157.

[79] Cheng Y. , Huang L. , Ramlogan R. , Li X. . Forecasting of potential impacts of disruptive technology in promising technological areas: Elaborating the SIRS epidemic model in RFID technology [J] . Technological Forecasting & Social Change, 2017, 117: 170-183.

[80] Cheng Y. T. , Van de Ven A. H. . Learning the innovation journey: Order out of chaos? [J] . Organization Science, 1996, 7 (6): 593-614.

[81] Chesbrough H. W. . Open innovation: The new imperative for creating and profiting from technology [M] . Harvard Business Press, 2006.

[82] Christensen C. M. . The rigid disk drive industry: a history of commercial and technological turbulence [J] . Business history review, 1993, 67 (4): 531-588.

[83] Christensen C. M. , Rosenbloom R. . Explaining the Attacker' s Advantage: Technological Paradigms, Organizational Dynamics and The Value Network [J] . Research Policy, 1995, 24 (2): 233-257.

[84] Christensen C. M. , Bower J. L. . Customer Power, Strategic Investment, and the Failure of Leading Firms [J] . Strategic Management Journal, 1996, 17 (3): 197-218.

[85] Christensen C. M. . The Innovator' s Dilemma: Technologies Cause Great Firms to Fail [M] . Boston: Harvard Business School Press, 1997.

[86] Christensen C. M. , Suarez F. , Utterback J. M. . Strategies for survival in fast-changing industries [J] . Management Science, 1988, 44 (12): S207-S22.

[87] Christensen C. M. , Raynor M. . The Innovator' s Solution [M] . Boston: Harvard Business School Press, 2003.

[88] Christensen C. M. , Raynor M. , MacDonald R. . What is disruptive innovation [J] . Harward Business Review, 2015 , (12): 44-53.

[89] Christensen C. M. , Verlinden M. , Westerman G. . Disruption, disintegration and the dissipation of differentiability [J] . Industrial and Corporate Change, 2002, 11 (5): 955-993.

[90] Cohen W. M. , Levinthal D. A. . Absorptive capacity: a new perspective on learning andinnovation [J] . Administrative Science Quarterly, 1990, 35 (1): 128-152.

[91] Cohen W. M. , Levin R. C. . Empirical studies of innovation and market structure [J] . Handbook of Industrial Organization, 1989, 2: 1059-1107.

[92] Cohen W. M. , Malerba F. . Is the tendency to variation a chief cause of progress? [J] . Industrial and Corporate Change, 2001, 10 (3): 587-608.

[93] Cooper A. , Schendel D. . Strategic responses to technological threats [J] . Business Horizons, 1976, 19: 61-69.

[94] Criscuolo P. , Laursen K. , Reichstein T. , Salter A. . Winning combinations: search strategies and innovativeness in the UK [J] . Industry and Innovation, 2018, 25 (2): 115-143.

[95] Cyert R. M., March J. G.. A Behavioral Theory of theFirm [M]. Prentice-Hall: Englewood Cliffs, NJ, 1963.

[96] Danneels E.. Disruptive technology reconsidered: A critique and research agenda [J]. Journal of Product Innovation Management, 2004, 21 (4): 246-258.

[97] Darden L., Cain J. A.. Selection typetheories [J]. Philosophy of Science, 1989, 56 (1): 106-129.

[98] David P. A.. Clio and the economics of QWERTY [J]. American Economic Revi ew, 1985, 75 (2): 332-337.

[99] Davis S., Lyons B.. Econmics of Industrial Organisation [M]. London: Longman Group UK Ltd., 1988.

[100] Delemarle A.. A rationale for public intervention in disruptive technological development: public policy tools as trust-enabling mechanisms [J]. Technology Analysis & Strategic Management, 2014, 26 (1): 23-35.

[101] D' Este P.. How do firms' knowledge bases affect intra-industry heterogeneity? An analysis of the Spanish pharmaceutical industry [J]. Research Policy, 2005, 34 (1), 33-45.

[102] Demsetz H.. Industry structure, market rivalry, and public policy [J]. The Journal of Law and Economics, 1973, 16 (1): 1-9.

[103] Demsetz H.. The Organization of Economic Activity [M]. Blackwell, 1988.

[104] Dijk M., Wells P., Kemp R.. Will the momentum of the electric car last? Testing an hypothesis on disruptive innovation [J]. Technological Forecasting & Social Change, 2016, 105: 77-88.

[105] Dixit A. K., Stiglitz J. E.. Monopolistic competition and optimum product diversity [J]. The American Economic Review, 1977, 67 (3): 297-308.

[106] Donnenfeld S., White L. J.. The Multiproduct Firm, Quality Choice, andRegulation [J]. Journal of Industrial Economics, 1988, 36: 411-429.

[107] Dopfer K.. The evolutionary foundations of economics [M]. Cambridge University Press, 2005.

[108] Dosi G.. Technological Paradigms and Technological Trajectories: A Suggested Interpretation of the Determinants and Directions of Technical Change [J]. Research Policy, 1982, 11 (3): 147-162.

[109] Dosi G., Gambardella A., Grazzi M., Orsenigo L.. Technological revolutions and the

evolution of industrial structures: assessing the impact of new technologies upon the size and boundaries of firms [J]. Capitalism and Society, 2008, 3 (1).

[110] Dosi G., Lechevalier S., Secchi A.. Introduction: interfirm heterogeneity—nature, sources and consequences for industrial dynamics [J]. Industrial and Corporate Change, 2010, 19 (6): 1867-1890.

[111] Dosi G., Marsili O., Orsenigo L., Salvatore R.. Learning, market selection and the evolution of industrial structures [J]. Small Business Economics, 1995, 7 (6): 411-436.

[112] Dosi G., Moschella D., Pugliese E., Tamagni F.. Productivity, market selection, and corporate growth: comparative evidence across US and Europe [J]. Small Business Economics, 2015, 45 (3): 643.

[113] Dosi G., Pereira M. C., Virgillito M. E.. The footprint of evolutionary processes of learning and selection upon the statistical properties of industrial dynamics [J]. Industrial and Corporate Change, 2017, 26 (2): 187-210.

[114] Evenson R. E., Kislev Y.. A stochastic model of applied research [J]. Journal of Political Economy, 1976, 84 (2): 265-281.

[115] Faber A., Valente M., Janssen P.. Exploring domestic micro-cogeneration in the Netherlands: an agent-based demand model for technology diffusion [J]. Energy Policy, 2010, 38 (6): 2763-2775.

[116] Fagerberg J.. Schumpeter and the revival of evolutionary economics: an appraisal of the literature [J]. Journal of Evolutionary Economics, 2003, 13: 125-159.

[117] Fagerberg J., Verspagen B.. Innovation studies—The emerging structure of a new scientificfield [J]. Research policy, 2009, 38 (2): 218-233.

[118] Fagerberg J., Srholec M., Verspagen B.. The role of innovation indevelopment [J]. Review of Economics and Institutions, 2010, 1 (2): 1-29.

[119] Fan L., Suh Y. H.. Why do users switch to a disruptive technology? An empirical study based on expectation-disconfirmation theory [J]. Information & Management, 2014, 51 (2): 240-248.

[120] Filiou D.. Exploration and exploitation in inter-organsational learning: Motives for co-operation being self-destructive for some and vehicles for growth for others, some evidence from the biotechnology sector in the UK between 1991 and 2001 [C]. Copenhagen Denmark: DRUID Tenth Anniversary Summer Conference, 2005.

[121] Fisher R. S. The Genetical Theory of Natural Selection [M]. Oxford University Press, 1930.

[122] Fleming L.. Recombinant Uncertainty in Technological Search [J]. Management Science, 2001, 47 (1): 117-132.

[123] Foss N. J., Laursen K., Pedersen T. Linking customer interaction and innovation: The mediating role of new organizational practices [J]. Organization Science, 2011, 22 (4): 980-999.

[124] Foster R. N. Innovation: The Attacker's Advantage [M]. New York: Summit Books, 1986.

[125] Franceschini S., Alkemade F. Non - disruptive regime changes—The case of competing energy efficient lighting trajectories [J]. Environmental Innovation and Societal Transitions, 2016, (21): 56-68.

[126] Fransman M.. Is national technology policy obsolete in a globalized world [C]. The Japanese Vision. Visions of Innovation: The Firm and Japan. Oxford University Press, Oxford and New York, 1999: 167-201.

[127] Freeman C., Soete L.. The economics of industrial innovation [M]. The MIT Press, 1997.

[128] Frenken K.. Innovation, evolution and complexity theory [M]. Edward Elgar Publishing, 2006.

[129] Frenken K.. Technological innovation and complexity theory [J]. Economics of Innovation and New Technology, 2006, 15 (2): 137-155.

[130] Frenken K.. A fitness landscape approach to technological complexity, modularity, and vertical disintegration [J]. Structural Change and Economic Dynamics, 2006, 17 (3): 288-305.

[131] Frenken K., Boschma R. A.. A theoretical framework for evolutionary economic geography: industrial dynamics and urban growth as a branching process [J]. Journal of Economic Geography, 2007, 7 (5): 635-649.

[132] Frenken K., Izquierdo L. R, Zeppini P.. Branching innovation, recombinant innovation, and endogenous technological transitions [J]. Environmental Innovation and Societal Transitions, 2012, 4: 25-35.

[133] Frenken K., Van Oort F., Verburg T. Relatedvariety, unrelated variety and regional economic growth [J]. Regional Studies, 2007, 41 (5): 685-697.

[134] Frenz M., Prevezer M.. What Can CIS Data Tell Us About Technological Regimes and Persistence of Innovation? [J]. Industry and Innovation, 2012, 19 (4): 285-306.

[135] Funk J. L.. The Co-Evolution of Technology and Methods of Standard Setting: The Case of the Mobile Phone Industry [J]. Journal of Evolutionary Economics, 2009, 19 (1): 73-93.

[136] Gatignon H., Tushman M. L., Smith W., et al.. A structural approach to assessing innovation: Construct development of innovation locus, type, and characteristics [J]. Management Science, 2002, 48 (9): 1103-1122.

[137] Garavaglia C.. Modelling industrial dynamics with "History friendly" simulations [J]. Structural Change and Economic Dynamics, 2010, 21 (4): 258-275.

[138] Garavaglia C., Malerba F., Orsenigo L., Pezzoni M.. Technological regimes and demand structure in the evolution of the pharmaceutical industry [J]. Journal of Evolutionary Economics, 2012, 22 (4): 677-709.

[139] Ghemawat P., Ricart J. E., Costa I.. The organizational tension between static and dynamic efficiency [J]. Strategic Management Journal, 1993, 14 (S2): 59-73.

[140] Giachetti C., Marchi G.. Successive changes in leadership in the worldwide mobile phone industry: The role of windows of opportunity and firms' competitive action [J]. Research Policy, 2017, 46 (2): 352-364.

[141] Gilbert R. J., Newbery D. M. G.. Preemptive patenting and the persistence of monopoly [J]. The American Economic Review, 2001, 75 (1): 256-258.

[142] Govindarajan V., Kopalle P. K.. Disruptiveness of Innovations: Measurement and an Assessment of Reliability and Validity [J]. Strategic Management Journal, 2006, 27 (2): 188-199.

[143] Govindarajan V., Kopalle P. K.. The Usefulness of Measuring Disruptiveness of Innovations Ex Post In Making Ex Ante Predictions [J]. Journal of product innovation management, 2006, 23 (1): 12-18.

[144] Govindarajan V., Kopalle P. K., Danneels E.. The Effects of Mainstream and Emerging Customer Orientations on Radical and Disruptive Innovations [J]. Journal of Product Innovation Management, 2011, 28 (S1): 121-132.

[145] Greve H. R.. Exploration and exploitation in product innovation [J]. Industrial and Corporate Change, 2007, 16 (5): 945-975.

[146] Grove A.. Keynote Presentation: Annual Meeting of the Academy of Management [Z]. Academy of Management, 1998, Briarcliff Manor, NY.

[147] Hajhashem M., Khorasani A.. Demystifying the Dynamic of Disruptive Innovations in Markets with Complex Adoption Networks: From Encroachment to Disruption [J]. International Journal of Innovation and Technology Management, 2015, 12 (5): 1-22.

[148] Hacklin F., Raurich V., Marxt C.. Implications of technological convergence on innovation trajectories: the case of ICT industry [J]. International Journal of Innovation and Technology Management, 2005, 2 (3): 313-330.

[149] Hamel G., Prahalad C. K.. Competing for the future [M]. Boston: Harvard Business School Press, 1994: 55-70.

[150] Hang C. C., Garnsey E., Ruan Y.. Opportunities for disruption [J]. Technovation, 2015, 39-40: 83-93.

[151] Hansen M. T.. The search-transfer problem: the role of weak ties in sharing knowledge across organization subunits [J]. Administrative Science Quarterly, 1999, 44 (3): 82-85.

[152] Hart S. L., Christensen, C. M.. The Great Leap: Driving Innovation from the Base of the Pyramid [J]. MIT Sloan Management Review, 2002, 10: 51-56.

[153] Hart S. L.. Innovation, Creative Destruction and Sustain Ability [J]. Research Technology Management, 2005, 48 (5): 21-27.

[154] Henderson R.. The Innovator' s Dilemma as a Problem of Organizational Competence [J]. Journal of Product Innovation Management, 2006, 23 (1): 5-11.

[155] Hill R. P., Gaines J.. The Consumer Culture of Poverty: Behavioral Research Findings and Their Implicationsinan Ethnographic Context [J]. The Journal of American Culture, 2007, 30 (1): 81-95.

[156] Higón D. A.. In - house versus external basic research and first - to - market innovations [J]. Research Policy, 2016, 45 (4): 816-829.

[157] Ho J. C., Lee C. S.. A typology of technological change: Technological paradigm theory with validation and generalization from case studies [J]. Technological Forecasting & Social Change, 2015, 97: 128-139.

[158] Hodgson G. M.. How Economics Forgot History: The Problem of Historical Specificity in Social Science [M]. Routledge, New York, 2001.

[159] Holland J. H.. Adaptation in Natural and Artificial Systems [M]. University of Michigan Press, Ann Arbor, 1975.

[160] Huang X., Sosic G.. Analysis of Industry Equilibria in Models with Sustaining and Dis-

ruptive Technology [J] . European Journal of Operational Research, 2007, 207 (1): 238-248.

[161] Igami M.. Estimating the innovator' s dilemma: Structural analysis of creative destruction in the hard disk drive industry, 1981-1998 [J] . Journal of Political Economy, 2017, 125 (3): 798-847.

[162] Jiang L., Tan T., Thursby M.. Incumbent firm invention in emerging fields: Evidence from the semiconductorindustry [J] . Strategic Management Journal, 2011, 32 (1): 55-75.

[163] Kang H., Song J.. Innovation and recurring shifts in industrial leadership: Three phases of change and persistence in the camera industry [J] . Research Policy, 2017, 46 (2): 376-387.

[164] Kassicieh S. K., Kirchhoff B. A., Walsh S. T., McWhorter P. J. . The role of small firms in the transfer of disruptive technologies [J] . Technovation, 2002, 22 (11): 667-674.

[165] Katila R., Ahuja G. . Something old, something new: A longitudinal Study of Search Behavior and New Product Introduction [J] . Academy of Management Journal, 2002, 45 (8): 1183-1194.

[166] Keijl S., Gilsing V. A., Knoben J., Duysters G. . The two faces of inventions: The relationship between recombination and impact in pharmaceutical biotechnology [J] . Research Policy, 2016, 45 (5): 1061-1074.

[167] Kemp R., Schot J., Hoogma R.. Regime shifts to sustainability through processes of niche formation: The approach of strategic niche management [J] . Technology Analysis & Strategic Management, 2007, 10 (2): 175-198.

[168] Kim C. W., Lee K.. Innovation, Technological Regimes and Organizational Selection in Evolution of Industry: A "History Friendly Model" of the DRAM Industry [J] . Industrial and Corporate Change, 2003, 12 (6): 1195-1221.

[169] Kim J., Lee C. Y.. Technological regimes and the persistence of first-moveradvantages [J] . Industrial and Corporate Change, 2011, 20 (5): 1305-1333.

[170] Kim C., Lee K.. Innovation, technological regimes and organizational selection in industry evolution: a 'history friendly model' of the DRAM industry [J] . Industrial and Corporate Change, 2003, 12 (6): 1195-1221.

[171] Kishna M., Negro S., Alkemade F., Hekkert M. Innovation at the end of the life cycle: discontinuous innovation strategies by incumbents [J] . Industry and Innovation, 2017, 24 (3): 263-279.

[172] Klenner P. , Hüsig S. , Dowling M. . Ex-ante evaluation of disruptive susceptibility in established value networks—When are markets ready for disruptive innovations? [J] . Research Policy, 2013, 42 (4): 914-927.

[173] Klepper S. . Industry lifecycles [J] . Industrial and Corporate Change, 1997, 6 (1): 145-182.

[174] Klepper S. . The capabilities of new firms and the evolution of the US automobile industry [J] . Industrial and Corporate Change, 2002, 11 (4): 645-666.

[175] Klepper S. . Entry, exit, growth and innovation over the product life cycle [J] . American Economic Review, 1996, 86: 562-583.

[176] Klepper S. , Malerba F. . Demand, Innovation and Industrial Dynamics: an Introduction [J] . Industrial and Corporate Change, 2010, 19 (5) : 1515-1520.

[177] Klepper S. , Simons K. . The making of an oligopoly: firm survival and technological change in the evolution of the U. S. tire industry [J] . Journal of Political Econonics, 2000, 108: 728-760.

[178] Klepper S. , Thompson P. . Submarkets and the Evolution of Market Structure [J] . RAND Journal of Economics, 2006, 37 (4): 861-886.

[179] Kostoff R. N. , Boylan R. , Simons G. R. . Disruptive technology roadmaps [J] . Technological Forecasting & Social Change, 2004, 71 (1) : 141-159.

[180] Lancaster K. J. . A New Approach to Consumer Theory [J] . Journal of Political Economy, 1966, 74 (2): 132-157.

[181] Lancaster K. . Consumer Demand: A New Approach [M] . New York: Columbia University Press, 1971.

[182] Landini F. , Lee K. , Malerba F. A History - Friendly Model of the Successive Changes in Industrial Leadership and the Catch-Up by Latecomers [J] . Research Policy, 2017, 46 (2): 431-446.

[183] Lacourbe P. . Balancing The Dual Role of Disruptor and Disruptee [J] . International Journal of Innovation Management, 2013, 17 (4): 1-15.

[184] Laursen K. . User-producer interaction as a driver of innovation: costs and advantages in an open innovationmodel [J] . Science and Public Policy, 2011, 38 (9): 713-723.

[185] Laursen K. , Salter A. J. . Open for innovation: The role of openness in explaining innovative performance among UK manufacturing firms [J] . Strategic Management Journal, 2006,

27 (2): 131-150.

[186] Laursen K.. Keep searching and you' ll find: what do we know about variety creation through firms' search activities for innovation? [J]. Industrial and Corporate Change, 2012, 21 (5): 1181-1220.

[187] Lee C. K., Hung S. C. . Institutional Entrepreneurship in the Informal Economy: China' s Shan - Zhai Mobile Phones [J]. Strategic Entrepreneurship Journal, 2014, 8 (1): 16-36.

[188] Lee I., Lee K. . The Internet of Things (IoT): Applications, investments, and challenges for enterprises [J]. Business Horizons, 2015, 58 (4): 431-440.

[189] Lee K.. Schumpeterian analysis of economic catch-up: Knowledge, path-creation, and the middle-income trap [M]. Cambridge University Press, 2013.

[190] Lee K., Cho S. J., Jin J.. Dynamics of Catch - Up in Mobile Phones and Automobiles in China: Sectoral Systems of Innovation Perspective [J]. China Economic Journal, 2009, 2 (1): 25-53.

[191] Lee K., Gao X., Li X. . Industrial catch - upin China: a sectoral systems of innovation perspective [J]. Cambridge Journal of Regions, Economy and Society, 2016, 10 (1): 59-76.

[192] Lee K., Lim C.. Technological Regimes, Catching-Up and Leapfrogging: Findings from the Korean Industries [J]. Research policy, 2001, 30 (3): 459-483.

[193] Lee K., Malerba F.. Catch-up cycles and changes in industrial leadership: Windows of opportunity and responses of firms and countries in the evolution of sectorals ystems [J]. Research Policy, 2017, 46 (2): 338-351.

[194] Lee K., Park J., Yoon M.. Industry dynamics with diversity in firms' catch-up strategies and demand conditions: a simulation approach [J]. Economics of Innovation and New Technology, 2017, 26 (8): 755-778.

[195] Lee M., Cho Y.. Consumer perception of a new convergence product: A theoretical and empirical approach [J]. Technological Forecasting & Social Change, 2015, 92: 312-321.

[196] Lee M., Lee J., Cho Y. . How a Convergence Product Affects Related Market: The case of the MobilePhoone [J]. ETRI Journal, 2009, 31 (2) : 215-224.

[197] Levinthal D. A., March J. G. . The myopia of learning [J]. Strategic Management Journal, 1993, 14 (S2): 95-112.

[198] Lim C., Kim Y., Lee K. Changes in industrial leadership and catch - up by latecomers in shipbuilding industry [J]. Asian Journal of Technology Innovation, 2017, 25 (1): 61-78.

[199] Levin R. C., Reiss P. C. . Cost-Reducing and Demand-Creating R&D with Spillovers [J]. Rand Journd of Economies, 1998, 19 (4): 538-556.

[200] Levinthal D. A.. The Slow Pace of Rapid Technological Change: Gradualism and Punctuation in Technological Change [J]. Industrial and Corporate Change, 1998, 7 (2): 217-247.

[201] Lopez-Vega H., Tell F., Vanhaverbeke W.. Where and how to search? Search paths in open innovation [J]. Research Policy, 2016, 45 (1): 125-136.

[202] Lorentz A., Ciarli T., Savona M., Valente M. . The effect of demand-driven structural transformations on growth and technological change [J]. Journal of Evolutionary Economics, 2016, 26 (1): 219-246.

[203] Lucas Jr H. C., Goh J. M.. Disruptive technology: how Kodak missed the digital photography revolution [J]. Journal of Strategic Information Systems, 2009, 18: 46-55.

[204] Lui A. H. Ngai E. T, Lo C. Y.. Disruptive information technology innovations and the cost of equity capital: The moderating effect of CEO incentives and institutional pressures [J]. Information & Management, 2016, 53 (3) : 345-354.

[205] Lundvall B.. Product innovation and user-producer interaction [C]. in Lundvall B. The Learning, Economy and the Economics of Hope, New York: Anthem Press, 1988.

[206] Malerba F.. The Semiconductor Business: The Economics of Rapid Growth and Decline [M]. London: Pinter, 1985.

[207] Malerba F. . Sectoral Systems: How and Why Innovation Differs Across Sectors [M]. Oxford: Oxford University Press, 2005.

[208] Malerba F. . Innovation and the evolution of industries [J]. Journal of Evolutionary Economics, 2006, 16 (1-2): 3-23.

[209] Malerba F. . Sectoral Systems of Innovation: A Framework for Linking Innovation to the Knowledge Base, Structure and Dynamics of Sectors [J]. Economics of Innovation & New Technology, 2005, 14 (1-2): 63-82.

[210] Malerba F., Nelson R., Orsenigo L., Winter S. "History-Friendly" Models of Industry Evolution: The Computer Industry [J]. Industrial and Corporate Change, 1999, 8 (1): 3-40.

[211] Malerba F., Nelson R., Orsenigo L., Winter S.. Vertical integration and disintegra-

tion of computer firms: a history-friendly model of the coevolution of the computer and semiconductor industries [J]. Industrial and Corporate Change, 2008, 17 (2): 197-231.

[212] Malerba F., Nelson R.. Learning and catching up in different sectoral systems: evidence from sixindustries [J]. Industrial and Corporate Change, 2011, 20 (6): 1645-1675.

[213] Malerba F., Nelson R., Orsenigo L., Winter S.. Demand, Innovation, and the Dynamics of Market Structure: The Role of Experimental Users and Diverse Preferences [J]. Journal of Evolutionary Economics, 2007, 17 (4): 371-399.

[214] Malerba F., Nelson R., Orsenigo L., Winter S.. Public policies and changing boundaries of firms in a "history-friendly" model of the co-evolution of the computer and semiconductor industries [J]. Journal of Economic Behavior & Organization, 2008, 67 (2): 355-380.

[215] Malerba F., Orsenigo L.. Schumpeterian patterns of innovation [J]. Cambridge Journal of Economics, 1995, 19 (1): 47-65.

[216] Malerba F., Orsenigo L. . The dynamics and evolution of industries [J]. Industrial and Corporate Change, 1996, 5 (1): 51-87.

[217] Malerba F., Orsenigo L.. Technological Regimes and Sectoral Patterns of Innovative-Activities [J]. Industrial and Corporate Change, 1997, 6 (1): 83-117.

[218] Malerba F., Orsenigo L. . Innovation and market structure in the dynamics of the pharmaceutical industry and biotechnology: towards a history - friendly model [J]. Industrial and Corporate Change, 2002, 11 (4): 667-703.

[219] Manasse P., Turrini A.. Trade, Wage and 'Superstars' [J]. Journal of International Economics, 2001, 54 (1): 97-117.

[220] March J. G.. Exploration and exploitation in organizational learning [J]. Organization Science, 1991, 2 (1): 71-87.

[221] Marengo L., Valente M.. Industry dynamics in complex product spaces: An evolutionary model [J]. Structural Change and Economic Dynamics, 2010, 21 (1): 5-16.

[222] Marx M., Gans J. S., Hsu D. H. . Dynamic commercialization strategies for disruptive technologies: Evidence fromthe speech recognition industry [J]. Management Science, 2014, 60 (12): 3103-3123.

[223] Martin S.. Advanced Industrila Economics, 2nd Edition [M]. Wiley - Blackwell, 2001.

[224] Martinelli A. An Emerging Paradigm or Just another Trajectory? Understanding the

Nature of Technological Changes Using Engineering Heuristics in the Telecommunications Switching Industry [J] . Research Policy, 2012, 41 (2): 414-429.

[225] Martinelli A. , Nomaler Ö. . Measuring knowledge persistence: a genetic approach to patent citation networks [J] . Journal of Evolutionary Economics, 2014, 24 (3): 623-652.

[226] Marasco A. , Picucci A. , Romano A. . Market share dynamics using Lotka-Volterra models [J] . Technological Forecasting and Social Change, 2016, 105: 49-62.

[227] Marshall A. . Principles of Economics [M] . London, Macmilan, 1890.

[228] Marshall A. , Marshall M. P. The Economics of Industry [M] . London, Macmilan, 1879.

[229] Mazzucato M. , Dosi G. Knowledge accumulation and industry evolution: The case of Pharma-Biotech [M] . Cambridge University Press, 2006.

[230] Metcalfe S. . Consumption, Preferences, and the Evolutionary Agenda [J] . Journal of Evolutionary Economics, 200, 11 (1): 37-58

[231] Metcalfe S. . Evolutionary economics and technology policy [J] . Economic Journal, 1994, 104 (425): 931-944.

[232] Moeen M. , Agarwal R. . Incubation of an industry: heterogeneous knowledge bases and modes of value capture [J] . Strategic Management Journal, 2017, 38 (3): 566-587.

[233] Momeni A. , Rost K. . Identification and monitoring of possible disruptive technologies by patent-development paths and topic modeling [J] . Technological Forecasting & Social Change, 2016, 104: 16-29.

[234] Montgomery D. B. , Lieberman M. L. . First-mover (dis) advantages: Retrospective and link with the resourcebased view [J] . Strategic Management Journal, 1998, 19 (12): 1111-1125.

[235] Moreau F. . The Disruptive Nature of Digitization: The Case of the Recorded Music Industry [J] . International Journal of Arts Management, 2013, 15 (2): 18-31.

[236] Mowery D. C. , Rosenberg N. . The Influence of Market Demand upon Innovation: a Critical Review of Some Recent Empirical Examples [J] . Research Policy, 1979, 8 (2): 102-153.

[237] Mu Q. , Lee K. . Knowledge Diffusion, Market Segmentation and Technological Catch-up: The Case of the Telecommunication Industry in China [J] . Research Policy, 2005, 34 (6): 759-783.

[238] Murmann J. P. . Knowledge and competitive advantage: The coevolution of firms, technology, and national institutions [M] . Cambridge University Press, 2003.

[239] Murthy D. N., Kumar B. V.. Internet of Things (IoT): Is IoT a Disruptive Technology or a Disruptive Business Model? [J]. Indian Journal of Marketing, 2015, 45 (8): 18-27.

[240] Nagy D., Schuessler J., Dubinsky A.. Defining and identifying disruptive innovations [J]. Industrial Marketing Management, 2016, 57: 119-126.

[241] Neffke F., Henning M.. Skill relatedness and firmdiversification [J]. Strategic Management Journal, 2013, 34 (3): 297-316.

[242] Nelson R. R.. Recent evolutionary theorizing about economic change [J]. Journal of Economic Literature, 1995, 33 (1): 48-90.

[243] Nelson R. R.. The sciences are different and the differences matter [J]. Research Policy, 2016, 45 (9): 1692-1701.

[244] Nelson R. R.. Uncertainty, learning, and the economics of parallel research and development efforts [J]. Review of Economics and Statistics, 1961, 43 (4): 351-364.

[245] Nelson R. R.. The role of knowledge in R&D efficiency [J]. The Quarterly Journal of Economics, 1982, 97 (3): 453-470.

[246] Nelson R. R., Winter S.. An Evolutionary Theory of Economic Change [M]. Boston: Harvard University Press, 1982.

[247] Nerkar A.. Old is gold? The value of temporal exploration in the creation of new knowledge [J]. Management Science, 2003, 49 (2): 211-229.

[248] Nomaler Ö., Verspagen B.. Knowledge Flows, Patent Citations and the Impact of Science on Technology [J]. Economic Systems Research, 2008, 20 (4): 339-366.

[249] Nomaler Ö., Verspagen B.. River Deep, Mountain High: of Long Run Knowledge Trajectories within and Between Innovation Clusters [J]. Journal of Economic Geography, 2016, 16 (6): 1259-1278.

[250] Novotny M., Laestadius S.. Beyond paper making: technology and market shifts for wood-based biomass industries - management implications for large-scale industries [J]. TECHNOLOGY ANALYSIS & STRATEGIC MANAGEMENT, 2014, 26 (8): 875-891.

[251] Orsenigo L.. History-friendly models of Industrial Evolution [C]. in H. Hanusch and A. Pyka (eds) Elgar Companion to Neo-Schumpeterian Economics, Edward Elgar Publishing Limited, Cheltenham, 2007.

[252] Paap J., Katz R.. Anticipating disruptive innovation [J]. Research-Technology Management, 2004, 47 (5): 13-22.

[253] Park K. H. , Lee K. . Linking the technological regime to the technological catch-up: analyzing Korea and Taiwan using the US patent data [J] . Industrial and Corporate Change, 2006, 15 (4): 715-753.

[254] Pavitt K. . Sectoral patterns of technical change: towards a taxonomy and a theory [J] . Research policy, 1984, 13 (6): 343-373.

[255] Pelikan P. . Bringing institutions into evolutionary economics: another view with links to changes in physical and social technologies [J] . Journal of Evolutionary Economics, 2003, 13 (3): 237-258.

[256] Peng H. , Duysters G. , Sadowski B. . The changing role of *guanxi* in influencing the development of entrepreneurial companies: a case study of the emergence of pharmaceutical companies in China [J] . International Entrepreneurship and Management Journal, 2016, 12 (1): 215-258.

[257] Pepall L. , Richards D. J. , Norman G. Industrial Organisation: Contemporary Theory andPractice [M] . South-Western College Publishing, 1999.

[258] Prahalad C. K. The Fortune at the Bottom of the Pyramid: Eradicating Poverty through Profits [M] . NJ: FT Press, 2002.

[259] Porter, M. E. Competitive Strategy: Techniques for Analyzing Industries and Competitors [M] . Macmillan: New York, 1980.

[260] Prahalad C. K. . Bottom of the Pyramid as a Source of Breakthrough Innovations [J] . Journal of Product Innovation Management, 2012, 29 (1) : 6-12.

[261] Querbes A. , Frenken K. . Evolving user needs and late-mover advantage [J] . Strategic Organization, 2016, 15 (1): 67-90.

[262] Ray S. , Ray P. K. . Product Innovation for The People' s Car in an Emerging Economy [J] . Technovation, 2011, 31 (5-6): 216-227.

[263] Reinhardt R. , Gurtner S. . Differences between early adopters of disruptive and sustaining innovations [J] . Journal of Business Research, 2015, 68 (1): 137-145.

[264] Reinganum J. F. . Uncertain innovation and the persistence of Monopoly [J] . Amercian Economics Review, 1983, 73 (4): 741-748.

[265] Revilla A. J. , Fernάndez Z. . The relation between firm size and R&D productivity in different technological regimes [J] . Technovation, 2012, 32 (11): 609-623.

[266] Rho S. , Lee K. , Kim S. H. . Limited catch-up in China' s semiconductor industry: A sectoral innovation system perspective [J] . Millennial Asia, 2015, 6 (2): 147-175.

[267] Roy R. . Exploring the Boundary Conditions of Disruption: Large Firms and New Product Introduction with a Potentially Disruptive Technology in the Industrial Robotics Industry [J] . IEEE Transactions on Engineering Management, 2014, 61 (1): 90-100.

[268] Roy R. , Cohen S. K.. Disruption in the US machine tool industry: The role of in-house users and pre-disruption component experience in firmresponse [J] . Research Policy, 2015, 44 (8): 1555-1565.

[269] Roy R. , Sarkar M. B.. Knowledge, firm boundaries, and innovation: Mitigating the incumbent's curse during radical technological change [J] . Strategic Management Journal, 2016 (37): 835-854.

[270] Ruan Y. , Hang C. C. , Wang Y. M.. Government's role in disruptive innovation and industry emergence: The case of the electric bike in China [J] . Technovation, 2014, 34 (12): 785-796.

[271] Sabatier V. , Craig-Kennard A. , Mangematin V.. When technological discontinuities and disruptive business models challenge dominant industry logics: Insights from the drugs industry [J] . Technological Forecasting & Social Change, 2012, 79 (5): 949-962.

[272] Sadowski B. M. , Dittrich K. , Duysters G. M.. Collaborative strategies in the event of technological discontinuities: the case of Nokia in the mobile telecommunication Industry [J] . Small Business Economics, 2003, 21 (2): 173-186.

[273] Sadowski B. M. . The myth of market dominance: telecommunication manufacturing in Poland, Hungary and the Czech Republic—a casestudy [J] . Telecommunications Policy, 2000, 24 (4): 323-345.

[274] Sadowski B. , Nomaler O. , Whalley J. . Technological Diversification of ICT companies into the Internet of things (IoT): A Patent-based Analysis [C] . Cambridge: International Telecommunications Society, 2016.

[275] Sadowski B. M. . Advancedusers and the adoption of high speed broadband: Results of a living lab study in the Netherlands [J] . Technological Forecasting & Social Change, 2017, 115: 1-14.

[276] Sanderson S. , Simons K. L.. Light emitting diodes and the lighting revolution: The emergence of a solid-state lighting industry [J] . Research Policy, 2014, 43 (10): 1730-1746.

[277] Sandström C. G. The non-disruptive emergence of an ecosystem for 3D Printing — Insights from the hearing aid industry's transition 1989-2008 [J] . Technological Forecasting &

Social Change, 2016, 102: 160-168.

[278] Sandström C., Berglund H., Magnusson M.. Symmetric Assumptions in the Theory of Disruptive Innovation: Theoretical and Managerial Implications [J]. Creativity & Innovation Management, 2014, 23 (4): 472-483.

[279] Saviotti P. P., Pyka A.. Economic development by the creation of newsectors [J]. Journal of Evolutionary Economics, 2004, 14 (1): 1-35.

[280] Scherer F. M., Ross D. . Industrial Market Structure and Economic Performance, 3rded [M]. Houghton-Mifflin, 1970.

[281] Scherer F. M.. Industrial Market Structure and Economic Performance [M]. Boston, 1997.

[282] Schmalensee R., Willing R.. Handbook of Industrial Organisation [M]. Amsterdam North-Holland, 1989.

[283] Schmookler J.. Invention and Economic Growth [M]. Boston: Harvard University Press, 1966.

[284] Schulze A., Paul J., Täube F. A.. Introduction: knowledge generation and innovation diffusion inthe global automotive industry—change and stability during turbulent times [J]. Industrial and Corporate Change, 2015, 24 (3): 603-611.

[285] Schumpeter J. A. . The thory of Economic Development [M]. Cambridge: Harvard University Press, 1934.

[286] Schumpeter J. A. . Capitalism, socialism and democracy [M]. London: Allen & Unwin, 1943.

[287] Sethi R., Iqbal Z., Sethi A.. Developing new-to-the-firm products: the role of micropolitical strategies [J]. Journal of Marketing, 2012, 76: 99-115

[288] Shaked A., Sutton J.. Relaxing price competition through product differentiation [J]. The review of Economic Studies, 1982, 49 (1): 3-13.

[289] Sharma N., Patterson P. G. . The Impact of Communication Effectiveness and Service Quality on Relationship Commitment in Consumer, Professional Services [J]. Journal of Services Marketing, 1999, 13 (2): 151-170.

[290] Sharma D. C.. Indian IT outsourcing industry: Future threats andchallenges [J]. Futures, 2014, 56: 73-80.

[291] Shin J. S.. Dynamic catch-up strategy, capability expansion and changing windows

of opportunity in the memory industry [J] . Research Policy, 2017, 46 (2): 404-416.

[292] Snow, D. C. , Pisano G. P. , Corsi E. , Kristinsdottir G. U. Columbus Tubing: steel is real [R] . Harvard Business School Case, 2009: 609-042.

[293] Simon H. . Models of Man: Social and Rational. Mathematical Essays on Rational Human Behavior in a Social Setting [M] . Wiley, New York, 1957.

[294] Sood A. , Tellis G. J. . Technological Evolution and Radical Innovation [J] . Journal of Marketing, 2005, 69 (3) : 152-168.

[295] Sood A. , Tellis G. J. . Demystifying disruption: a new model for understanding and predicting disruptive technologies [J] . Marketing Science, 2011, 30 (2): 339-354.

[296] Spinardi G. . Road-mapping, disruptive technology, and semiconductor innovation: the case of gallium arsenide development in the UK [J] . Technology Analysis & Strategic Management, 2012, 24 (3): 239-251.

[297] Srinagesh P. , Bradburd R. . Quality Distortion by a Discriminating Monopolist [J] . American Economic Review, 1989, 79: 96-105.

[298] Stigler G. J. . A theory of Oligopoly [J] . Journal of Political Economy, 1964, 72 (1): 44-61.

[299] Stigler G. J. . The organization of Industry [M] . Homewood, Illinois, Richard D. Irwin Inc. , 1968.

[300] Stigler G. J. . The theory of economic regulation [J] . The Bell Journal of Economics and Management Science, 1971: 3-21.

[301] Stuart T. E, Podolny J. M. . Local search and the evolution of technological capabilities [J] . Strategic Management Journal, 1996, 17 (S1): 21-38.

[302] Taylor P. D. , Jonker L. B. . Evolutionary stable strategies and game dynamics [J] . Mathematical biosciences, 1978, 40 (1-2): 145-156.

[303] Teece D. J. , Rumelt R. , Dosi G. , Winter S. . Understanding corporate coherence: Theory and evidence [J] . Journal of Economic Behavior & Organization, 1994, 23 (1): 1-30.

[304] Tellis G. J. , Prabhu J. C. , Chandy R. K. . Radical innovation across nations: The preeminence of corporateculture [J] . Journal of marketing, 2009, 73 (1): 3-23.

[305] Thirtle C. G. , Ruttan V. W. . The Role of Demand and Supply in the Generation and Diffusion of Technical Change [M] . London: Harwood Academic Publishers, 1987.

[305] Tirole J. . The theory of industrialorganization [M] . MIT press, 1988.

[306] Tongur S., Engwall M. . The business model dilemma of technology shifts [J]. Technovation, 2014, 34 (9): 525-535.

[307] Tsai K. H., Wang J. C.. Does R&D Performance Decline with Firm Size? -A Re-Examination In Terms of Elasticity [J]. Research Policy, 2005, 34 (6): 966-976.

[308] Tushman M. L., Anderson P.. Technological Discontinuous and Organizational Environments [J]. Administrative Science Quarterly, 1986, 31 (3): 439-466.

[309] Tushman M. L., O' Reilly C. A.. Winning through Innovation: a Practical Guide to Leading Organizational Change and Renewal [M]. Boston: Harvard Business School Press, 2002.

[310] Valente M.. Consumer Behavior and Technological Complexity in the Evolution of Markets [D]. Aalborg: University of Aalborg, 1999.

[311] Valente M. . Evolutionary Demand: A Model for Boundedly Rational Consumers [J]. Journal of Evolutionary Economics, 2012, 22 (5): 1029-1080.

[312] Valente M. An NK-like model for complexity [J]. Journal of Evolutionary Economics, 2014, 24 (1): 107-134.

[313] Verspagen B. . Mapping Technological Trajectories as Patent Citation Networks: A Study on the History of Fuel Cell Research [J]. Advances in Complex Systems, 2007, 10 (1): 93-115.

[314] Von Hippel E. The Sources of Innovation [M]. Oxford University Press, New York, 1988.

[315] Wagner M. . Managing disruptive innovation with technology acquisitions: the informing case of software-based high-technology industries [J]. Technology Analysis & Strategic Management, 2016, 28 (8): 979-991.

[316] Wersching K. . Schumpeterian competition, technological regimes and learning through knowledge spillover [J]. Journal of Economic Behavior & Organization, 2010, 75 (3): 482-493.

[317] Whitley R. . Varieties of scientific knowledge and their contributions to dealing with policy problems: A response to Richard Nelson' s "The sciences are different and the differences matter" [J]. Research Policy, 2016, 45 (9): 1702-1707.

[318] Winter S. G. . Schumpeterian competition in alternative technological regimes [J]. Journal of Economic Behavior & Organization, 1984, 5 (3-4): 287-320.

[319] Winter S. G.. The future of evolutionary economics: can we break out of the beach-head? [J]. Journal of Institutional Economics, 2014, 10 (4): 613-644.

[320] Xu S.. Balancing the Two Knowledge Dimensions in Innovation Efforts: An Empirical Examination among Pharmaceutical Firms [J]. Journal of Product Innovation Management, 2015, 32 (4): 610-621.

[321] Yang H.. Targeted search and the long tail effect [J]. The RAND Journal of Economics, 2013, 44 (4): 733-756.

[322] Yannopoulos P., Auh S., Menguc B.. Achieving fit between learning and market orientation: Implications for new product performance [J]. Journal of Product Innovation Management, 2012, 29 (4): 531-545.

[323] Yoon M., Lee K.. Agent-based and "history-friendly" models for explaining industrial evolution [J]. Evolutionary and Institutional Economics Review, 2009, 6 (1): 45-70.

[324] Yu D., Hang C. C.. Creating technology candidates for disruptive innovation: Generally applicable R&D strategies [J]. Technovation, 2011, 34: 401-410.

[325] Yu D., Hang C. C.. A Reflective Review of Disruptive Innovation Theory [J]. International Journal of Management Reviews, 2010, 12 (4): 435-452.

[326] Yu J.. From 3G to 4G: technology evolution and path dynamics in China's mobile telecommunication sector [J]. Technology Analysis & Strategic Management, 2011, 23 (10): 1079-1093.

[327] Yu P., Shi J., Sadowski B., Nomaler Ö.. Catching up in the face of technological discontinuity: exploring the role of demand structure and technological regimes in the transition from 2G to 3G in China [C]. CICALICS Academy, Zhejiang University, Hangzhou, 2015.

[328] Zahra S., George G.. Absorptive capacity: A review, reconceptualization, and extension [J]. Academy of Management Review, 2002, 27 (2): 185-203.

[329] Zhang Y., Robinson D. K. R., Porter A. L., Zhu D., Zhang G., Lu J. Technology roadmapping for competitive technical intelligence [J]. Technological Forecasting & Social Change, 2016, 110: 175-186.

[330] Zhang W., White S.. Overcoming the liability of newness: Entrepreneurial action and the emergence of China's private solar photovoltaic firms [J]. Research Policy, 2016, 45 (3): 604-617.

[331] Zhu H., Yang Y., Tintchev M. T., Wu G.. The Interaction between Regulation and

Market and Technology Opportunities: A Case Study of the Chinese Mobile Phone Industry [J] . Innovation, 2006, 8 (1-2): 102-112.

[332] Zhou K. Z. , Fang W. Technological capability, strategic flexibility, and product innovation [J] . Strategic Management Journal, 2010, 31 (5) : 547-561.

[333] Zollo M. , Winter S. G. . Deliberate learning and the evolution of dynamic capabilities [J]. Organization Science, 2002, 13 (3): 339-351.

索 引